Mes souvenirs de la guerre anglo-boer

Ben J. Viljoen

Writat

Cette édition parue en 2024

ISBN : 9789361460685

Publié par
Writat
email : info@writat.com

Contenu

PRÉFACE. ....- 1 -

L'AUTEUR AU LECTEUR. ....- 2 -

CHAPITRE PREMIER. ....- 11 -

CHAPITRE II. ....- 13 -

CHAPITRE III. ....- 16 -

CHAPITRE IV. ....- 21 -

CHAPITRE V. ....- 24 -

CHAPITRE VI. ....- 30 -

CHAPITRE VII. ....- 34 -

CHAPITRE VIII. ....- 36 -

CHAPITRE IX. ....- 39 -

CHAPITRE X. ....- 44 -

CHAPITRE XI. ....- 49 -

CHAPITRE XII. ....- 53 -

CHAPITRE XIII. ....- 59 -

CHAPITRE XIV. ....- 63 -

CHAPITRE XV. ....- 70 -

CHAPITRE XVI. ....- 72 -

CHAPITRE XVII. ....- 77 -

CHAPITRE XVIII. ....- 83 -

CHAPITRE XIX. ....- 87 -

CHAPITRE XX. ....- 89 -

CHAPITRE XXI. ....- 93 -

CHAPITRE XXII. ....- 99 -

CHAPITRE XXIII. ....- 102 -

CHAPITRE XXIV. ....- 112 -

CHAPITRE XXV. ....- 116 -

CHAPITRE XXVI. ....- 121 -

CHAPITRE XXVII. ....- 130 -

CHAPITRE XXVIII. ....- 133 -

CHAPITRE XXIX. ....- 141 -

CHAPITRE XXX. ....- 143 -

CHAPITRE XXXI. ....- 150 -

CHAPITRE XXXII. ....- 155 -

CHAPITRE XXXIII. ....- 158 -

CHAPITRE XXXIV. ....- 162 -

CHAPITRE XXXV. ....- 167 -

CHAPITRE XXXVI. ....- 175 -

CHAPITRE XXXVII. ....- 177 -

CHAPITRE XXXVIII. ....- 180 -

CHAPITRE XXXIX. ....- 186 -

CHAPITRE XL. ....- 190 -

CHAPITRE XLI. ....- 192 -

CHAPITRE XLII. ....- 194 -

CHAPITRE XLIII. ....- 196 -

CHAPITRE XLIV. ....- 200 -

CHAPITRE XLV. ....- 203 -

CHAPITRE XLVI. ....- 206 -

CHAPITRE XLVII. ....- 212 -

CHAPITRE XLVIII. ....- 216 -

CHAPITRE XLIX. ....- 222 -

CHAPITRE L. ....- 227 -

CHAPITRE LI. ....- 231 -

CHAPITRE LII. ....- 235 -

ANNEXE. ....- 238 -

PRÉFACE.

Le général Ben Viljoen, alors qu'il était engagé dans ce travail, m'a demandé d'en rédiger une brève introduction. C'est avec plaisir que j'accède à cette demande.

Le général Viljoen était prisonnier de guerre au camp Broadbottom, à Sainte-Hélène, où, après deux ans de service en Afrique du Sud, j'étais stationné avec mon régiment. C'est à la demande du Général que j'ai transmis cet ouvrage en Europe pour publication.

Les qualités qui nous ont particulièrement plu à ce brave et célèbre officier boer étaient sa franchise et ses manières sans ostentation, sa véracité et l'absence totale d'affectation qui le distingue. Je suis certain qu'il a écrit son récit simple avec franchise et impartialité, et je suis également certain, d'après ce que je sais de lui, que le plus populaire de nos derniers adversaires a passé en revue les épisodes passionnants de la guerre avec une honnêteté, une intelligence. , et un humour qui manquait à de nombreuses publications précédentes sur la guerre.

Durant son séjour à Sainte-Hélène, je me suis profondément attaché au général Viljoen ; et en conclusion, j'espère que ce travail, qui a nécessité de nombreuses heures de travail, lui rapportera une belle récompense.

THEODORE BRINCKMAN, CB
Colonel commandant ,
3e, The Buffs (East Kent Regt.)

TARBERT,
LOCH FYNE,
ÉCOSSE.
Septembre 1902

L'AUTEUR AU LECTEUR.

En offrant à mes lecteurs mes souvenirs de la dernière guerre, j'estime qu'il est nécessaire de demander leur indulgence et d'invoquer des circonstances atténuantes pour de nombreux défauts évidents.

Il convient de souligner que la préparation de cet ouvrage s'est accompagnée de nombreuses difficultés et incapacités, dont les suivantes ne sont que quelques-unes : -

(1) C'est ma première tentative d'écrire un livre, et en tant que simple Afrikander, je ne revendique aucune capacité littéraire.

(2) Lorsque j'ai été capturé par les forces britanniques, j'ai été privé de toutes mes notes et j'ai été obligé de consulter et de dépendre largement de ma mémoire pour mes faits et données. Je voudrais cependant ajouter que les notes et les détails qu'ils ont pris de moi ne faisaient référence qu'à des événements et incidents couvrant six mois de guerre. À deux reprises avant ma capture, divers journaux que j'avais rédigés tombèrent entre les mains des Britanniques ; et à une troisième occasion, lorsque notre camp de Dalmanutha fut incendié par un « feu d'herbe », d'autres notes furent détruites.

(3) J'ai écrit ce livre alors que j'étais prisonnier de guerre, enchaîné, pour ainsi dire, par les fortes chaînes avec lesquelles est circonscrite une « libération conditionnelle » britannique. J'étais, pour ainsi dire, pieds et poings liés, et je sentais toujours sensiblement la position humiliante à laquelle nous, prisonniers de guerre sur cette île, étions réduits. Notre sort malheureux était rendu inutilement désagréable par le traitement insultant que nous infligeait le colonel Price, qui me paraissait un excellent prototype du gardien de Napoléon, sir Hudson Lowe. Il suffit de lire l'ouvrage de Lord Rosebery, « La dernière phase de Napoléon », pour se rendre compte des insultes et des indignités que Sir Hudson Lowe a infligées à un vaillant ennemi.

Nous, les Boers, avons subi un traitement similaire de la part de notre gardien, le colonel Price, qui semblait possédé par le démon de la méfiance et qui évoquait à notre sujet les mêmes plans d'évasion fantastiques et mythiques que Sir Hudson Lowe attribuait à Napoléon. C'est à ses soupçons absurdes quant à notre garde que je fais remonter les réglementations amèrement offensantes qui nous sont imposées.

Tandis qu'il était occupé à ce travail, le colonel Price aurait pu se jeter sur moi à tout moment et, ayant découvert le manuscrit, il aurait certainement immédiatement déclaré que sa rédaction était en contradiction avec les termes de ma « parole ».

Je me suis efforcé autant que possible de m'abstenir de toute critique, sauf lorsque j'y suis contraint, et de raconter une histoire cohérente, afin que le lecteur puisse suivre facilement les épisodes que j'ai esquissés. Je me suis également efforcé d'être impartial, ou, du moins, aussi impartial que peut l'être un être humain égaré qui vient de quitter les champs de bataille sanglants d'une lutte acharnée.

Mais l'épée est encore mouillée et la blessure n'est pas encore cicatrisée.

J'assure à mes lecteurs que ce n'est pas sans hésitation que je lance ce travail sur le monde. De nombreux écrivains amateurs et professionnels m'ont précédé en surchargeant le public de lecture de ce qui prétend être des « histoires vraies » de la guerre. Mais ayant été approché par des amis pour ajouter mes petits efforts aux lourds volumes de littérature de guerre, j'ai écrit ce que j'ai vu de mes propres yeux et ce que j'ai personnellement vécu. Si voir c'est croire, le lecteur peut accorder du crédit à mon récit de chaque incident que j'ai raconté ici.

Au cours des dernières étapes de la lutte, lorsque nous étions isolés du monde extérieur, nous lisions dans les journaux et autres imprimés provenant des Britanniques tant d'histoires romantiques et fabuleuses sur nous-mêmes, que nous doutions parfois que les gens en Europe et ailleurs croirions vraiment que nous étions des êtres humains ordinaires et non des monstres légendaires. À ces occasions, j'ai lu des rapports circonstanciels sur ma mort, et une fois une longue nécrologie, et nullement flatteuse (s'étendant sur plusieurs colonnes d'un journal) dans laquelle j'étais comparé à Garibaldi, « Jack l'Éventreur » et Aguinaldo. À une autre occasion, j'appris par les journaux britanniques ma capture, ma condamnation et mon exécution dans la colonie du Cap pour avoir porté les insignes de la Croix-Rouge. J'ai lu que j'avais été traduit devant un tribunal militaire à De Aar et condamné à être fusillé et, ce qui était pire, la sentence avait été dûment confirmée et exécutée. Une image très sinistre a été dressée de l'exécution. Attaché à une chaise et placé près de ma tombe ouverte, j'avais affronté ma destinée avec « un stoïcisme et un courage rares ». "Enfin", conclut mon aimable biographe, "ce scélérat, voleur et chef de la guérilla, Viljoen, a été éloigné sain et sauf et ne troublera plus l'armée britannique." J'appris aussi avec un mélange d'étonnement et de fierté que, emprisonné à Mafeking au début des hostilités, le général Baden-Powell m'avait aimablement échangé contre lady Sarah Wilson.

Pour être honnête, aucun des rapports mentionnés ci-dessus n'était strictement exact. Je peux assurer au lecteur que je n'ai jamais été tué au combat ni exécuté à De Aar, que je n'ai jamais été à Mafeking ni dans aucune autre prison de ma vie (sauf ici à Sainte-Hélène), et que je n'ai jamais été dans la colonie du Cap pendant la guerre. Je ne me suis jamais fait passer pour une

Croix-Rouge et je n'ai jamais été échangé contre Lady Sarah Wilson. Les amis de Madame m'auraient trouvé un très mauvais échange.

Il est également tout à fait inexact et injuste de me décrire comme un « voleur » et un « scélérat ». Ce n'était en effet pas une chose héroïque à faire, étant donné que les messieurs chevaleresques de la presse sud-africaine qui employaient ces épithètes étaient hors de ma vue et de ma portée, et je n'avais aucune chance de corriger leurs impressions tout à fait erronées. Je ne pouvais ni réfuter ni me défendre contre leurs infâmes diffamations, et pour le reste, mon ami « M. Atkins » nous tenait tous extrêmement occupés.

Ce qui reste de Ben Viljoen après les nombreux « coups de grâce » sur le terrain et l'exécution tragique à De Aar, se révèle encore chez un jeune assez robuste, un jeune homme tout à fait ordinaire, en fait, de trente-quatre ans. d'âge, de taille et de corpulence moyennes. Quelque part dans le quartier du Marais à Paris – d'où venaient les huguenots français – il y avait un ancêtre Viljoen dont je descends. Dans la guerre qui vient de se terminer, je n'ai pas joué un grand rôle dans mes propres recherches. J'ai rencontré beaucoup de compatriotes qui étaient de meilleurs soldats que moi ; mais il m'arrivait parfois de rendre un petit service à ma cause et à mon peuple.

Les chapitres que j'ajoute sont, comme moi, de forme simple. Si je suis devenu célèbre, ce n'est pas ma faute ; c'est la faute du paragrapheiste du journal, du tireur instantané et de l'amateur d'autographes ; et dans ces pages, je me suis efforcé, autant que possible, de laisser la scène à des acteurs plus importants, me proposant simplement comme guide des nombreux champs de bataille sur lesquels nous avons mené notre malheureuse lutte.

Je ne décevrai pas le lecteur en lui promettant des épisodes sensationnels ou palpitants. Il n'en trouvera pas dans ces pages ; il ne trouvera qu'une histoire nue et sans fioritures.

BEN J. VILJOEN.
(*Commandant général adjoint des Forces républicaines.*)

SAINTE-HÉLÈNE ,
juin 1902

NICHOLSONS NEK & MODDERSPRUIT.
N
W
E
S
Rail to Newcastle
Nicholsons Nek
Hogs Back
Eng advance
Eng Retreat
Lombards Kop
Boer Hospital
Ladysmith
Bulwana
Plairand
Hospital Camp
To Colenso
3 Miles
Nicholsons Nek
Modder Spruit
A. Major Carleton's Brigade
B.B... Free State Boers
C.C... von Dams Police
D. Trichards Artillery
E.E. Boer Guns on Pepworth Hill.
F. Long Tom.
G. Eng Field Guns 1st Post
H. " " 2nd "
I " Maxims
K.K " Infantry & Volunteers
L & M. Heidelberg Com.
2nd position.
N.N. 4 Boer Guns & 1st
position of Heidelberg
P position of K.R.R. Com.

MONTE CHRISTO.
Pieters Station
Ladysmith Rail
Tugela Riv.
Klipriversdorp
Boer Laager
Monte Kraal Gloyd's Farm
Monte Christo
Fourie's Laager
Inwane
Cingolo
Colenso
Kopane
Barton
Lyttelton
Wynne
Hussar Hill
Dundonald's Advance
Blauwkrantz River
Miles
A. A Middelburg Commando
B.. Heidelberg
CC. Zoutpansberg   1st position
D.D..   2nd

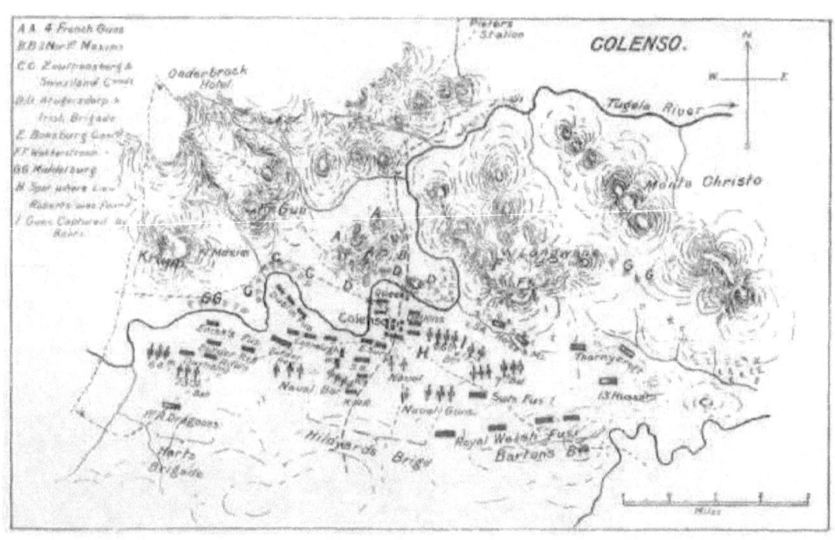
COLENSO.
A.A. 4 French Guns
B.B. 2 Nord. Maxims
C.C. Zoutpansberg & Swaziland Comdo
D.D. Krugersdorp & Irish Brigade
E. Boksburg Comdo
F.F. Wakkerstroom
G.G. Middelburg
H. Spot where Lieut. Roberts was found
I. Guns Captured by Boers
Tugela River
Pieters Station
Monte Christo
Gun
Krupp
SG
Krupp
Colenso
Thornycroft
Naval Guns
South Fus
13 Hussars
Hildyards Brigade
Royal Welsh Fus
Bartons Bde
W.A. Dragoons
Harts Brigade
Miles
N
S
W
E

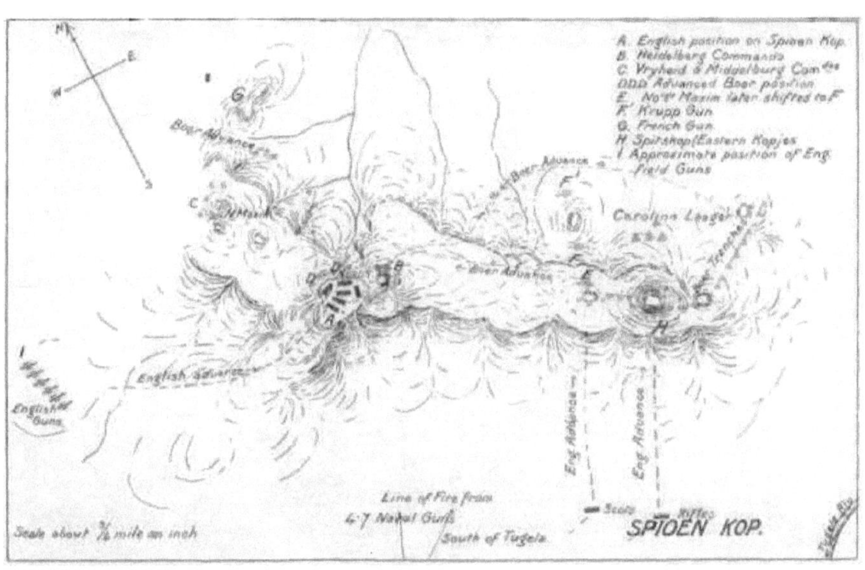
A. English position on Spioen Kop.
B. Heidelberg Commando
C. Vryheid & Middelburg Comdo
D.D.D. Advanced Boer position
E. Nord. Maxim later shifted to F
F. Krupp Gun
G. French Gun
H. Spitzkop (Eastern Kopjes)
I. Approximate position of Eng. Field Guns
Boer Advance
Boer Advance
Boer Advance
Carolina Laager
English Advance
English Guns
Line of Fire from
4.7 Naval Guns
South of Tugela
Eng. Advance
Eng. Advance
Scale
Miles
Scale about ¾ mile an inch
SPIOEN KOP.
N
S
W
E

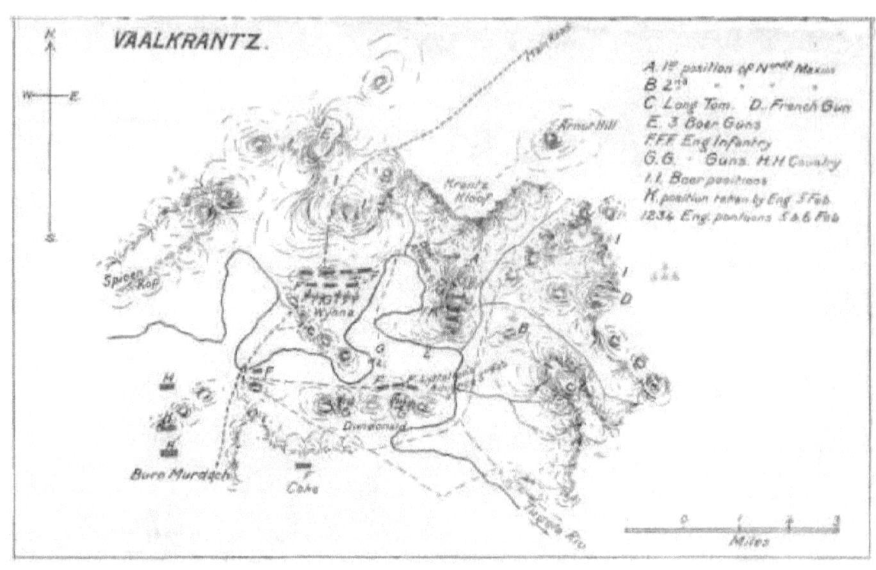

VAALKRANTZ.
N
W E
S
A. 1st position of N'nd'l Maxim
B 2nd " " " "
C. Long Tom.   D. French Gun
E. 3 Boer Guns
F.F.F. Eng Infantry
G.G. - Guns. H.H Cavalry
I.I. Boer positions
K. position taken by Eng 5 Feb
1234 Eng. pontoons 5 & 6 Feb
Amot Hill
Krantz Kloof
Spioen Kop
Wijana
Bure Murdoch
Coke
Tugela Riv
Miles
0 1 2 3

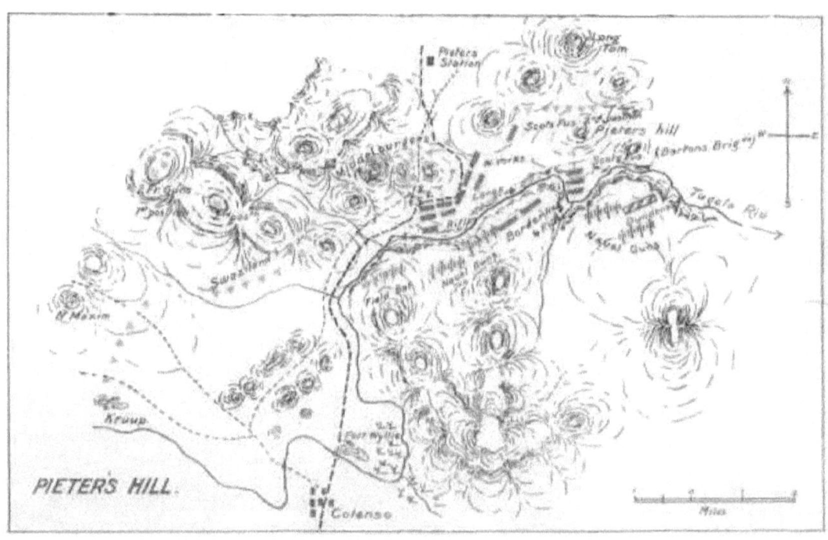

PIETER'S HILL
Pieters Station
Long Tom
Scots Hill
Pieters hill
(Bartons Brig'd)
Tugela Riv
N York Rd
Railway
N Gni Guns
Swartkop
H. Maxim
Kraup
Fort Wylie
Colense
Miles

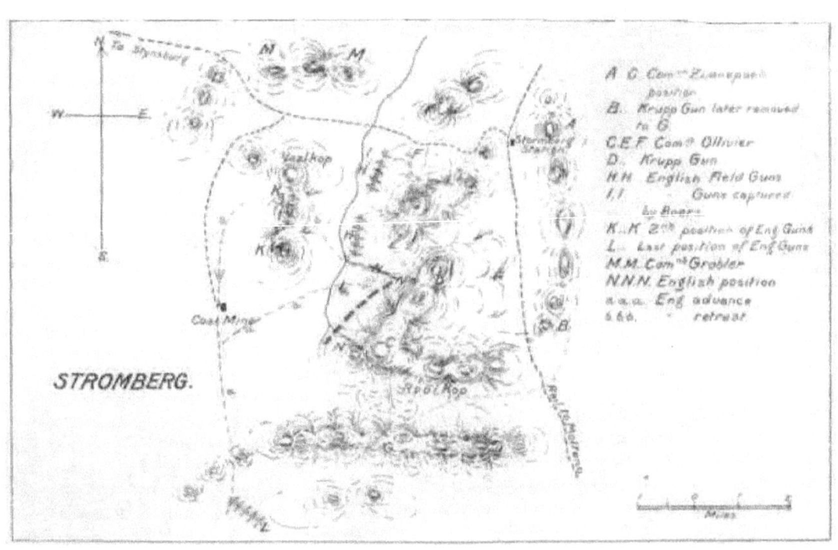
To Steynsburg
N
N M
W E
S
Vaalkop
Stormberg Station
STROMBERG.
Coal Mine
Rooikop
Rail to Molteno
Miles
A C. Com^dt Swanepoel's position
B. Krupp Gun later removed to G
C.E.F. Com^dt Ollivier
D. Krupp Gun
H.H. English Field Guns
I.I. Guns captured by Boers
K.K. 2nd position of Eng Guns
L. Last position of Eng Guns
M.M. Com^dt Grobler
N.N.N. English position
a.a.a. Eng advance
b.b.b. retreat

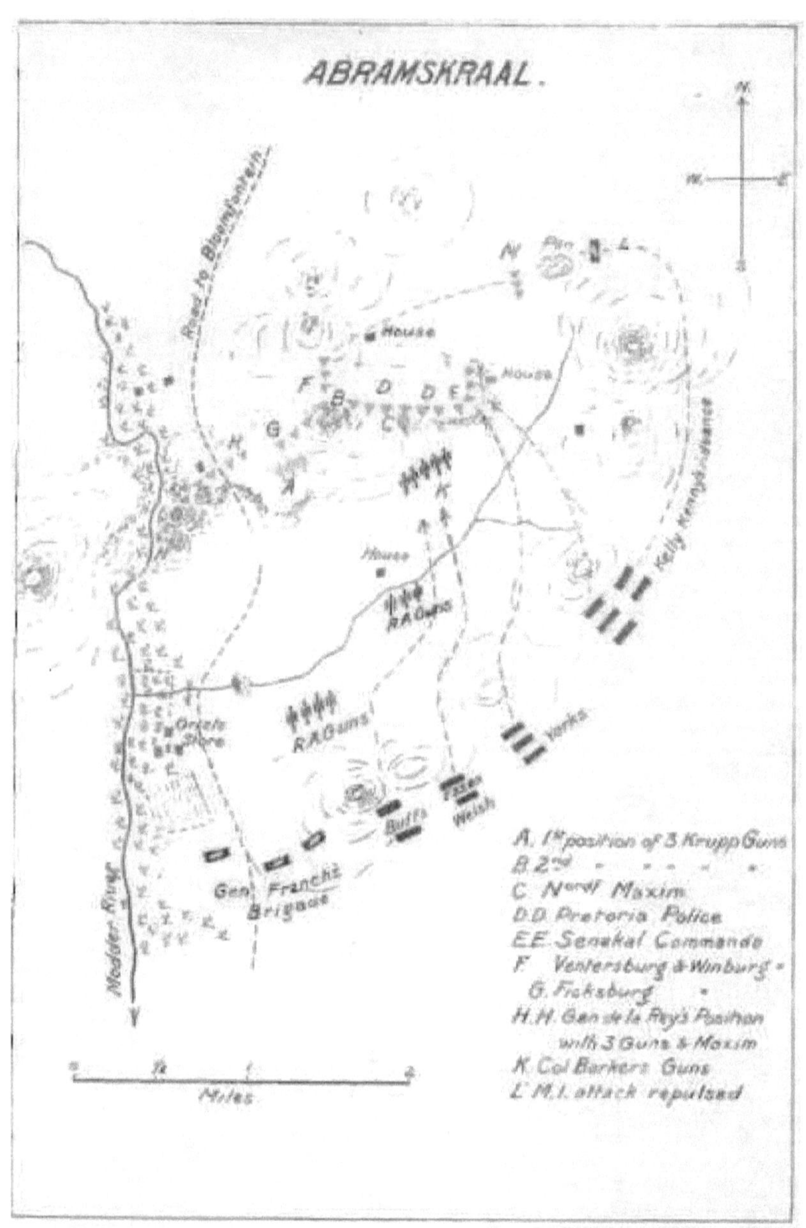

ABRAMSKRAAL.
N
W
E
S
Road to Bloemfontein
Kelly Kenny's dance
Modder River
House
House
House
House
F
B
D
D
E
G
C
H
N
R.A. Guns
R.A. Guns
R.A. Guns
Yorks
Buffs
Welsh
Gen. Franch's Brigade
Oriel's Big Store
Miles
A. 1st position of 3 Krupp Guns
B. 2nd   "   "   "   "   "
C. No. of Maxim
D.D. Pretoria Police
E.E. Senekal Commando
F. Ventersburg & Winburg "
    G. Ficksburg   "
H.H. Gen de la Rey's Position
      with 3 Guns & Maxim
K. Col Barkers Guns
L. M.I. attack repulsed

CHAPITRE I.

LES NUAGES DE GUERRE SE RASSEMBLENT.

En 1895, les nuages politiques s'épaississent et deviennent menaçants. Leur présage était indubitable. La guerre était inévitable et nous entendions le tonnerre martial gronder au-dessus de nos têtes.

La tempête éclata sous la forme d'une invasion de la Rhodésie sur nos frontières occidentales, un raid planifié par les soldats d'une puissance amie.

Quelle que soit la manière dont on s'efforce d'expliquer la cause principale de la guerre en Afrique du Sud par rapport à d'autres questions, il reste un fait irréfutable que le raid de Jameson fut le principal responsable des hostilités qui eurent finalement lieu entre la Grande-Bretagne et les républiques boers.

M. Rhodes, le sponsor et *deus ex machinâ* du Raid, ne pouvait pas être d'accord avec M. Paul Kruger et avait échoué dans ses efforts pour établir des relations amicales avec lui. M. Kruger, tout aussi têtu et ambitieux que M. Rhodes, ne faisait aucune confiance aux propositions aimables de ce dernier, et le résultat fut qu'une haine féroce s'engendre entre les deux Gédéons, une rancune raciale s'étendant jusqu'au fanatique.

Le raid stupide du Dr Jameson appartient désormais à l'histoire ; mais c'est de ce jour fatidique du Nouvel An 1896 que nous, les Boers, faisons dater les terribles épreuves et souffrances auxquelles notre pauvre pays a été exposé. En effet, c'est à cet incident malfaisant que nous racontons directement la lutte aujourd'hui terminée.

Cette invasion, qui était synchrone avec une rébellion armée à Johannesburg, fut suivie de l'arrestation et de l'emprisonnement des soi-disant magnats de l'or du Witwatersrand. Il ne m'appartient pas de juger si ces fils extrêmement riches mais extrêmement dégénérés d'Albion et de Germania méritaient la peine de mort prononcée contre leurs dirigeants à Pretoria pour haute trahison.

Je me souviens cependant de l'appel à la miséricorde qui y fut lancé, de la pitié avec laquelle le gouvernement du Transvaal fut sollicité et supplié, et finalement incité à « pardonner et à oublier ». La même faction qui fait maintenant si obstinément pression pour « ne pas avoir de pitié » envers les Afrikanders coloniaux qui nous ont rejoint, a ensuite imploré le pardon de tous les dieux boers.

Entre-temps, la République était en proie au fléau de la peste bovine, qui faisait des ravages incalculables dans tout le pays. Ce fléau a été précédé par la catastrophe à la dynamite de Vrededorp (près de Johannesburg) et la catastrophe ferroviaire de Glencoe au Natal. Elle fut suivie par une épidémie de variole qui, malgré les efforts médicaux, passa de sporadique à épidémique et toucha toutes les classes du Rand, faisant des victimes partout où elle voyageait. Au cours de la même période, des difficultés surgirent au Swaziland, nécessitant l'envoi d'un commando puissant dans le district désaffecté et le maintien d'une garnison à Bremersdorp. L'année suivante, les hostilités débutèrent contre la tribu Magato dans le nord de la République.

Après une expédition coûteuse de six mois, la rébellion fut réprimée. Il ne fait guère de doute que l'administration de commissaires autochtones infidèles était en partie responsable des difficultés, mais il ne fait aucun doute que des influences extérieures ont également contribué à la rébellion. Ce n'est cependant pas le moment de rouvrir de vieilles blessures.

M. Rhodes a disparu de la scène pour toujours ; il est mort comme il avait vécu. Son ennemi acharné, M. Kruger, qui tirait les ficelles à l'autre bout, est toujours en vie. Peut-être le vieil homme pourra-t-il être épargné pour voir la fin du drame sanglant ; c'est sans aucun doute lui et M. Rhodes qui ont joué les rôles principaux dans le prologue.

Lequel de ces deux « grands hommes » a pris la plus grande part dans la survenue du désastre qui a inondé l'Afrique du Sud de sang et l'a drapée dans le deuil, il serait inapproprié de ma part, à cette époque, de le suggérer. M. Rhodes a été convoqué devant un tribunal supérieur ; M. Kruger doit encore être jugé devant un peuple dont le sort et l'existence même en tant que nation sont, au moment où nous rédigeons ces lignes, vacillent.

Nous nous sommes affrontés et c'est pour cela que nous devons remercier nos « hommes d'État ». Il faut espérer que nos dirigeants du futur accorderont davantage de valeur à la vie humaine et que les Boers et les Britanniques pourront vivre amicalement côte à côte.

Un gouvernement calme et digne d'un homme d'État, dirigé par des hommes exempts d'ambition et de rancune raciale, par des hommes à la réputation irréprochable, sera le seul moyen de pacifier l'Afrique du Sud et de maintenir la pacification de l'Afrique du Sud.

CHAPITRE II.

ET LA TEMPÊTE DE GUERRE ÉCLAT.

C'est au cours d'une discussion décousue d'une session ordinaire du Deuxième Volksraad, dans laquelle je représentais Johannesburg, qu'un jour de septembre 1899 - pour être précis, l'après-midi du 28 - le messager de la Chambre vint me voir avec une note , et murmura : « Un message du général Joubert, Monsieur ; il est urgent, et le général dit qu'il nécessite votre attention immédiate.

J'ai brisé le sceau de l'enveloppe avec une certaine appréhension. J'en ai deviné le contenu, et quelques-uns de mes collègues à la Chambre se penchaient sur moi, presque bouche bée d'excitation, chuchotant curieusement : « Jong, est-ce fout ? » – « Est-ce exact. Est-ce la guerre ?

Bien entendu, tout le monde savait que nous allions vivre une crise suprême, que les relations entre la Grande-Bretagne et notre République étaient tendues jusqu'à l'éclatement, que des notes diplomatiques amères avaient été échangées entre les gouvernements des deux pays depuis des mois et que qu'une collision, une collision armée, était tôt ou tard inévitable.

Étant « commandant de combat » des champs aurifères du Witwatersrand et, par conséquent, officier de l'armée du Transvaal, mes déplacements ce jour-là suscitèrent un grand intérêt parmi mes collègues de la Chambre. Après avoir lu la note du général Joubert, je dis le plus calmement possible : « Oui, les dés sont jetés ; je pars pour la frontière du Natal. Au revoir. Il faut maintenant que je quitte la maison. Qui sait, peut-être pour toujours !

Le mandat du général Joubert était ainsi rédigé :

"Il vous est ordonné par la présente de vous rendre avec le commando de Johannesburg à Volksrust demain, vendredi soir, à 8 heures. Vos cornets de campagne ont déjà reçu des instructions pour réquisitionner le nombre requis de bourgeois ainsi que les chevaux, chariots et équipements nécessaires. Des instructions ont également été données pour que les moyens ferroviaires nécessaires soient tenus prêts. D'autres instructions vous parviendront.

Avant mon départ le lendemain matin, je me rendis en toute hâte aux bureaux du commandant général Joubert. L'antichambre menant au « sanctuaire-sanctorum » du généralissime était remplie d'officiers brillamment uniformes de notre artillerie d'État, et ce n'est qu'à force d'utiliser mes coudes avec beaucoup de vigueur que je parvins à entrer auprès de mon commandant en chef.

Le vieux général semblait sentir vivement la gravité de la situation. Il avait l'air soucieux et troublé : « Bonjour, commandant », dit-il ; "Tu n'es pas encore parti ?"

J'ai expliqué que j'allais à la gare, mais j'ai pensé qu'avant de partir, j'aimerais le voir pour une ou deux choses.

"Eh bien, continue, qu'est-ce qu'il y a ?" » demanda le général Joubert avec irritabilité.

« Je veux savoir, général Joubert, dis-je, si l'Angleterre nous a déclaré la guerre, ou si nous prenons les devants. Et autre chose, à quelle sorte de général dois-je me présenter à Volksrust ?

Le vieux guerrier, sans lever les yeux ni me répondre immédiatement, dessina divers crochets et figures énigmatiques et hiéroglyphiques sur le papier devant lui. Puis il leva brusquement les yeux et me transperça d'un regard qui me fit frémir et trembler.

Il dit très lentement : « Regardez ici ; il n'y a pas encore de déclaration de guerre et les hostilités n'ont pas encore commencé. Vous et mes autres officiers devez le comprendre très clairement, car peut-être les différends entre nous et la Grande-Bretagne sont encore réglés. Nous n'occuperons nos frontières que parce que l'attitude de l'Angleterre est extrêmement provocatrice, et si l'Angleterre voit que nous sommes parfaitement préparés et que nous ne craignons pas ses menaces, elle sera peut-être sage à temps et reconsidérera la situation. Nous voulons aussi placer. nous-mêmes en mesure d'empêcher et d'étouffer une répétition du raid de Jameson avec plus de force que celle que nous avons exercée en 1896. »

Une heure plus tard, j'étais à bord d'un train en direction de Johannesburg en compagnie du général Piet Cronje et de sa fidèle épouse. Le général Cronje me dit qu'il se dirigeait vers les districts occidentaux de la République pour prendre le commandement des bourgeois de Potchefstroom et de Lichtenburg. Ses instructions, dit-il, étaient de protéger la frontière occidentale.

J'ai quitté le général Cronje à Johannesburg le 29 septembre 1899 et je ne l'ai jamais revu jusqu'à ce que je le rencontre à Sainte-Hélène près de deux ans et demi plus tard, le 25 mars 1902. La dernière fois que je l'ai vu, nous nous sommes salués. en tant qu'hommes libres, en tant que législateurs et officiers libres et indépendants d'une République libre. Nous nous sommes battus pour nos droits à vivre en tant que nation.

Maintenant, je rencontre le vétéran Cronje, un vieil homme brisé, captif comme moi, loin de nos maisons et de notre pays.

Hier et aujourd'hui !

Puis nous sommes partis à l'étranger, hommes libres et épris de liberté, brûlants de patriotisme. Nos épouses et nos femmes nous regardaient partir ; plein de tristesse et d'anxiété, mais satisfait de partir à l'étranger pour la cause de notre pays.

Et maintenant!

Deux républiques prometteuses et prospères détruites, leurs belles propriétés détruites, leur peuple en deuil et des milliers de femmes et d'enfants innocents victimes d'une guerre cruelle.

Il n'existe guère de famille Afrikander sans blessure incurable. Partout les traces de la lutte sanglante ; et, hélas, fait le plus poignant et le plus affligeant de tous, les bourgeois qui ont combattu à nos côtés dans les premiers stades de la lutte se trouvent maintenant dans les rangs de l'ennemi.

Ces misérables hommes, ignorant leur devoir solennel, ont laissé leurs compagnons dans l'erreur, sans sentiment de honte ni de respect pour les braves tombés en combattant pour leur terre et leur peuple.

Oh, jour du jugement ! La nation Afrikander vengera encore votre trahison.

CHAPITRE III.

L'INVASION DU NATAL.

Après avoir pris congé de mon ami Cronje à la gare de Johannesburg, mon premier devoir fut de visiter mes différents cornets de campagne. Vers quatre heures de l'après-midi, j'ai découvert que mon commando était aussi prêt qu'on pouvait l'espérer. Quand je dis prêt, j'entends prêt sur papier seulement, comme l'a montré l'expérience ultérieure. Mes trois cornets de campagne devaient équiper 900 hommes à cheval en chariots et en provisions, et bien sûr, ils avaient *carte blanche* pour réquisitionner. Seuls les bourgeois pleinement affranchis de la République sud-africaine étaient susceptibles d'être réquisitionnés, et dans la ville de Johannesburg il y avait un extraordinaire conglomérat de cosmopolites disposés à ce doux processus d'enrôlement.

Il faudrait trop de temps pour décrire adéquatement l'excitation de Johannesburg en ce jour mémorable. Des milliers d'Uitlanders fuyaient leurs maisons, se contentant, dans leur hâte de s'enfuir, de se tenir debout dans des camions Cafres ou à charbon et de s'exposer joyeusement au soleil brûlant et à d'autres éléments. Les rues palpitaient de bourgeois prêts à se diriger vers la frontière cette nuit-là et de réfugiés se précipitant vers les gares. Tout le monde était dans un état d'émotion intense. L'un était timide, un autre joyeux et un troisième assoiffé de sang, tandis que beaucoup de mes hommes étaient sous l'influence de l'alcool.

Lorsqu'on apprit que j'étais arrivé en ville, ma chambre à l'hôtel North Western fut assiégée. J'ai été approché par toutes sortes de personnes réclamant l'exemption du devoir de commando. Un Boer a déclaré qu'il savait que son devoir solennel était de se battre pour son pays et sa liberté, mais qu'il préférait refuser. Un autre déclarait qu'il ne pouvait pas abandonner sa famille ; tandis qu'un autre encore racontait que sur ses quatre chevaux, trois avaient été réquisitionnés et que ces chevaux étaient son seul moyen de subsistance. Un quatrième se plaignait de ce que ses chariots et ses mulets avaient été clandestinement (bien qu'officiellement) enlevés. De nombreux simulateurs ont soudainement découvert des symptômes aigus de maladie cardiaque et ont apporté des certificats médicaux faciles à obtenir, m'assurant que des conséquences tragiques accompagneraient leur exposition sur le terrain. Des dames sont venues me voir pour plaider l'exemption pour leurs maris, leurs sœurs pour leurs frères, leurs mères pour leurs fils, toutes offrant des raisons plausibles pour lesquelles leurs proches devraient être exemptés du devoir de commando. Il était très difficile de gérer tous ces visiteurs bruyants. J'étais dans la position du roi Salomon, même si je manquais de sa sagesse. Mais j'oserais dire que son ancienne majesté elle-même aurait été perplexe s'il avait été à ma place. Il est nécessaire que le lecteur sache que la majeure partie de la population était composée de toutes nationalités et manquait de tout élément de discipline boer.

Le 29 septembre au soir, je suis parti avec le commando de Johannesburg dans deux trains. Les deux tiers de mes hommes ne me connaissaient pas personnellement, et au départ il y eut quelques difficultés à cause de cela. Un bourgeois est entré dans mon compartiment privé sans y être invité. Il a évidemment oublié sa véritable place, et lorsque je lui ai suggéré que le compartiment était privé et réservé aux officiers, il m'a dit d'aller au diable, et j'ai été obligé de le faire descendre un peu précipitamment de la voiture. Ce même homme fut ensuite l'un de mes éclaireurs les plus dignes de confiance.

Le lendemain après-midi, nous atteignîmes Standerton, où je reçus des instructions télégraphiques du général Joubert de joindre mon commando à celui du capitaine Schiel, qui commandait le corps allemand, et de me placer sous le commandement suprême de Jan Kock, membre du corps allemand. Conseil exécutif, qui avait été nommé général par le gouvernement.

Nous découvrîmes bientôt qu'un bon tiers des chevaux que nous avions emmenés avec nous n'étaient pas entraînés pour le combat sérieux et que beaucoup de nouveaux bourgeois de nationalité étrangère n'avaient pas la moindre idée de la façon de monter à cheval. Notre première parade, ou "Wapenschouwing", a donné matière à beaucoup d'hilarité. Ici on voyait des chevaux valser et sauter, tandis que là-bas un cavalier mordait le sable, et vers le soir les médecins eurent plusieurs malades. On peut dire que, bien que n'étant pas parfaitement équipés en ambulances, nous avions avec nous trois médecins, les docteurs Visser, Marais et Shaw. Notre bien-être spirituel était pris en charge par les révérends Nel et Martins, mais pas pour longtemps, car ces deux messieurs ont rapidement constaté que la vie de commando était désagréable et nous ont laissés spirituellement seuls, alors même que les puissances européennes nous ont laissés politiquement. Mais j'ose affirmer qu'aucun membre de mon commando n'a réellement ressenti avec acuité la perte des messieurs théologiques qui nous accompagnaient principalement.

LA CAPTURE DU TRAIN À ELANDSLAAGTE.

Le lendemain, le général Kock et un important état-major arrivèrent au laager et, avec le corps allemand, nous marchâmes jusqu'à Paardakop et Klip River, dans l'État libre d'Orange, où nous devions occuper le col de Botha. Mon convoi comprenait une centaine de charrettes, tirées pour la plupart par des mulets, et c'était amusant de voir la variété des provisions que mes dignes cornets de campagne avaient rassemblées. Il y avait trois wagons pleins de jus de citron vert et d'autres articles inutiles que je fis décharger à la première halte pour faire place à des provisions plus utiles. Il convient de mentionner que de mes trois cornets de campagne, un seul, feu Piet Joubert de Jeppestown, accompagnait effectivement mon commando. Les autres envoyèrent des remplaçants, peut-être parce qu'ils n'aimaient pas s'exposer au changement d'air. Nous nous reposâmes quelques jours à la rivière Klip, dans l'État libre d'Orange, et de là je fus envoyé avec une petite escorte de bourgeois par notre général à Harrismith pour rencontrer un certain nombre d'officiers de l'État libre. Après deux jours de voyage, je rencontrai le commandant en chef de l'État libre Prin Sloo, qui a ensuite déserté, ainsi que d'autres officiers. L'objet de ma mission était d'organiser les communications avec ces officiers. Le 11 octobre, de retour à mon commando, nous reçumes un rapport selon lequel notre gouvernement avait envoyé l'Ultimatum en Angleterre et que le délai fixé pour la réponse à ce document était écoulé. Les hostilités avaient commencé.

Nous reçumes l'ordre d'envahir le Natal et passâmes la frontière le soir même. Moi, avec une patrouille de 50 hommes, j'avais à peine franchi la frontière lorsqu'un de mes éclaireurs est arrivé avec le rapport qu'une importante force britannique était en vue de l'autre côté de la rivière Ingogo. Je me suis dit à l'époque : « Si c'est vrai, les Britanniques se sont précipités assez vite, et la graisse sera très bientôt dans le feu.

Nous nous sommes ensuite mis en formation dispersée et avons prudemment progressé vers Natal. Cependant, après de nombreuses reconnaissances et dissimulations, nous découvrîmes bientôt que la « grande force anglaise » n'était qu'un troupeau de bétail appartenant à des Boers amis, et que le camp se composait de deux tentes occupées par des Anglais et des Cafres qui réparaient un pont défectueux. Nous avons également rencontré une charrette tirée par quatre bœufs appartenant à un fermier du Natal, et je crois que c'était le premier butin que nous avons capturé au Natal. L'Anglais, qui disait ne rien savoir de la guerre, reçut un laissez-passer pour se rendre avec ses serviteurs dans les lignes anglaises, et il partit avec l'avertissement de lire à l'avenir les journaux et de savoir quand la guerre était imminente. Le lendemain, tout notre commando était à Natal. La pluie continue et le froid du Drakenbergen ont rendu notre première expérience de la vie dans le Veldt, sinon insupportable, du moins très décourageante. Nous étions un commando assez nombreux, puisque le commandant J. Lombard, commandant le corps Hollander, nous avait également rejoint. Près de Newcastle, nous rencontrâmes un grand nombre de commandos et un conseil général de guerre se tint sous la présidence du commandant général Joubert. Il fut alors décidé que les généraux Lukas Meyer et Dijl Erasmus prendraient Dundee, qu'une garnison anglaise tenait, tandis que nos commandos du général Kock auraient pour instruction d'occuper le col de Biggarburg. Précédés par des éclaireurs, nous nous dirigâmes dans cette direction, laissant à Newcastle tous nos bagages inutiles sous forme de wagons de provisions et de munitions.

L'un de mes cornets de campagne et les cornets de campagne du commando allemand, poussés par Dieu sait quoi, se sont précipités vers le sud, atteignant en fait la gare d'Elandslaagte. Un train de marchandises arrivait à toute vitesse dans la gare et il fut capturé par ces jeunes Moltkes téméraires. Je fus très mécontent de cette action, et j'envoyai un messager pour leur ordonner de se retirer après avoir détruit le chemin de fer. La même nuit, je reçus l'ordre du général Kock de se diriger avec deux cents hommes et un canon vers Elandslaagte, et j'appris aussi que le capitaine Schiel et son corps allemand étaient partis dans la même direction.

Imaginez, nous étions allés plus loin que ce qui avait été effectivement décidé au conseil de guerre, et nous avons avancé encore plus loin sans chercher à garder le contact avec les autres commandos à notre gauche et à notre droite. Constatant l'inopportunité de cette démarche, je me suis adressé au général qui commandait et lui ai exprimé mes objections. Mais le général Kock était fermement décidé sur ce point et dit : « Allez-y, mon garçon. Nous arrivâmes à Elandslaagte à minuit ; il pleuvait très fort. Après avoir cherché des positions dans l'obscurité, même si j'avais déjà suffisamment vu que la configuration du terrain ne suggérait aucune opération stratégique, nous nous retirâmes pour nous reposer. Deux jours plus tard eut lieu la bataille fatidique.

CHAPITRE IV.

DÉFAITE À ELANDSLAAGTE.

Dans l'aube grise du 21 octobre, un certain nombre d'éclaireurs que j'avais envoyés pendant la nuit en direction de Ladysmith revinrent avec la nouvelle que « les kakis arrivaient ». "Où sont-ils et combien sont-ils ?" J'ai demandé. "Commandant", répondit le chef des éclaireurs, "je ne sais pas grand-chose à ce sujet, mais je devrais penser que les Anglais comptent un bon millier d'hommes à cheval, et qu'ils ont des fusils, et qu'ils ont déjà dépassé Modderspruit." Pour nous, soldats amateurs, ce rapport n'était nullement rassurant, et j'avoue que j'espérais ardemment que les Anglais pourraient rester à l'écart encore quelque temps.

C'est au lever du soleil que fut tiré le premier coup de feu que j'entendis dans cette guerre. Bientôt, les hommes que nous redoutions étaient visibles sur les crêtes des collines au sud de la petite gare rouge d'Elandslaagte. Certains de mes hommes ont salué le combat à venir avec joie ; d'autres, plus expérimentés dans l'art de la guerre, pâlirent mortellement. C'est ce que ressentirent les Boers lors de leur première bataille. La manière maladroite avec laquelle beaucoup de mes hommes cherchaient à se cacher démontrait immédiatement à quel point nous, les jeunes, étions inexpérimentés en matière de guerre. Nous avons commencé avec nos armes et avons essayé un petit tir expérimental. Les deuxième et troisième coups semblaient efficaces ; en tout cas, autant que nous puissions en juger, ils semblaient troubler la sérénité des troupes qui avançaient. J'ai vu un chariot à munitions privé de son attelage et globalement fracassé.

Les canons britanniques semblaient en effet être de très petit calibre. Ils n'ont certainement pas réussi à nous atteindre, et tout le mal qu'ils ont fait a été d'envoyer un obus à travers une ambulance boer à portée de tir. Ce tir était, je m'en suis assuré par la suite, purement accidentel. Lorsque les Britanniques découvrirent que nous aussi, chose étrange, possédons des fusils et, de plus, que nous savions comment les utiliser, ils se retirèrent vers Ladysmith. Mais ce n'était qu'une ruse ; ils étaient retournés en chercher davantage. Pourtant, même si c'était une ruse, nous y étions habilement trompés, et pendant que nous descendions de selle et préparions le repas de midi, ils organisaient une nouvelle attaque plus redoutable. De la voie d'évitement de Modderspruit, ils affluaient des troupes descendues par chemin de fer, et bien que nous ayons une chance magnifique de bombarder les nouveaux venus du haut kopje que nous occupions, le général Kock, qui commandait suprêmement notre corps, pour une raison qui n'a jamais été connue, a expliqué, a refusé de nous permettre de tirer sur eux. Je suis allé voir le général Kock et je l'ai supplié, mais il était catégorique. Ce fut pour moi une amère déception, mais je me consolai en pensant que le général était beaucoup plus âgé que moi et qu'il se battait depuis qu'il était bébé. J'ai donc supposé qu'il savait mieux. Peut-être que si nous, les jeunes commandants, avions eu plus d'autorité au début de la guerre et avions moins eu affaire à des vieillards arrogants et stupides, nous aurions atteint Durban et Cape Town.

Je dois ici encore avouer qu'aucun de mes hommes n'a fait preuve de la détermination martiale avec laquelle ils étaient partis avec tant d'enthousiasme depuis Johannesburg. Pour parler franchement, certains d'entre eux le « piétinaient » et la cavalerie anglaise, en profitant, les débordait rapidement. La tactique britannique était assez claire. Le général French avait placé son infanterie au centre avec trois batteries de campagne (quinze livres), tandis que sa cavalerie, avec des Maxim, englobait notre droite et notre gauche. Il formait un croissant, dans le but évident de faire tourner notre position avec son aile droite et son aile gauche. En chargeant à la fin de l'attaque, la cavalerie, composée principalement de lanciers, était sur nos deux flancs et empêchait complètement notre retraite. Il n'était pas facile d'évaluer le nombre des forces de nos assaillants. En gros, j'ai calculé qu'ils étaient entre 5 000 et 6 000, alors que nous étions 800 au total, et notre artillerie se composait simplement de deux canons Nordenfeldt avec obus, et pas de mitraille.

Les Britanniques étaient certainement sérieux ce jour-là. C'était le feu du baptême de l'Imperial Light Horse, un corps principalement composé de Johannesburgois, qui étaient politiquement et racialement nos ennemis acharnés. Et ce qui était plus malheureux, nos canons étaient tellement exposés qu'ils furent bientôt réduits au silence. Pendant longtemps, nous avons fait de notre mieux pour tenir nos adversaires à distance, mais ils sont arrivés en nombre écrasant et rapidement des bourgeois morts et mutilés ont couvert le Veld. Puis les Gordon Highlanders et les autres détachements d'infanterie commencèrent à prendre d'assaut nos positions. Nous les avons placés à portée de tir de nos fusils et avons fait sentir notre présence ; mais ils ont continué à avancer avec une détermination splendide et un courage indomptable, même si leurs rangs étaient décimés sous nos yeux.

C'était la première fois, comme c'était la dernière fois pendant la guerre, que j'entendais un groupe britannique jouer pour encourager l'attaque des « Tommies ». Je crois que c'était autrefois une coutume de guerre britannique d'éveiller les instincts martiaux avec une musique entraînante, mais quelque chose a dû mal tourner avec les œuvres de cette guerre, il a dû y avoir une rupture dans le luth, pour toujours après cette première bataille d'Elandslaagte le Les Britanniques ont abandonné les drapeaux, banderoles, fanfares et autres meubles tout à fait inutiles.

Environ une demi-heure avant le coucher du soleil, l'ennemi s'était approché de nos positions et de tous côtés une terrible bataille faisait rage. Il était désormais totalement hors de question de les retenir. Ils s'étaient frayés un passage entre un taudis, et tandis que mes hommes se précipitaient vers eux, mon fusil fut brisé par une balle. Un bourgeois blessé me tendit le sien et je rejoignis le Field-Cornet Peter Joubert qui, avec sept autres bourgeois, défendait le kloof. Nous avons lancé un feu nourri sur les Britanniques, mais nous ne devions pas les secouer. À maintes reprises , ils se précipitaient avec une force irrésistible, vaillamment encouragés par leurs vaillants officiers. Le pauvre Field-Cornet Joubert périt alors.

Lorsque le soleil se fut couché et que la scène horrible fut enveloppée dans l'obscurité, il y eut un spectacle épouvantable d'Allemands, de Hollandais, de Français, d'Irlandais, d'Américains et de Boers mutilés gisant sur le veld. Les gémissements des blessés étaient déchirants ; les morts ne pouvaient plus parler. Une autre charge, et les Britanniques, encouragés par leur succès, prirent notre dernière position, canons et tout. Ma seule ressource était désormais de fuir, et la bataille d'Elandslaagte appartenait au passé.

CHAPITRE V.

POURSUIVIE PAR LES LANCERS.

Un dernier regard sur la scène sanglante. Il était très dur de devoir battre en retraite ignominieuse, mais il était encore plus dur de devoir partir sans pouvoir soigner ses camarades blessés, qui criaient pitoyablement au secours. De devoir les laisser entre les mains de l'ennemi me paraissait extrêmement pénible. Mais il n'y avait pas d'autre issue possible, et en fuyant, j'espérais pouvoir « vivre pour me battre un autre jour ». Je m'enfuis, accompagné de Fourie et de mon domestique Cafre. "Allons-y", dis-je, "peut-être pourrons-nous rencontrer d'autres bourgeois par ici et leur tirer une nouvelle fois." Derrière nous, les lanciers britanniques criaient : « Arrêtez, arrêtez, arrêtez-vous, Boers ! Ils nous ont tiré dessus vivement, mais nos petits poneys ont répondu avec vivacité à l'éperon et, aidés par l'obscurité, nous avons continué notre route en toute sécurité. Cependant les lanciers n'abandonnèrent pas la poursuite et nous suivirent sur une longue distance. De temps en temps, nous entendions les cris pitoyables et les supplications des bourgeois qu'on « achevait », mais nous ne voyions rien. Mon homme et moi avions des chevaux légers en bon état, ceux des lanciers poursuivants étaient gros et maladroits.

Mais mon adjudant Piet Fourie n'eut pas la même chance que moi. Il fut rattrapé et fait prisonnier. Des revolvers nous tiraient dessus, et parfois la distance entre nous et nos poursuivants se réduisait. Nous pouvions clairement les entendre crier « Arrêtez, ou je vous tire dessus » ou « Arrêtez-vous, maudit Boer, ou je passe ma lance à travers votre corps béni ».

Nous n'avons vraiment pas eu le temps de prêter attention à ces jolis compliments. C'était une course pour la vie et la liberté. En regardant furtivement autour de moi une fois de plus, je pus distinguer mes poursuivants ; Je voyais leurs longues sagaies ; J'entendais le reniflement de leurs chevaux encombrants, le cliquetis de leurs épées. Ces combinaisons désagréables suffisaient à semer la terreur dans le cœur de tout homme ordinaire.

Tout dépendait désormais de la rapidité et de l'endurance de mon robuste petit poney Boer, Blesman. Il resta mon fidèle ami longtemps après m'avoir tiré d'affaire ; il a été fusillé, le pauvre petit, le jour où on m'a fait prisonnier. Pauvre Blesman, c'est à toi que je dois la vie ! Blesman était manifestement ligué contre tout ce qui était britannique ; dès le début, il manifesta une anglophobie des plus aiguës. Il m'a été d'une grande utilité et repose maintenant, petit cœur fidèle, enterré dans un fossé de Lydenburg.

Lors de ma retraite, il fallait traverser Sunday River. C'était profond, mais profond ou pas, il fallait s'en sortir. Nous allions à une telle allure que nous avons failli dégringoler les berges. Le précipice devait être très raide ; tout ce dont je me souviens, c'est de m'être retrouvé dans l'eau avec Blesman à mes côtés. Le pauvre type était resté coincé avec ses quatre jambes dans le sable flottant. J'ai réussi à le libérer, et après beaucoup de difficultés et de pataugeage dans le ruisseau de quatre pieds, je suis arrivé de l'autre côté. Sur la rive opposée , les Britanniques tiraient toujours. J'ai donc décidé de rester allongé dans l'eau, dans l'espoir de leur faire croire que j'avais été tué ou noyé. Mon stratagème a réussi. J'ai entendu l'un de mes poursuivants dire : « Nous l'avons fini », et avec quelques adieux pyrotechniques supplémentaires, ils sont revenus sur leurs pas vers Ladysmith.

De l'autre côté, cependant, d'autres cavaliers se lançaient à leur poursuite. Incontestablement, les Britanniques, enflammés par leur splendide succès, poursuivaient leur victoire avec une grande vigueur, et une fois de plus je fus obligé de me cacher dans les hautes herbes dans lesquelles mon domestique indigène, à l'instinct éthiopien, s'était déjà glissé. Pendant que je voyageais à pied, mon homme avait sauvé mon cheval des berges boueuses de la rivière.

En fin de compte, je m'en suis sorti avec une bonne mouillage. Passons maintenant à Newcastle. Il me restait encore mon fusil, mon revolver et mes cartouches ; j'avais perdu ma jumelle, probablement dans la rivière. Il y avait de l'eau en abondance, mais je n'avais pas de nourriture. La piste menant à Newcastle était difficile à découvrir pour un étranger, tel que moi dans cette partie du pays. Pour ajouter à ma perplexité, je ne savais pas ce qui s'était passé à Dundee, où on m'avait dit qu'une forte garnison britannique était occupée. Donc, en m'écartant dans cette direction, je courais le risque d'être capturé.

Mais finalement, je suis tombé sur un kraal cafre. Je fus brièvement salué en langue cafre, et, au moment où je demandais à mes amis basanés de me montrer la route, une demi-douzaine d'indigènes, armés de sagaies, apparurent sur les lieux. J'ai serré mon revolver, car leur attitude me paraissait suspecte. Après m'avoir inspecté de près, un des anciens de la communauté m'a dit : "Vous êtes l'un des Boers qui s'enfuient ? Nous avons regardé et vous avez été dum dum aujourd'hui. Maintenant nous vous tenons, nous vous emmenons près de vous, magistrat anglais." Ladysmith." Mais je connais mon cafre, et j'ai immédiatement évalué cet Anglais noir. "Le fait est", dis-je, "je fais une randonnée avec un commando de 500 hommes et nous faisons un peu de reconnaissance autour de votre kraal. Si vous me montrez le chemin vers le Biggersbergen, je vous donnerai 5 shillings. compte." Mon ami aimable et sombre a insisté sur les 7. 6d., mais après avoir laissé entendre que s'il n'acceptait pas 5s. Je devrais certainement brûler toute sa tenue, massacrer toutes ses femmes et tuer tout son bétail, acquiesça-t-il.

Un jeune Zoulous était désigné comme mon guide, mais je dus utiliser mes poings et faire de jolis jeux avec mon revolver, et généralement faire allusion à une mort subite, sinon il m'aurait laissé tomber. Il marmonna quelque temps pour lui-même, et termina brusquement son soliloque en tournant les talons et en disparaissant dans l'obscurité.

La lumière d'une lanterne montra bientôt une gare ferroviaire, que je devinai avec raison être Waschbank. Ici, deux Anglais, probablement des fonctionnaires des chemins de fer, s'approchèrent de moi, accompagnés de mon perfide guide. Ces derniers avaient visiblement eu la gentillesse de prévenir les agents du commissariat de mon approche, mais heureusement ils n'étaient pas armés. L'un d'eux m'a dit : « Vous vous êtes égaré, semble-t-il », ce à quoi j'ai répondu : « Oh, non, en effet, je suis sur la bonne voie, je pense. "Mais," insista-t-il, "vous ne trouverez plus aucun des vôtres ici maintenant ; vous avez été coupé en morceaux à Elandslaagte et les forces de Lukas Meyer et d'Erasmus autour de Dundee ont été écrasées. Vous feriez mieux de m'accompagner à Ladysmith. . Je vous promets un traitement décent. Je me gardai bien de me mettre entre eux et, restant à une petite distance, je dis, le revolver à la main : « Merci beaucoup, c'est terriblement gentil de votre part. Je n'ai pas d'affaires à traiter à Ladysmith pour le moment et je vais maintenant continuer. mon voyage. Bonne nuit. "Non, non, non, attends une minute," répondit l'homme qui avait parlé le premier, "tu sais que tu ne peux pas passer ici." "Nous verrons cela", dis-je. Ils se précipitèrent sur moi, mais avant de pouvoir me maîtriser, j'avais braqué mon revolver. Le premier intervenant a tenté de me désarmer, mais je l'ai secoué et lui ai tiré dessus. Il est tombé et, autant que je sache ou que j'ai pu voir, il n'a pas été mortellement blessé. L'autre homme, estimant que la discrétion était la meilleure partie du courage, disparut dans l'obscurité, et mon guide infidèle s'était éloigné dès qu'il avait vu l'éclat de mon arme.

Mes aventures au cours de cette terrible nuit ne devaient cependant pas se terminer par cette douce diversion. Environ une heure après le lever du jour, je suis tombé sur une grange sur laquelle était inscrite la légende « Caisse d'épargne postale ». Un gros chien de Terre-Neuve gisait sur le seuil, et bien qu'il remuât la queue d'une manière assez amicale, il ne semblait pas disposé à me prêter une attention particulière. Il y avait un passage entre la grange et quelques écuries au fond et je descendis prospecter ces dernières. Quelle chance s'il y avait eu un cheval pour moi là-bas ! Bien sûr, j'aurais dû seulement vouloir l'emprunter, mais il y avait un gros cadenas en fer sur la porte, mais à l'intérieur de l'écurie j'entendais le mouvement d'un animal. Un cheval représentait pour moi à l'époque bien plus que trois royaumes pour le roi Richard. Pour la première fois de ma vie, j'ai commis un cambriolage délicat et une effraction dans la maison. Mais les Anglais déclarent que tout est juste en amour et en guerre, et ils devraient le savoir.

J'ai découvert une barre de fer qui m'a permis d'arracher la serrure de la porte de l'écurie, et, ayant atteint ce stade de mon cambriolage, j'y suis entré avec précaution, et je peux dire nerveusement. En rampant jusqu'à la mangeoire, j'ai tâtonné jusqu'à ce que j'attrape une sangle à laquelle l'animal était attaché, j'ai coupé la sangle et j'ai emmené le cheval. Je me demandais pourquoi cela allait si lentement et que je devais presque entraîner la pauvre créature. Une fois dehors, j'ai découvert, à mon grand dégoût, que mon butin était un âne vénérable et décrépit. Déçu et découragé, j'ai abandonné mon butin, laissant ce vieux mulet méditant devant la porte de l'écurie et me demandant clairement pourquoi il avait été sélectionné pour une excursion de minuit. Mais je n'avais pas le temps de m'expliquer ou de m'excuser, et comme le mulet ne pouvait visiblement pas me porter aussi vite que mes propres jambes, je le laissai à ses méditations.

A l'aube, lorsque les premiers rayons du soleil illuminaient le Biggersbergen dans toute sa beauté grotesque, je réalisai pour la première fois où j'étais et me trouvai à bien plus de 12 milles d'Elandslaagte, la scène fatidique d'hier. Fatigué, à moitié affamé et aussi inconsolable que l'âne dans l'écurie, je m'assis sur une fourmilière. Pendant 24 heures, j'étais resté sans nourriture et j'étais maintenant très épuisé. Je tombai dans une rêverie ; toutes les aventures de la journée écoulée se déroulaient graphiquement sous mes yeux comme dans un kaléidoscope ; toutes les horreurs et le carnage de la bataille, la misère de mes camarades mutilés, qui hier encore avaient répondu au cri de guerre plein de vigueur et de jeunesse, le pathétique des morts qui, abattus dans la fleur de l'âge et en pleine santé, je suis resté là-bas sur le Veld, loin de mes épouses, de mes filles et de mes amis pour toujours.

Alors que j'étais dans une étude brune sur cette fourmilière, 30 hommes à cheval se sont soudainement précipités vers moi en provenance de la direction d'Elandslaagte. Je me jetai à plat ventre, cherchant la fourmilière comme abri, prêt à vendre chèrement ma vie s'ils s'avéraient être Anglais. Dès qu'ils m'aperçurent, ils s'arrêtèrent et m'envoyèrent un des leurs. Evidemment, ils ne savaient pas si j'étais ami ou ennemi, car ils reconnurent ma forme prostrée derrière la fourmilière avec beaucoup de circonspection et de prudence ; mais j'ai vite reconnu des compagnons d'armes. Je pense que la longue queue qui est particulière aux poneys Basuto m'a permis de les identifier comme tels, et un ami, qui était leur avant-poste, m'a apporté un cheval de réserve, et ce qui était encore mieux, avait sorti de sa sacoche une boîte de conserve. de bœuf d'intimidation bienvenu pour apaiser ma faim rongeante. Mais ils ont apporté une triste nouvelle, ces bons amis. Le commandant adjoint JC Bodenstein et le major Hall, du conseil municipal de Johannesburg, sont morts sur le champ de bataille, deux de mes officiers les plus courageux, dont je regrette encore la perte.

Nous avancions lentement et, tout au long de la route, nous rencontrions des groupes de bourgeois. Il ne faisait aucun doute que nos rangs étaient démoralisés et navrés. Le commandant général Joubert avait fait de la gare Dannhauser son quartier général et c'est là que nous nous dirigions. Mais bien que nous ayons approché notre général le cœur accablé de chagrin, le caractère des Boers est si étrange et si complexe qu'au moment où nous l'atteignons, nous avions rassemblé 120 traînards et avions retrouvé notre moral et notre courage. Je jouis d'un repos des plus réparateurs dans une ferme inoccupée et j'envoyai un messager à Joubert pour lui demander rendez-vous pour le lendemain matin afin de lui remettre mon rapport sur la malheureuse bataille. Le messager rapporta cependant une réponse verbale selon laquelle le général était extrêmement en colère et n'avait envoyé aucune réponse. En me retirant ce soir-là, je trouvai ma jambe gauche blessée en plusieurs endroits par des éclats d'obus et de pierre. Mes vêtements ont dû être trempés dans l'eau pour les enlever, mais après avoir soigneusement nettoyé mes blessures, elles ont très vite guéri.

Le lendemain matin, j'ai attendu le commandant général. Il me reçut très froidement et, avant que je puisse oser dire un mot, me dit avec reproche : « Pourquoi n'avez-vous pas obéi aux ordres et n'avez-vous pas arrêté ce côté du Biggarsbergen, comme le Conseil de guerre l'avait décidé ? Il fit suivre ce reproche d'une série de questions : « Où est votre général ? "Combien d'hommes as-tu perdu ?" "Combien d'Anglais avez-vous tué ?" J'ai dit avec déférence : « Eh bien, Général, vous savez que je ne dois pas être intimidé de la sorte. Vous savez que vous m'avez placé dans une position subordonnée sous le commandement du général Kock, et maintenant vous rejetez toute la responsabilité du désastre d'hier sur mes épaules. Cependant, je suis désolé de dire que le général Kock est blessé et entre les mains des Britanniques. Je ne sais pas combien d'hommes nous avons perdus ; je suppose qu'il y a environ 30 ou 40 morts et environ 100 blessés. Les Britanniques ont dû en perdre beaucoup plus, mais je suis désolé. je ne fais aucune estimation."

Le généralissime à la barbe grise se calma un peu et parla plus gentiment, même s'il me laissa entendre qu'il n'aimait pas beaucoup le commando de Johannesburg. Je répondis qu'ils s'étaient battus avec beaucoup de courage et qu'en se retirant, ils espéraient retrouver fortune un autre jour. "Hmm," répondit le général, "certains de vos bourgeois ont fait une retraite si magistrale qu'ils sont déjà arrivés à Newcastle, et je viens de télégraphier Field-Cornet Pienaar, qui est en charge, pour lui proposer de d'attendre un peu là-bas, car je propose de lui envoyer des wagons de chemin de fer pour lui permettre de se retirer encore plus loin. Quant à ces Allemands et Hollandais qui vous accompagnent, ils peuvent aller à Johannesburg ;

"Général", protestai-je, "ce n'est pas tout à fait juste. Ces gens se sont portés volontaires pour se battre pour nous et avec nous ; nous ne pouvons pas leur en vouloir dans cette affaire. Il est très regrettable qu'Elandslaagte ait été perdu, mais pour autant que je le sache, Je peux voir qu'il n'y avait aucune aide pour cela. Le vieux général paraissait perdu dans ses pensées ; il semblait ne pas prêter attention à ce que je disais. Finalement, il leva les yeux et fixa sur moi ses petits yeux brillants comme s'il souhaitait lire mes pensées les plus intimes.

"Oui," dit-il, "je sais tout à ce sujet. À Dundee, les choses se sont tout aussi mal passées. Lukas Meyer a lancé une faible attaque et Erasmus l'a laissé tomber. Les deux devaient charger simultanément, mais Erasmus l'a laissé tomber. un moment critique, qui signifie une perte de 130 hommes tués et blessés, et Lukas Meyer en retraite à travers la rivière Buffalo. Et maintenant Elandslaagte au sommet de tout cela à cause de la désobéissance et de la négligence de mes officiers supérieurs.

Le vieil homme parla ainsi pendant un certain temps, jusqu'à ce que je sois fatigué et que je parte. Mais au moment où j'étais sur le point de sortir de sa tente, il me dit : « Écoutez, commandant, réorganisez votre commando au plus vite et faites-moi votre rapport dès que vous serez prêt. Il m'autorisa également à intégrer dans le commando réorganisé divers retardataires hollandais et allemands qui flânaient dans les environs, bien qu'il paraisse entretenir un préjugé irradiable contre les corps hollandais et allemands.

Le commandant du corps Hollander, le membre du Volksraad Lombard, sortit indemne de la bataille ; son capitaine, MBJ Verselewel de Witt Hamer, avait été fait prisonnier ; le commandant du corps allemand, le capitaine A. Schiel, tomba blessé entre les mains des Britanniques, tandis que parmi les officiers tués au combat, je devrais mentionner le Dr HJ Coster, le Hollandais le plus courageux que le Transvaal ait jamais vu, le membre le plus brillant du Pretoria. Bar, qui a donné sa vie parce que, dans un moment stupide, Kruger l'avait nargué, lui et ses compatriotes, avec lâcheté.

CHAPITRE VI.

RISQUER LA COLÈRE DE JOUBERT.

Après l'entretien désagréable mais assez réussi avec notre commandant en chef, j'ai laissé les hommes que j'avais rassemblés autour de moi à la tête d'un cornet de campagne et je me suis rendu en train à Newcastle pour rassembler les restes dispersés de mes bourgeois et pour y aller. procurez-vous des mulets et des chariots pour mon convoi. Car, comme je l'ai déjà dit, c'était à Newcastle que nous avions laissé tous nos wagons d'intendance et notre bétail de trait sous une forte escorte. A mon arrivée, je convoquai les bourgeois et, leur adressant quelques mots, je leur fis remarquer que nous devions reprendre la marche le plus tôt possible, afin d'atteindre sans délai la ligne de combat et d'y retrouver la fierté et l'honneur de nos habitants. commando.

"Notre pays bien-aimé", ai-je dit, "ainsi que nos camarades morts, blessés et portés disparus, nous demandent de ne pas perdre courage face à ce premier revers, mais de poursuivre la juste lutte même contre des obstacles insurmontables", et ainsi de suite, dans ce contexte. souche.

Honnêtement, je ne comprends pas pourquoi nous aurions dû être accusés de lâcheté lors de la bataille d'Elandslaagte, même si beaucoup d'entre nous semblaient appréhender que ce serait le cas. Nous avions fait un bon combat, mais accablés par une force organisée d'hommes disciplinés, huit à dix fois plus nombreux, nous avions été vaincus, et les Britanniques furent les premiers à admettre que nous avions défendu vaillamment et honorablement nos positions. Donner une fausse interprétation de notre défaite était une diffamation envers tous ceux qui avaient courageusement combattu, et cela me déplaît. Il existe des choses telles que les fortunes de la guerre, et comme un seul camp peut gagner, ce ne peut pas toujours être le même. Cependant, je découvris bientôt qu'un petit nombre de nos bourgeois ne semblaient pas enclins à se joindre à la prolongation de la lutte. Les forcer à nous rejoindre n'aurait servi à rien, j'ai donc pensé que la meilleure politique serait de les renvoyer chez eux en congé jusqu'à ce qu'ils aient retrouvé leur moral et leur courage. Sans doute le mépris et la dérision dont ils seraient victimes de la part de leurs femmes et de leurs sœurs les inciteraient bientôt à reprendre les armes et à remplir les devoirs que leur pays exigeait. J'ai donc demandé à ceux qui n'avaient ni le courage ni l'envie de retourner au front de se battre, et une trentaine d'hommes se sont repliés en baissant la tête de honte. Ils ont été raillés et insultés par leurs camarades, dont la majorité avait choisi de continuer. Mais le choc d'Elandslaagte avait été trop dur pour les frères les plus faibles, qui semblaient sourds à tout argument et voulaient seulement rentrer chez eux. J'ai donné à chacun d'eux un laissez-passer pour prendre le chemin de fer jusqu'à Johannesburg, qui disait ceci :

"Permis...................................... pour aller à Johannesburg pour cause de lâcheté, à la demande du Gouvernement frais."

Ils ont mis le permis dans leur poche sans se douter de son contenu et sont partis avec leur matériel jusqu'à la gare pour prendre le premier train disponible.

Le lecteur aura maintenant une idée de l'effet moral désastreux de cette défaite et de la difficulté qui en découle pour ramener un commando à sa force de combat initiale. Mais malgré cela, je suis fier de dire que la grande majorité des habitants de Johannesburg étaient rassemblés autour de moi et prêts à marcher à la rencontre de l'ennemi une fois de plus.

Mon piège et tout son contenu avaient été capturés par l'ennemi à Elandslaagte, et j'ai jugé nécessaire de me procurer de nouveaux équipements, etc., à Newcastle. Ce n'était pas une mince affaire, car certains commerçants avaient déplacé la plus grande partie de leurs marchandises vers un endroit plus sûr, tandis que certains commandos s'étaient approprié la majeure partie du reste. Ce qui restait avait été réquisitionné par M. J. Moodie, favori du général Joubert, qui s'y faisait passer comme juge de paix résident ; et il ne se sentait pas enclin à laisser aucun de ces biens lui échapper. En achetant et en pillant alternativement, c'est-à-dire en volant, je parvins à me procurer un équipement le lendemain matin et, au petit matin, nous partîmes pour la gare de Dannhauser, où nous arrivâmes le soir même sans autre incident notable.

Le lendemain, lorsque le corps de Johannesburg se présenta, nous comptions 485 hommes à cheval, tous entièrement équipés. À mon arrivée à la gare de Glencoe, je reçus un télégramme du général Joubert m'informant qu'il avait vaincu l'ennemi à Nicholson's Nek près de Ladysmith ce jour-là (30 octobre 1899), faisant 1 300 prisonniers, qui arriveraient à Glencoe le lendemain matin. Il me pria de les conduire à Pretoria sous une forte escorte. Quelle commande flatteuse ! Pour conduire des prisonniers de guerre, pris par d'autres bourgeois ! Étions-nous alors aptes à rien d'autre qu'au service de police ?

Cependant, les ordres doivent être obéis, c'est pourquoi j'ai envoyé un de mes officiers avec 40 hommes pour emmener les prisonniers à Pretoria, et j'ai signalé au commandant général par télégramme que son ordre avait été exécuté, demandant également des instructions sur l'endroit où je me trouvais. pour continuer avec mon commando. La réponse que j'ai reçue était la suivante : -

"Installez votre camp près de Dundee et maintenez la loi et l'ordre dans la province, aidez également le juge de paix à acheminer les marchandises capturées, les munitions, les provisions, etc., à Pretoria, et veillez à ce que vous ne soyez pas attaqué une seconde fois."

C'était plus que ce que la chair et le sang pouvaient supporter ; plus qu'un « homme blanc » ne pourrait supporter. Ce n'était rien de moins qu'une insulte personnelle, que je ressentais profondément. Évidemment, mon chef avait résolu de nous tenir en retrait ; il ne ferait pas confiance à notre commando sur la ligne de combat. Bref, il n'a pas tenu parole et ne nous a pas donné une autre chance de récupérer nos pertes.

J'avais cependant pris ma décision et j'ordonnais au commando de marcher vers Ladysmith. Si le général ne me voulait pas au front, je cesserais d'être un fonctionnaire . Et, bien que je n'eusse aucun ami influent qui pût m'aider, je résolus de prendre le taureau par les cornes et de laisser le reste au sort.

Le 1er novembre 1899, nous atteignîmes le gros de l'armée près de Ladysmith, et j'allai aussitôt dire en personne au général Joubert que mes hommes voulaient se battre et non jouer aux gendarmes sur les derrières de l'armée. Après avoir donné l'ordre de descendre de cheval, je me dirigeai vers la tente Joubert, j'y entra avec toute l'audace que je pouvais et je saluai le général, qui était heureusement seul. J'ai immédiatement ouvert ma valise, lui disant combien il était injuste de nous garder à l'arrière et que les bourgeois protestaient bruyamment contre un tel traitement. Ce plaidoyer était généralement utilisé tout au long de la campagne lorsqu'un officier exigeait qu'on lui accorde quelque chose. Au début, le vieux général était très courroucé. Il a dit que j'avais désobéi à ses ordres et qu'il envisageait de me faire fusiller pour manquement à la discipline. Cependant, après de nombreuses tempêtes dans sa belle voix de basse, il se calma et, d'une voix de stentor, m'ordonna pour le moment de rejoindre le général Schalk Burger, qui opérait près de Lombard's Kop lors du siège de Ladysmith.

Le soir même, j'y arrive avec mon commando et me présente au lieutenant-général Burger. Un de ses adjudants, M. Joachim Fourie, qui s'est distingué par la suite à plusieurs reprises et a été tué au combat près de sa maison dans le district de Caroline, m'a montré un endroit où dormir. Nous avons planté nos tentes au même endroit où quelques jours avant que les généraux White et French ne soient vaincus, et c'est là qu'attendaient les développements.

À cet endroit, les Britanniques, lors de la bataille de Nicholson's Nek, avaient caché une grande quantité de munitions pour fusils et fusils dans un trou creusé dans le sol, le recouvrant d'herbe, ce qui lui donnait l'apparence d'un tas d'ordures. Un des bourgeois, craignant que cela ne nuise à la santé de nos hommes du camp, mit le feu à l'herbe, et cela pénétra bientôt jusqu'aux munitions. Une énorme explosion s'est produite, et il semblait qu'une véritable bataille était en cours. De tous côtés, des bourgeois accouraient à cheval pour savoir où se déroulaient les combats. Le général Joubert envoya un adjudant pour savoir si les Johannesburgois s'entretuaient maintenant pour changer, et pourquoi je ne pouvais pas mieux contrôler mes hommes. J'ai demandé à ce monsieur d'avoir la gentillesse de voir par lui-même ce qui se passait et de dire au commandant général que je pouvais assez bien me débrouiller pour maintenir mes hommes en ordre, mais que je ne pouvais pas connaître l'endroit exact où l'ennemi avait été. choisi de cacher leurs munitions.

Cependant, il me devenait chaque jour plus évident à quel point Joubert dévalorisait mon commando, et qu'il faudrait très bien se comporter et lutter très vaillamment pour regagner ses faveurs. D'autres commandos ne semblaient pas non plus avoir une meilleure opinion et parlaient de nous comme du laager qui devait courir à Elandslaagte, oubliant que même l'énorme commando du général Meyer avait été obligé de se retirer dans la plus grande confusion à Dundee. Si tous les détails de cet engagement à Dundee étaient publiés, on découvrirait qu'il s'agissait d'un désastre boer juste après celui d'Elandslaagte.

Mais nous étions désormais en tout cas au front. J'envoyai mes avant-postes et fixai mes positions, qui étaient très loin d'être bonnes ; mais j'ai décidé de ne pas me plaindre. Nous avions résolu de faire de notre mieux pour défendre notre honneur et prouver que nos accusateurs n'avaient aucune raison de nous traiter de lâches ou de bons à rien.

CHAPITRE VII.

LES SUPERSTITIONS DU GÉNÉRAL BOER.

Quelques jours après notre arrivée devant Ladysmith, nous rejoignîmes une expédition pour reconnaître les retranchements britanniques, et mon commando fut commandé près de quelques forts du côté nord-ouest de la ville. De la petite et de la grande artillerie tiraient de chaque côté. Nous approchâmes à 800 pas d'un fort ; il faisait grand jour et l'ennemi pouvait donc nous voir distinctement, connaissait la portée exacte et nous recevait avec une véritable grêle de feu. Notre seule chance était de nous cacher derrière les kopjes et dans les fossés, car dès que tout Boer montrait la tête, les balles sifflaient à ses oreilles. Ici, deux de mes bourgeois ont été grièvement blessés et nous avons eu beaucoup de mal à les faire passer à travers la ligne de tir jusqu'à notre ambulance. Enfin, en fin d'après-midi, vint l'ordre de se retirer, et nous nous retirâmes sans rien faire.

Je ne vois pas encore aujourd'hui l'utilité de cette reconnaissance, mais à Ladysmith tout était également mystérieux et déroutant. C'était peut-être que mes connaissances en matière militaire étaient trop limitées pour comprendre les subtiles manœuvres de cette époque. Mais j'ai décidé de ne pas critiquer la stratégie militaire de notre chef, même si je dois dire à ce stade que l'ensemble du siège de Ladysmith et la manière dont la garnison assiégée a été pilonnée sans succès avec nos gros canons pendant plusieurs mois, semblent pour moi un mystère insondable qui, en raison de la mort prématurée de Joubert, ne sera jamais expliqué de manière satisfaisante. Mais j'ose qualifier la politique de Joubert en dehors de Ladysmith de stupide et primitive, et j'y reviendrai dans un autre chapitre.

Après environ quinze jours, on nous ordonna de partir pour garder une autre position au sud-ouest de Ladysmith, en tant que commando de l'État libre dirigé par le commandant Nel et, sauf erreur de ma part, sous les ordres de Field-Cornet Christian de Wet (plus tard le monde- célèbre commandant en chef de l'État libre d'Orange, et dont tous les Afrikanders sont à juste titre fiers), dut se rendre à la colonie du Cap.

Ici, j'étais sous le commandement de Dijl Erasmus, alors général et favori du général Joubert. On nous a donné beaucoup de travail. Des tranchées ont dû être creusées et des forts construits et rénovés. A cette époque, une expédition s'aventura à Estcourt, sous les ordres du général Louis Botha, qui remplaçait le général L. Meyer, renvoyé chez lui en congé de maladie. Mon commando rejoignit l'expédition sous les ordres de Field-Cornet J. Kock, qui me causa ensuite bien des ennuis.

Je ne peux pas dire grand-chose de cette expédition à Estcourt, sinon que le commandant en chef l'accompagnait. Sans sa présence parmi nous, je suis convaincu que le général Botha aurait poussé au moins jusqu'à Pietermaritzburg, car les Anglais étaient alors tout à fait incapables d'arrêter notre progression. Mais une fois arrivés à Estcourt, pratiquement sans opposition, Joubert, bien que nos bourgeois aient été victorieux bataille après bataille, nous a ordonné de battre en retraite. La seule explication que le général Joubert ait jamais donnée au rappel de cette expédition était que lors d'un violent orage qui faisait rage depuis deux nuits près d'Estcourt, deux Boers avaient été frappés par la foudre, ce qui, selon sa doctrine, était un signe infaillible de l'ordre du jour. Fort bien que les commandos n'aillent pas plus loin. Il semble incroyable qu'à notre époque éclairée nous trouvions un tel homme à la tête d'une armée ; il n'en est pas moins vrai que la perte de deux bourgeois engagea notre commandant général à rappeler les commandos victorieux qui emportaient tout devant eux. Les Anglais à Pietermaritzburg et même à Durban tremblaient à l'idée que nous puissions avancer vers la côte, sachant très bien qu'ils n'auraient en aucun cas pu arrêter notre progression. Et quelle amélioration de notre situation cela aurait signifié ! Or, notre retraite encouragea les Britanniques à avancer leur ligne de combat jusqu'à Chieveley Station, près de la rivière Tugela, et les commandos durent prendre position dans les « randjes », sur la rive ouest de la Tugela.

CHAPITRE VIII.

LES « GRANDES PUISSANCES » POUR INTERVENIR.

Pendant la retraite de notre armée vers la frontière de la République du Transvaal, rien d'important ne s'est produit. Ici encore, la confusion régnait en maître, et aucun des commandos n'était trop soucieux de former des arrière-gardes. Notre Compagnie des Chemins de fer Hollander tenait à mettre une distance respectueuse entre son matériel roulant et l'ennemi, et, soucieuse de perdre le moins de wagons possible, soulevait d'innombrables difficultés lorsqu'on lui demandait de transporter nos hommes, nos provisions et nos munitions. Entre-temps, nos généraux s'étaient rendus par chemin de fer à Laing's Nek pour chercher de nouvelles positions, et il n'y avait personne pour maintenir l'ordre et la discipline.

Environ 150 Natal Afrikanders qui avaient rejoint nos commandos lorsque ceux-ci, sous le commandement du défunt général Joubert, occupaient les districts autour de Newcastle et de Ladysmith, se trouvèrent désormais dans une position délicate. Ils ont choisi de nous accompagner, accompagnés de leurs familles et de leur bétail, et ils ont offert un spectacle des plus déchirants. De longues rangées de charrettes et de chariots avançaient avec lassitude le long de la route menant à Laing's Nek. Des femmes en larmes, avec leurs enfants et nourrissons dans les bras, nous jetaient des regards de reproche comme étant la cause de leur misère. D'autres s'occupaient plus utilement de conduire leur bétail. Dans l'ensemble, c'était une scène comme j'espère ne plus jamais revoir.

Les cafres du Natal avaient maintenant l'occasion d'afficher leur haine envers les Boers. Dès que nous avions quitté une ferme et que ses habitants mâles étaient partis, ils fondaient sur l'endroit et semaient le chaos et la ruine, pillant et pillant au maximum de leurs capacités. Certains ont même agressé des femmes et des enfants, et les atrocités les plus horribles ont été commises. J'attribue davantage de blâme aux Blancs qui ont encouragé ces bandes de pilleurs, en particulier à certaines troupes impériales et aux hommes du Natal en service militaire. Ne comprenant pas la nature bestiale des cafres, ils les utilisèrent pour les aider à mener à bien leur travail de destruction, et bien qu'ils ne leur donnèrent aucun ordre réel d'agresser les gens, ils ne prirent aucune mesure appropriée pour empêcher cela.

Lorsque notre commando passa par Newcastle, nous trouvâmes l'endroit presque entièrement désert, à l'exception de quelques sujets britanniques qui avaient prêté serment de neutralité aux Boers.

J'ai le regret de devoir déclarer qu'au cours de notre retraite, un certain nombre de personnes irresponsables ont incendié les bâtiments gouvernementaux de cette ville. On raconte qu'un officier italien a incendié une salle publique sans prétexte raisonnable ; il n'a certainement jamais reçu d'ordres en ce sens. Comme on peut s'y attendre d'une armée d'invasion, certaines de nos patrouilles bourgeoises et d'autres corps de troupes isolés ont pillé et détruit un certain nombre de maisons temporairement désertées. Mais à l'exception de ces quelques cas, je peux affirmer qu'aucun outrage n'a été commis par nous au Natal et qu'aucun bien n'a été inutilement détruit.

A notre arrivée à Laing's Nek, un Conseil de Guerre se tint immédiatement pour décider de nos projets futurs.

Nous nous retrouvions maintenant sur les anciens champs de bataille de 1880 et 1881, où Boer et Britannique s'étaient rencontrés vingt ans auparavant pour décider par un procès d'armes qui serait le maître de la République SA. Les traces de cette lutte désespérée étaient encore bien visibles, et la hauteur historique de Majuba se dressait là, sentinelle isolée, nous rappelant la bataille dans laquelle le malheureux Colley perdit la journée et la vie.

On m'a dit de prendre position dans le Nek, là où la route des wagons traverse à l'est le tunnel ferroviaire, et c'est là que nous nous sommes préparés à creuser des tranchées et à placer nos canons. Peu après avoir achevé nos retranchements, nous revoyâmes l'ennemi. Ils étaient à Schuinshoogte, sur l'Ingogo, et avaient envoyé un corps à cheval avec deux canons sur le Nek. Même si nous n'avions aucune idée de la force de l'ennemi, nous étions tout à fait prêts à faire face à l'attaque ; les Pretoria, Lydenburg et autres laagers étaient postés à gauche au sommet de Majuba Hill, et d'autres commandos occupaient de bonnes positions à l'est. Mais l'ennemi pensait évidemment que nous avions fui jusqu'à Pretoria et, ne s'attendant pas à trouver la Nek occupée, il avança sans s'inquiéter. Nous leur avons tiré quelques salves, ce qui les a fait s'arrêter avec une grande surprise, et, répondant par un petit feu d'artillerie, ils sont rapidement retournés à Schuinshoogte. Nous devions cependant rester sur nos gardes de jour comme de nuit. Il faisait très froid à ce moment-là et un fort vent d'est soufflait.

Le lendemain, il se produisit un événement qui modifia la monotonie de notre situation : l'arrivée de Pretoria de M. John Lombaard, membre du Premier Volksraad de Béthel. Il demanda la permission de s'adresser à nous et nous informa qu'il ne nous restait plus qu'une quinzaine de jours, car des nouvelles d'Europe leur étaient parvenues selon lesquelles les grandes puissances étaient décidées à mettre fin à la guerre. Cette communication émanant d'une source aussi semi-officielle a été crue par un certain nombre de nos hommes, mais je pense qu'elle n'a que très peu contribué à égayer l'esprit de la majorité, ni à la tirer de la léthargie dans laquelle elle semblait être tombée. Une quinzaine de jours s'est écoulée et un mois sans que nous ayons plus de nouvelles de cette intervention attendue, et je n'ai jamais pu découvrir sous quelle autorité et par quels ordres M. Lombaard nous a fait cette communication remarquable.

Pendant ce temps, le général Buller ne semblait nullement désireux de nous attaquer, craignant peut-être une répétition des « accidents » de la Tugela ; ou peut-être pensait-il que notre position était trop forte. Pour une raison quelconque, le Nek de Laing ne fut jamais attaqué et Buller, après avoir fait un énorme « détour », franchit le col de Botha. Pendant ce temps, Lord Roberts et ses forces marchaient sans opposition à travers l'État libre d'Orange, et on m'a ordonné de me rendre à Vereeniging avec mon commando. Nous avons quitté Laing's Nek le 19 mai et nous sommes dirigés vers la frontière de l'État libre par chemin de fer.

CHAPITRE IX.

COMBATS DE COLENSO ET SPION KOP.

Huit jours après que mon commando eut été stationné dans ma nouvelle position sous les ordres du général Erasmus, je reçus l'ordre de marcher vers Potgietersdrift, sur la Haute Tugela, près de Spion Kop, et là de me mettre à la disposition d'Andries Cronje. Ce monsieur était alors général dans l'armée de l'État libre d'Orange et, bien que personne d'apparence très vénérable, il n'avait pas beaucoup de succès en tant que commandant. Jusqu'au 14 décembre 1899, aucun incident notable ne se produisit et rien ne fut fait si ce n'est de petites reconnaissances décousues le long de la Tugela et le creusement de tranchées.

Enfin vint l'ordre de bienvenue nous appelant à l'action ; et on nous ordonna de marcher sur Colenso Heights avec 200 hommes pour remplir les rangs, car un combat était imminent. Nous sommes partis sous les ordres du général Cronje et sommes arrivés le lendemain matin à l'aube, et quelques heures plus tard a commencé la bataille maintenant connue dans le monde sous le nom de bataille de Colenso (15 décembre 1899).

J'ai appris ensuite que les commandos du général Cronje devaient traverser la rivière et attaquer le flanc gauche de l'ennemi. Cela n'eut pas lieu, car la plus grande confusion régnait à cause des divers ordres contradictoires donnés par les généraux. Par exemple, j'ai moi-même reçu quatre ordres contradictoires de quatre généraux en l'espace de dix minutes. J'ai cependant pris l'initiative de déplacer mes hommes jusqu'à la rivière pour tenter de capturer une batterie de canons sur le flanc gauche de l'ennemi qui avait été laissée sans protection, comme ce fut le cas pour les dix canons qui tombèrent entre nos mains plus tard en le jour. Je m'étais approché à moins de 1 400 pas de l'ennemi, et mes bourgeois me suivaient de près lorsqu'un adjudant du général Botha (accompagné d'un monsieur nommé C. Fourie, qui défilait alors également en général) s'approcha de nous au galop et nous ordonna rejoindre aussitôt le commando Ermelo, jugé trop faible pour résister aux attaques de l'ennemi. Nous nous y précipitâmes le plus vite possible pour contourner l'arrière de la ligne de combat, où nous fûmes obligés de descendre de selle et de marcher jusqu'à la position des bourgeois d'Ermelo. Ce n'était pas une tâche facile ; la bataille battait maintenant son plein, et les obus ennemis éclataient par dizaines autour de nous, et sous un soleil brûlant, nous dussions courir quelques kilomètres.

Lorsque nous sommes arrivés à destination, M. Fourie (le pseudo général) et son adjudant étaient introuvables. Quant aux bourgeois d'Ermelo, ils se disaient assez à l'aise et n'avaient demandé aucune aide.

Pas un seul obus ne les avait atteint, car à une centaine de mètres se dressait un bouquet d'aloès que les Anglais avaient probablement pris pour des Boers, à en juger par les terribles bombardements que ces arbres subissaient.

LE LONG DE LA TUGELA. ARRIVANT SOUDAINEMENT SUR UN AVANT-POSTE ANGLAIS.

A ce moment-là, l'attaque fut repoussée et le général Buller était en pleine retraite vers Chieveley, bien que notre commando n'ait pas pu prendre une part active aux combats, ce dont nous fûmes grandement déçus. Il est fort regrettable que la retraite de l'ennemi n'ait pas été immédiatement suivie. Si cela avait été fait, la campagne du Natal aurait pris un tout autre aspect et aurait très probablement abouti à une conclusion plus favorable. Je me considère loin d'être un prophète, mais cela je le sais ; et si nous avions alors et à d'autres occasions ultérieures poursuivi nos succès, le résultat de la campagne nous aurait été bien plus satisfaisants.

Après avoir aidé à faire passer par la rivière les canons que nous avions pris et réglé d'autres questions qui exigeaient mon attention immédiate, on m'a ordonné de rester avec le commando Ermelo à Colenso, près de Toomdrift, et d'y attendre de nouvelles instructions.

S'ensuivent quelques semaines d'inactivité, les Anglais nous envoyant chaque jour quelques échantillons de leurs obus de leurs canons 4·7 Naval. Malheureusement, nos canons étaient d'un calibre beaucoup plus petit et nous ne pouvions leur envoyer aucune réponse appropriée. En règle générale, nous nous couchions dans les tranchées et un bourgeois surveillait. Dès qu'il voyait l'éclair d'un canon anglais, il criait ; "Il y a un obus", et nous cherchions alors à nous mettre à l'abri, de sorte que l'ennemi réussissait rarement à nous faire du mal.

Un jour, un de ces gros obus tomba parmi un groupe de quatorze bourgeois qui dînaient. L'obus heurta un rocher pointu, qu'il brisa en fragments, et émettait sa lyddite jaune ; mais, heureusement, la mèche refusa de s'enflammer et l'obus n'explosa pas, de sorte que nous échappâmes ce jour-là de justesse à une petite catastrophe.

Mon laager était resté tout ce temps à Potgietersdrift et, pour le moment, nous étions privés de nos tentes. Nous ne fûmes donc pas fâchés lorsqu'on nous ordonna de quitter Colenso et de regagner notre camp.

Quelques jours après, on nous dit de prendre position à la jonction de la Petite et de la Grande Tugela, entre Spion Kop et Colenso. Ici, nous avons célébré notre premier Noël sur le terrain ; nos amis de Johannesburg nous avaient envoyé une quantité de cadeaux par l'intermédiaire d'un ami, l'avocat Raaff, comprenant des gâteaux, des cigares, des cigarettes, du tabac et d'autres produits de luxe. Le long de cette partie de la Tugela, nous avons trouvé une bonne quantité de légumes et de volailles, et comme leurs propriétaires respectifs avaient fui, nous n'avons pas pu payer ce que nous avions. Nous étions donc obligés d'« emprunter » toutes ces choses pour le banquet qui convenait à l'occasion.

Mais le général Buller n'en avait pas encore tout à fait fini avec nous. Il marcha sur Spion Kop, mais à l'exception d'une feinte d'attaque, rien d'important ne se produisit alors. Un jour, je traversais la rivière en patrouille pour découvrir ce que faisait l'ennemi, lorsque nous rencontrâmes tout à coup neuf espions anglais, qui s'enfuirent dès qu'ils nous aperçurent. Nous avons galopé après eux, essayant de les couper du corps principal, qui était à une petite distance de nous, et qui les aurait sans doute dépassés, mais, chevauchant à une vitesse vertigineuse sur une crête de montagne, nous nous sommes retrouvés soudainement confrontés à avec un fort corps à cheval anglais, apparemment engagé dans des exercices. Nous n'étions qu'à 500 pas d'eux, nous avons sauté de nos chevaux et avons ouvert le feu. Mais nous n'étions qu'une douzaine, et l'ennemi commença bientôt à nous envoyer quelques obus et se prépara à nous attaquer de toutes ses forces. Une centaine d'hommes à cheval, avec des chevaux en meilleur état, se mirent à notre poursuite.

Nous avons été obligés de revenir par le même chemin que nous avions emprunté, ce qui était une chance pour nous, car nous connaissions le chemin et pouvions traverser les crevasses et les dongas sans aucune hésitation. De cette façon, nous avons rapidement laissé filer nos poursuivants.

Les forces de Buller semblaient d'abord avoir l'intention de se frayer un chemin près de Potgietersdrift, et elles prirent possession de tous les « randts » de leur côté de la rivière, nous obligeant à renforcer la position de notre côté. Nous avons donc dû déplacer à nouveau notre commando vers Potgietersdrift, où nous avons rapidement vu les canons navals ennemis jouer sur nos positions. Cela a continué jour et nuit pendant une semaine entière.

Il semblait que le général Buller était déterminé à anéantir tous les Boers avec ses obus lyddites, afin de permettre aux soldats de marcher à loisir jusqu'à la libération de Ladysmith. Certes, nous avons beaucoup souffert des émanations de lyddite.

Les Britanniques firent ensuite une feinte attaque près de Potgietersdrift, avançant avec grande clameur jusqu'à ce qu'ils soient arrivés à 2 000 pas de nous, où ils occupèrent divers « randts » et kopjes, toujours sous le couvert de leur artillerie. Une fois, ils se sont approchés un peu trop près de nos positions et nous avons soudainement ouvert le feu sur eux. Le résultat était que leurs wagons d'ambulance étaient devenus très occupés à faire des allers-retours.

Cette « feinte » n'avait cependant pour but que de détourner notre attention, tandis que Buller concentrait ses troupes et ses canons sur Spion Kop. La ruse réussit dans une large mesure et, le 21 janvier, commença la mémorable bataille de Spion Kop (près de la Haute Tugela).

Le général Warren, qui, je crois, commandait ici, avait ordonné une autre « feinte » d'attaque de la part de l'extrême droite. Le général Cronje et les Free Staters avaient pris position à Spion Kop, assistés des commandos du général Erasmus et de Schalk Burger.

Le combat dura toute la journée et le lendemain, et devint de plus en plus féroce. Heureusement, le général Botha apparut à temps et arrangea si bien les choses et avec tant d'énergie que l'ennemi se trouva bien employé et fut tenu en échec sur tous les points.

J'avais reçu l'ordre de défendre la position de Potgietersdrift, mais les combats autour de Spion Kop devinrent si graves que je fus obligé d'envoyer un cornet de campagne avec ses hommes en renfort, qui fut bientôt suivi par un deuxième contingent, soit au total 200 Johannesburgois. dans le combat, dont neuf furent tués et 18 blessés. L'ennemi avait atteint le sommet du « kop » le soir du deuxième jour de combat, non sans avoir subi des pertes considérables. A ce moment, un de nos généraux se sentit si découragé qu'il renvoya ses charrettes et quitta lui-même le champ de bataille.

Mais le général Botha tint bon, comme un homme, entouré de la petite troupe fidèle qui avait déjà supporté le poids de cette importante bataille. Et l'on peut imaginer notre joie lorsque, le lendemain matin, nous constatâmes que les Anglais s'étaient retirés, laissant entre nos mains cet immense champ de bataille, parsemé de centaines de morts et de blessés.

"Qu'est-ce qui les a poussés à partir si brusquement hier soir", telle était la question que nous nous posions alors et qui reste encore aujourd'hui sans réponse.

Le général Warren a déclaré que la cause de son départ était le manque d'eau, mais je ne peux guère croire à cette affirmation, car l'eau pouvait être obtenue jusqu'au sommet du Spion Kop ; et même si cela avait manqué, il est peu probable qu'après un sacrifice de 1 200 à 1 300 vies, la position aurait été abandonnée pour cette seule raison. Notre victoire était sans aucun doute un hasard.

CHAPITRE X.

LA BATAILLE DE VAALKRANTZ.

Peu de temps après sa défaite à Spion Kop, le général Buller, poussé par les sincères demandes d'aide de Ladysmith et pressé par Lord Roberts, tenta une troisième fois de percer nos lignes. Cette fois, ma position dut supporter l'assaut de toutes ses forces. Depuis quelques jours, je savais clairement ce que l'ennemi avait l'intention de faire, mais j'ai télégraphié en vain au commandant en chef pour qu'il m'envoie des renforts, et je me suis retrouvé à défendre un front long d'un mille et demi, avec environ 400 hommes. Après de nombreuses demandes, je demandai enfin au général Joubert de m'envoyer un des canons connus sous le nom de « Long Toms », qui était placé à l'arrière de notre position et nous permettait de commander le Vaalkrantz, ou, comme nous l'appelions, le « Pontdrift ». " kopjes. Mais au lieu des renforts requis, le commandant envoya un télégramme au général Meyer à Colenso, lui disant de venir me parler et de me mettre du cœur, car il me semblait, dit-il, « comme si j'avais perdu la foi. "

Le général Meyer est venu et je lui ai expliqué où en étaient les choses et que je ne pourrais pas arrêter l'énorme force d'attaque avec mon seul commando. Les Britanniques n'étaient alors qu'à 7 000 pas de nous. Cependant, l'aide requise n'est jamais arrivée, même si j'ai dit au général qu'une foi suffisamment forte pour déplacer la colline de Majuba ne servirait à rien sans un nombre suffisant d'hommes.

Tôt le matin du 5 février 1900, ma position fut lourdement bombardée et avant le lever du soleil, quatre de mes bourgeois avaient été mis *hors de combat*. L'ennemi avait placé ses canons navals à la lisière du bois connu sous le nom de "Zwartkop" afin de pouvoir commander notre position à une altitude d'environ 400 pieds. Je me trouvais sur le flanc droit avec quatre-vingt-quinze bourgeois et un pompon ; mon assistant, le commandant Jaapie du Preez, commandant le flanc gauche.

Les assaillants ont jeté deux ponts flottants sur la rivière et les troupes ont continué à affluer à partir de 10 heures du matin. Tous les tirs des canons étaient désormais concentrés sur ma position ; et bien que nous ayons répondu par un tir bien dirigé, ils chargeaient à maintes reprises.

Le nombre de mes combattants diminuait rapidement. Je peux dire que ce fut le bombardement le plus violent auquel j'ai été témoin pendant toute la campagne. Il me sembla que tous les canons de l'armée britannique tiraient sur nous.

Leurs gros canons à lyddite lançaient d'énormes obus qui fauchaient tous les arbres du kopje, tandis qu'une cinquantaine de pièces de campagne aboyaient sans cesse à distance plus courte. Conan Doyle, dans son livre « La Grande Guerre des Boers », déclare que les Britanniques avaient concentré pas moins de soixante-treize canons sur ce kopje. En vain j'implorai des renforts auprès des généraux les plus proches et priai, au nom du ciel, notre artillerie de viser les canons ennemis. Enfin, le "Long Tom" commença les opérations, mais les artilleurs en charge avaient omis de mettre la poudre en lieu sûr et il fut bientôt touché par un obus lyddite qui l'enflamma tout entier. Cela nous obligea à envoyer au chef laager près de Ladysmith une nouvelle provision de poudre.

En regardant autour de moi pour voir comment se portaient mes bourgeois, j'ai constaté que beaucoup autour de moi avaient été tués et que d'autres étaient blessés. Les vêtements de ces derniers ont été brûlés et ils ont crié à l'aide dans une grande agonie.

Notre pompon avait depuis longtemps été réduit au silence par l'ennemi, et trente de mes bourgeois avaient été mis hors de combat. L'infanterie ennemie avançait de plus en plus près et il ne restait plus beaucoup de temps pour réfléchir. Je me suis agenouillé derrière un kopje, avec quelques hommes, et nous avons continué à tirer à 400 pas, mais bien que nous en ayons envoyé un bon nombre au repos éternel, le feu des quelques bourgeois qui restaient était trop faible pour endiguer l'assaut. de ces chiffres écrasants.

Un obus de lyddite a soudainement éclaté au-dessus de nos têtes. Quatre bourgeois qui m'accompagnaient ont été réduits en pièces et mon fusil a été brisé. Il me sembla qu'un énorme chaudron de graisse bouillante avait éclaté sur nous et que pendant quelques minutes j'avais dû perdre connaissance. Une gorgée d'eau-de-vie et d'eau (que j'avais toujours avec moi) me fut donnée et me remit un peu, et quand j'ouvris les yeux, je vis l'ennemi gravir le kopje sur trois côtés de nous, certains à seulement cent pas de nous. moi.

J'ai ordonné à mes hommes de se replier et j'ai pris en charge le pompon, puis nous nous sommes retirés sous un feu nourri de fusils et d'armes à feu. Certains écrivains anglais ont fait beaucoup de bruit sur la manière dont notre pompon a été sauvé, mais cela n'avait rien d'extraordinaire. Sur les 95 bourgeois qui m'accompagnaient, 29 avaient été tués et 24 blessés.

Après quelques minutes de repos, j'ai ressenti une douleur perçante dans la tête et le sang a commencé à couler de mon nez et de mes oreilles.

Nous avions pris une autre position à 1 700 pas et avions tiré nos pompons sur l'ennemi, qui occupait maintenant notre position de quelques minutes auparavant. Nos autres canons tiraient également, ce qui donna aux Britanniques un quart d'heure passionnant. A droite et à gauche des positions qu'ils avaient prises, nos bourgeois possédaient encore les « randten » ; à droite, Jaapie du Preez, avec la perte de seulement quatre blessés, tient bon avec le reste de mon commando.

Le lendemain matin, le combat reprit, et notre « Long Tom » prit alors la tête du concert de canons et parut se rendre très désagréable à l'ennemi.

Toute la journée a été essentiellement une bataille de gros canons. Mon mal de tête est devenu insupportable et j'étais très fiévreux. Entre-temps, le général Botha était arrivé avec des renforts, et vers le soir les choses prirent une meilleure tournure.

Mais j'ai été momentanément épuisé, j'ai de nouveau perdu connaissance et j'ai été emmené à l'ambulance. Le Dr Shaw a fait de son mieux, à ce que j'entends, pour moi ; mais je restai inconscient pendant plusieurs jours, et lorsque je revins à moi, le médecin m'annonça que j'avais une légère fracture du crâne provoquée par l'éclatement d'un obus. Cependant, les blessures n'auraient pu être très graves dix jours après que j'ai pu quitter mon lit. J'appris alors que la nuit où j'avais été transporté à l'hôpital, les Britanniques avaient été une fois de plus contraints de se retirer de l'autre côté de la Tugela et que, tôt le matin du 7 février, nos bourgeois étaient de nouveau en possession du kopje « Vaalkrantz ». autour duquel un combat si féroce avait eu lieu et pour la possession duquel tant de sang avait été versé.

D'après ce que j'ai pu déduire des rapports officiels anglais, ils ont perdu environ 400 hommes, tandis que nos morts et blessés n'étaient que de soixante-deux.

Compte tenu de la détermination avec laquelle le général Buller nous avait attaqués et combien il avait payé cher cette troisième tentative avortée, la retraite de ses troupes me reste autant un mystère que celle de Spion Kop.

Notre « Long Tom » a connu un succès certain et s'est révélé extrêmement utile.

La bataille de "Vaalkrantz" kopje a été pour moi et pour le commando de Johannesburg sans doute le combat le plus important et le plus féroce de cette guerre, et bien qu'un point dans nos positions ait été pris, je pense que dans l'ensemble je peux être fier de notre défense. . Environ les deux tiers de ses défenseurs furent tués ou blessés avant que l'ennemi ne prenne cet endroit, et tous ceux qui visitèrent ensuite le kopje où notre lutte avait eu lieu durent admettre que des preuves irréfutables démontraient qu'il s'agissait de l'un des combats les plus chauds de la campagne du Natal. . Tous les arbres étaient arrachés ou brisés par les obus, de gros blocs de roche avaient été brisés et jaunis par la lyddite ; des corps mutilés gisaient partout — Britanniques et Boers côte à côte ; car pendant le peu de temps que « Vaalkrantz » avait été en leur possession, les Anglais n'avaient pas eu l'occasion d'enterrer les corps d'amis ou d'ennemis.

Je pense que je peux citer quelques paragraphes de ce que dit le Dr Doyle dans son livre à propos de cet engagement :

"Les tirs d'artillerie (les canons du "Zwartkop" et d'autres batteries) furent alors dirigés en toute hâte vers le "Vaalkrantz" isolé (le véritable objet de l'attaque) et eurent un effet terrible. Il est douteux qu'avant une position ait jamais été exposé à un bombardement aussi terrible. Le poids des munitions tirées par certains canons était supérieur à celui de toute une batterie allemande pendant la guerre franco-prussienne.

Prince Kraft décrit les canons de 4 et 6 livres comme de simples jouets comparés aux obusiers mitrailleurs et aux canons de 4,7.

Le Dr Doyle, cependant, n'est pas sûr de l'effet de ces armes puissantes, car il dit :

« Bien que les bords du kopje aient été pilonnés par de la lyddite et d'autres bombes, il est douteux que ce terrible incendie ait causé beaucoup de dégâts parmi l'ennemi, car sept officiers anglais et 70 hommes gisaient morts sur le kopje contre seulement quelques Boers, qui étaient trouvé blessé. »

Du pompon que j'ai réussi à sauver des mains de l'ennemi, le même écrivain dit :

"C'est au cours de cette attaque qu'il s'est produit quelque chose de plus pittoresque et plus romantique que ce n'est habituellement le cas dans la guerre moderne ; il ne s'agissait pas ici d'invisibilité des combattants et des armes à feu, ni de la destruction d'une grande masse de personnes. Dans ce cas-ci, il s'agit d'un canon boer, coupé par les troupes britanniques, qui sortit tout d'un coup de sa cachette et s'enfuit comme un lièvre effrayé hors de sa tanière. Il fuyait le danger aussi vite que le permettaient les jambes des mulets. il faillit se renverser, et cahotait et cognait contre les rochers, tandis que le conducteur se penchait le plus possible pour se protéger de la pluie de balles qui sifflaient dans toutes les directions autour de ses oreilles. Des obus britanniques à sa droite, des obus. à sa gauche, éclatant et crépitant, les éclats de lyddite fumaient et pétillaient et faisaient voler les éclats. Mais au-dessus du "randtje", le canon disparut et, quelques minutes plus tard, il était de nouveau en position, causant la mort et la destruction parmi les Britanniques. assaillants. »

Alors que j'étais soigné dans l'ambulance du Dr Shaw, j'ai eu l'honneur de la visite du général Joubert, venu me complimenter sur ce qu'il appelait la splendide défense de Vaalkrantz, et m'exprimer ses regrets sur la lourde perte subie par notre commando. J'ai appris du Dr Shaw qu'après la bataille, les gémissements et les cris des bourgeois blessés pouvaient être entendus dans le voisinage immédiat des avant-postes anglais. Certains bourgeois se portèrent volontaires pour aller, à la faveur de l'obscurité, voir s'ils pouvaient sauver ces blessés. Ils se glissèrent avec précaution jusqu'au pied des kopjes, d'où ils apercevaient clairement les sentinelles anglaises, et un peu plus bas trouvèrent dans un fossé deux de nos blessés, nommés Brand et Liebenberg ; le premier a eu un bras et une jambe brisés, le second a eu une balle dans la cuisse.

On peut imaginer dans quelle terrible situation ils se trouvaient après être restés là pendant deux nuits et un jour, exposés au froid intense de la nuit et au soleil brûlant de la journée. Leurs blessures étaient déjà en décomposition et l'odeur était des plus désagréables.

Les deux malheureux furent aussitôt portés au laager et soignés avec le plus grand soin. Le pauvre Liebenberg mourut peu après de ses blessures. Brand, le plus jeune fils du défunt président Brand, de l'État libre d'Orange, s'est rapidement rétabli, si je me souviens bien.

Au risque de mécontenter un grand nombre de personnes en ajoutant la déclaration suivante à ma description de la bataille de Vaalkrantz, je me sens obligé de déclarer que le commandant général Joubert, après nos succès à Colenso, Spion Kop et Vaalkrantz, a demandé aux deux présidents d'État, Kruger et Steyn, de réfléchir à l'urgence de faire des ouvertures de paix au gouvernement anglais. Il souligne que les Républiques ont sans doute atteint le sommet de leur gloire dans la guerre. La proposition était la suivante : que les troupes républicaines évacuent immédiatement le territoire britannique, des compensations seraient accordées pour les dommages matériels, etc., infligés par nos commandos, contre lesquels le gouvernement britannique devait garantir que les républiques seraient épargnées. toute nouvelle incursion ou attaque des troupes britanniques, et de renoncer à sa prétention à la suzeraineté ; et que le gouvernement britannique s'engagerait à ne pas s'immiscer dans les affaires intérieures et la procédure juridique des deux républiques et à accorder une amnistie générale aux rebelles coloniaux.

Le commandant en chef Joubert défendit ces propositions en soulignant que l'Angleterre se trouvait alors en difficulté et avait essuyé de graves défaites répétées. Il faut saisir l'occasion, a insisté le général.

Il était soutenu par plusieurs officiers, mais d'autres dirigeants boers affirmaient que le Natal, à l'origine territoire boer, ne devrait plus jamais être cédé à l'ennemi. Comme nous n'avons plus entendu parler de ces propositions, je suppose que les deux présidents d'État les ont rejetées.

CHAPITRE XI.

LE TOURNAGE DE LA MARÉE.

Après le retrait des forces anglaises de Vaalkrantz à travers la Tugela, une patrouille de mon commando sous les ordres de mon fidèle adjudant J. Du Preez, qui avait provisoirement pris ma place, réussit à surprendre une troupe de cinquante lanciers, du 17e régiment. , je crois, près de Zwartkop, à l'est de la Tugela, et les faisant prisonniers après une courte escarmouche. Parmi ces hommes, qui furent ensuite envoyés à Pretoria, se trouvait un certain lieutenant Thurlington. C'était un spectacle étrange de voir notre patrouille revenir avec ses victimes, chaque Boer brandissant une lance capturée.

Etant toujours à l'hôpital, en mauvaise santé, sans aucune perspective de guérison rapide, j'ai suivi les conseils du médecin et suis rentré chez moi à Rondepoort, près de Krugersdorp, où ma famille séjournait à l'époque, et là, grâce au traitement attentif de mon espèce médecin et les tendres soins de ma femme, je recouvris bientôt mes forces.

Le 25 février, je reçus une communication de mon commando m'informant que le général Buller avait de nouveau concentré ses forces sur Colenso et que de violents combats se déroulaient. Le soir même, je reçus également un télégramme du président Kruger, me pressant de rejoindre mon commando dès que ma santé le permettrait, car les affaires semblaient avoir pris une tournure critique. L'ennemi semblait cette fois sérieux, et notre commando avait déjà été contraint d'évacuer des positions très importantes, dont Pieter's Heights.

Puis la nouvelle arriva de la colonie du Cap que le général Piet Cronje avait été encerclé à Paardeberg et que, comme il refusait obstinément d'abandonner son convoi et de battre en retraite, il serait bientôt contraint par une force supérieure à se rendre.

Le lendemain matin, j'étais dans un train rapide pour Natal, accompagné de mon fidèle adjudant. Rokzak. Mon autre adjudant, Du Preez, avait reçu entre-temps l'ordre d'emmener un renfort de 150 hommes à Pieter's Heights, et fut bientôt engagé dans une lutte désespérée dans la localité située entre les positions des Krugersdorpers et des Middleburgers. La situation était généralement considérée comme très grave lorsque j'arrivai près du laager principal à Modderspruit tard dans la soirée du 27 février, ignorant la tournure défavorable que les choses avaient prise dans la journée à Paardeberg, dans la colonie du Cap et sur la Tugela. Nous avons continué cette nuit-là jusqu'à mon laager à Potgietersdrift, mais devant emprunter un chemin détourné, il nous a fallu attendre tôt le lendemain matin avant d'atteindre notre destination. La première chose que je vis à mon arrivée fut une charrette contenant dix blessés, qui venaient d'être ramenés de la ligne de combat, tout jaune de lyddite.

Le cornet de campagne P. van der Byl, revenu tout juste du combat près de Pieter's Heights, m'a dit que ces bourgeois y avaient été blessés. Je leur ai demandé ce qui s'était passé et où en étaient les choses. " Ah, commandant, répondit-il, les choses vont très mal ! Le commandant Du Preez et moi-même avons été appelés il y a trois jours sur les hauteurs de Pieter, car l'ennemi voulait forcer le passage. Nous étions dans une position très embarrassante. l'ennemi nous assaillit encore et encore ; mais nous résistâmes et tirâmes sur les soldats à 50 pas. Les Anglais, cependant, dirigèrent un tir ininterrompu sur nos commandos et causèrent de grands ravages, tôt dimanche matin, à la demande de l'autre camp. une trêve pour leur permettre d'enterrer leurs morts qui gisaient trop près de nos positions pour qu'on puisse les atteindre pendant les combats. Beaucoup de leurs blessés gisaient là aussi, et l'air était déchiré pendant 24 heures avec leurs gémissements d'agonie qui étaient. C'est affreux à entendre. Nous avons donc accordé un armistice jusqu'à 18 heures du soir. (Cela a curieusement coïncidé avec le refus de Lord Roberts au général Piet Cronje à Paardeberg d'enterrer ses morts).

« L'ennemi, continua le cornet, a percé plusieurs positions, et pendant que nous essuyions le feu des troupes qui s'avançaient sur nous, nous avons été attaqués sur notre flanc gauche et par derrière. Commandant adjoint Du Preez , et Field-Cornet Mostert, ont tous deux été grièvement blessés, mais sont maintenant entre de bonnes mains. En plus de cela, 42 de nos bourgeois ont été tués, blessés ou faits prisonniers, nous n'avons également pu amener que 16 de nos blessés. , ont beaucoup souffert. L'ennemi a percé et je suppose que mes bourgeois prennent maintenant position dans le "randten" près d'Onderbroekspruit.

Voilà un bel état de choses ! Lorsque j'avais quitté mon commando, 15 jours auparavant, nous avions eu de lourdes pertes à la bataille de Vaalkrantz, et voilà que mes bourgeois étaient à nouveau sévèrement découpés. Nous avions perdu plus de 100 hommes en un mois.

Mais il n'y avait pas de temps à perdre pour se lamenter sur ces choses, car je venais de recevoir l'information selon laquelle le général P. Cronje avait été fait prisonnier avec 4 000 hommes. Le rapport suivant indiquait que l'ennemi faisait une percée près d'Onderbroekspruit et que quelques bourgeois se retiraient devant Ladysmith. J'étais toujours en communication télégraphique avec le chef laager et je télégraphiai aussitôt au commandant général pour obtenir des instructions. La réponse était : -

"Renvoyez vos chariots à Modderspruit (notre quartier général) et occupez la position avec vos commandos montés."

La position indiquée était sur la Haute Tugela, sur une ligne avec Colenso. Mon laager était à environ 20 miles du laager principal ; l'ennemi avait traversé Onder Broekspruit et poussait avec toute la rapidité possible pour soulager Ladysmith, de sorte que je me trouvais maintenant sur une ligne oblique avec l'arrière de l'ennemi. J'envoyai mes charrettes vers le sud-ouest, contournant Ladysmith en direction de Modderspruit. Un de mes éclaireurs me rapporta que les commandos de l'État Libre qui assiégeaient Ladysmith au sud, s'étaient tous dirigés vers Van Reenen's Pass ; un autre apporta l'information qu'on avait vu l'ennemi s'approcher du village et qu'une grande force de cavalerie se dirigeait droit sur nous.

Les instructions du général Joubert m'étaient donc inexplicables, et si je les avais exécutées j'aurais probablement été coupé par l'ennemi. Mes bourgeois s'agitaient eux aussi et me demandaient pourquoi, alors que tous les autres commandos se retiraient, nous ne bougions pas. La reddition de Cronje avait eu sur eux un effet des plus décourageants ; il y avait en fait une véritable panique parmi eux. Je montai sur un haut kopje d'où je pouvais voir toute l'armée de l'État libre d'Orange, suivie d'une longue file de pas moins de 500 charrettes et d'un grand nombre de bétail, en pleine retraite et enveloppée de gros nuages de poussière rouge. À droite de Ladysmith, j'ai également remarqué un cortège mélancolique similaire. En me retournant, je vis les Anglais en grand nombre s'approcher avec beaucoup de prudence, si lentement en fait, qu'il leur faudrait un certain temps avant de pouvoir nous atteindre. Une autre et grande force se précipitait derrière eux, également en direction de Ladysmith.

Ce devait être une course pour l'Ordre du service distingué ou la Croix de Victoria que remporterait celui qui serait le premier à entrer à Ladysmith. Nous savions que l'infanterie britannique, aidée par l'artillerie, avait ouvert la voie aux secours, et j'ai remarqué à cette occasion, comme toujours, les fusiliers irlandais en avant-garde. Mais Lord Dundonald se précipita et fut proclamé héros de l'occasion.

Avant de conclure ce chapitre, je voudrais faire référence à quelques incidents survenus pendant le siège de Ladysmith. Il est inutile de donner une description détaillée de la destruction du « Long Tom » à Lombardskop ou de l'explosion d'un autre canon à l'ouest de Ladysmith, appartenant au Commando de Pretoria. L'autre camp a suffisamment écrit à ce sujet et en a tiré suffisamment de capital ; et de nombreux DSO et VC ont été décernés grâce à eux.

Hélas, je ne peux rien proposer pour diminuer notre déshonneur. En ce qui concerne le "Long Tom" qui a explosé, c'était une pure trahison, et une négligence choquante, le commandant Weilbach, qui aurait dû défendre ce canon avec l'ensemble de son Commando Heidelberg, a été infidèle à sa charge. . Cependant, les Heidelberger, sous la direction d'un meilleur officier, se révélèrent par la suite d'excellents soldats. Un certain major Erasmus était également à blâmer. Il était continuellement sous l'influence d'une boisson qui ne pouvait être qualifiée d'« aqua pura » ; et nous n'attendions donc pas grand-chose de lui. Mais bien que la planification et l'exécution du plan visant à faire sauter "Long Tom" aient été un travail astucieux, les Britanniques ont perdu du temps et des occasions en s'amusant à découper sur le canon les lettres "RA" (Royal Artillery) et le L'effet de l'explosion n'a été que de blesser une partie du canon. Après une petite opération dans les ateliers de la Compagnie des chemins de fer néerlandais-sud-africains à Pretoria sous la direction de M. Uggla, notre armurier, la bouche de "Long Tom" fut guérie et il put à nouveau cracher du feu comme avant. Quant à l'explosion de l'obusier peu de temps après, je dirai que l'incident ne faisait pas honneur au général Erasmus, car il aurait dû être averti par ce qui s'est passé près de Lombardskop et avoir pris les précautions nécessaires pour ne pas donner un groupe d'obusiers affamés et donnant aux soldats l'occasion de pénétrer dans ses lignes et d'avancer jusqu'à ses canons.

Les deux incidents laisseront une vilaine tache sur l'histoire de cette guerre, et je suis désolé de dire que les deux officiers boers n'ont jamais reçu de punition digne. Ils auraient dû, en tout cas, être convoqués devant le commandant général pour expliquer leur conduite.

La prise de Platrand (Camp de César), au sud-est de Ladysmith, le 6 janvier 1900, tourna également mal pour de nombreuses raisons. L'attaque n'a pas été menée correctement en raison de la jalousie de certains généraux et il n'y a pas eu de coopération appropriée.

Les bourgeois qui participèrent à l'assaut et prirent plusieurs forts accomplirent un travail magnifique dont ils pouvaient être fiers, mais ils ne furent pas secondés comme ils auraient dû l'être. L'ennemi savait que s'il perdait Platrand, Ladysmith devrait se rendre ; ils défendirent donc chaque pouce de terrain, de sorte que nos hommes furent finalement obligés de céder. Et, pour nos peines, nous avons subi une perte énorme en hommes, ce qui n'a amélioré en rien l'esprit brisé de nos bourgeois.

CHAPITRE XII.

LA GRANDE RETRAITE DES BOERS.

Il n'y avait clairement aucune aide, nous avons dû battre en retraite. J'ai donné l'ordre de monter en selle et de suivre l'exemple des autres commandos, en rapportant le fait au Commandant Général. Une réponse vint — non pas de Modderspruit cette fois, mais de la station au-delà d'Elandslaagte — qu'une retraite générale avait été ordonnée, la plupart des commandos ayant déjà dépassé Ladysmith, et que le général Joubert était parti en avance pour Glencoe. Au crépuscule, j'ai quitté les positions de Tugela que nous avions occupées avec tant de succès pendant un temps considérable, où nous avions empêché l'ennemi de marcher au secours de Ladysmith et où tant de camarades avaient sacrifié leur vie pour leur pays et leur peuple.

C'était un triste spectacle de voir les commandos se retirer dans un chaos et un désordre total dans toutes les directions. J'ai demandé à de nombreux officiers quelles instructions ils avaient reçues, mais personne ne semblait savoir quels étaient réellement ces ordres ; leur seule idée semblait être de s'enfuir au plus vite.

Finalement, à 21 heures, nous atteignons Klip River, où se déroule une scène étrange. Les berges étaient encombrées de centaines d'hommes à cheval, de charrettes et de bétail mêlés dans une totale confusion parmi les canons, attendant tous leur tour de traverser. Avec une quantité infinie de peine, les charrettes furent toutes descendues une à la fois. Après quelques minutes de repos, je décidai, après avoir consulté mes officiers, que nous traverserions le fleuve avec nos hommes par une autre dérive plus en amont, notre exemple étant suivi par plusieurs autres commandos.

Je dois souligner ici qu'en battant en retraite, nous nous dirigions vers la gauche, et donc à proximité périlleuse de Ladysmith. Les commandos qui investissaient la ville avaient tous disparu ; et les troupes de Buller l'avaient déjà atteint par le côté est, et rien n'empêchait réellement l'ennemi de tourner nos arrières, qui devaient nécessairement dépasser Ladysmith en venant de Tugela. Lorsque nous eûmes finalement franchi la dérive, tard dans la soirée, une rumeur nous parvint selon laquelle les Britanniques étaient en possession de Modderspruit, et en ce qui concerne cette route, notre retraite fut effectivement coupée.

Cependant, peu avant la guerre, les Anglais avaient construit une nouvelle route qui suivait le cours de la rivière Klip jusqu'au Drakensbergen, puis traversait le Biggarsbergen jusqu'à Newcastle. Cette route était, je crois, faite à des fins militaires ; mais cela nous fut très utile, et nos chariots furent sauvés grâce à lui.

Le commandant D. Joubert, du Carolina Commando, envoie alors un message demandant des renforts pour le Pretoria laager, situé au nord-ouest de Ladysmith. La nuit était sombre et la pluie tombait à torrents, ce qui rendait très difficile de rassembler les bourgeois nécessaires à cet effet.

Je parvins cependant à rassembler un nombre suffisant d'hommes et nous repartirent à cheval ; mais en approchant du Pretoria Laager, j'ai constaté avec consternation que nous n'étions plus que 22. Que fallait-il faire ? Cette poignée d'hommes ne servait à rien ; mais revenir eût été lâche, et d'ailleurs, entre-temps, notre laager aurait continué sa route et aurait maintenant plusieurs heures d'avance sur nous. J'ai envoyé quelques bourgeois à l'avance pour voir ce qui arrivait au Pretoria Laager. Il me paraissait étrange que les lieux soient encore aux mains de nos hommes, alors que tous les autres commandos étaient retraités depuis longtemps. Après avoir attendu une bonne heure, nos éclaireurs revinrent avec l'information que le laager était plein de soldats anglais et qu'ils avaient pu les entendre se disputer au sujet du butin laissé par les bourgeois.

Il était maintenant deux heures du matin. Nos camarades de Pretoria étaient apparemment en sécurité, et considérablement soulagés, nous avons décidé de nous rendre à Elandslaagte, que mes hommes auraient sûrement atteint à ce moment-là. Nos charrettes devaient y arriver tôt ou tard, puisqu'elles étaient chargées d'un cornet de campagne que nous connaissions comme l'un de nos meilleurs « officiers de retraite ». Je pense que c'était une excellente politique, dans les circonstances, de nommer un tel gentleman à une telle tâche ; J'étais sûr que l'ennemi ne le rattraperait jamais et ne capturerait jamais ses charrettes. Nous suivions la route principale, qui n'était heureusement pas tenue par l'ennemi, comme on nous l'avait signalé. En chemin, nous rencontrâmes plusieurs charrettes et chariots qui avaient été abandonnés par les propriétaires de peur d'être rattrapés par les troupes qui nous poursuivaient. Bien sûr, la rumeur selon laquelle cette route était en possession des Anglais était fausse, mais elle augmentait la panique parmi les bourgeois. Non seulement des charrettes avaient été laissées sur place, mais, comme on l'a constaté par endroits, des sacs de farine, des boîtes de café, des matelas et autres détritus, jetés hors des charrettes pour alléger leur fardeau.

A l'approche d'Elandslaagte, nous rattrapâmes l'arrière des commandos en fuite. Nous y apprenons que les généraux Botha et Meyer sont toujours derrière nous avec leurs commandos, près de Lombardsdorp. Nous sommes descendus de selle, épuisés et à moitié affamés. Heureusement, certaines provisions de notre commissariat, qui avaient été stockées ici lors de l'investissement de Ladysmith, n'avaient pas été emportées. Mais, à notre grand dégoût, nous avons constaté que le Commissariat-Commissaire avait tout mis le feu, et nous avons donc dû apaiser notre faim en cueillant dans le feu des pommes de terre à moitié brûlées.

Le lendemain matin, à 7 heures, le général Botha et ses hommes arrivèrent à Elandslaagte et descendirent de selle dans l'espoir de trouver quelque chose à manger. Ils étaient également voués à la déception. Une telle destruction gratuite de la générosité de Dieu fut vivement condamnée, et si M. Pretorius, le commissaire des magasins, n'avait pas été assez discret pour se faire discret, il aurait sans aucun doute été soumis à un sévère « sjamboking ». Plus tard dans la journée, un conseil de guerre eut lieu et il fut décidé que nous resterions tous là pour la journée, afin d'arrêter l'ennemi s'il nous poursuivait. En attendant, nous laisserions aux convois la possibilité de passer de l'autre côté de la Sunday River.

Les Britanniques ont dû être si ravis du soulagement de Ladysmith que les généraux Buller et White n'ont pas jugé nécessaire de nous poursuivre, du moins pendant un certain temps, considération pour laquelle nous leur sommes profondément reconnaissants. Je pense que le général Buller a dû penser qu'il avait payé un lourd tribut pour le soulagement de Ladysmith, car cela a dû lui coûter bien plus de vies qu'il n'en avait soulagées. Mais à cet endroit se trouvaient quelques Jingos (Natal Jingos) qu'il fallait, je suppose, libérer à tout prix.

Mes bourgeois et moi n'avions ni ustensiles de cuisine ni nourriture, et nous avions hâte d'avancer et de retrouver nos convois ; car nous n'avions pas encore appris à vivre sans charrettes et sans commissariat. Au crépuscule, les généraux — je ne sais pas qui c'était — nous ordonnèrent de tenir les « randjes » au sud de la Sunday River jusqu'au lendemain, et qu'aucun bourgeois ne devait traverser la rivière. Cet ordre ne parut pas plaire à la majorité, mais les généraux avaient placé une garde près du pont, avec instruction de tirer sur tous les bourgeois et leurs chevaux s'ils tentaient de passer de l'autre côté ; ils durent donc forcément rester là où ils étaient. Maintenant, je n'avais plus que 22 hommes sous mes ordres, et je ne pensais pas que cela ferait une différence appréciable pour notre force de combat, alors je me suis dit : « Ce soir, nous allons jouer un peu avec les généraux pour une fois.

Nous nous sommes dirigés vers le pont et, bien sûr, le garde a menacé de nous tirer dessus si nous ne revenions pas immédiatement. Mon adjudant, cependant, arriva et dit : « Reculez, vous… ! Ici le commandant Viljoen, qui a reçu l'ordre d'envoyer une patrouille à… » (mentionnant un endroit à quelques kilomètres de là) « qui est en voie imminente. danger d'être capturé.

Les gardes, très satisfaits, reculèrent et nous gratifièrent d'un salut militaire pendant notre passage. Alors que nous roulions un peu, j'entendis quelqu'un leur demander quels étaient les "gens" qui étaient passés sur le pont, et j'entendis les mots : "Maintenant, vous verrez qu'ils voudront tous traverser."

Je ne prétends pas que j'avais tout à fait raison d'agir de cette manière insubordonnée, mais nous nous opposâmes fortement à ce que quelque général irresponsable nous mette sous la garde d'autres commandos. J'ai continué cette nuit-là jusqu'à ce que nous atteignions le Biggarsbergen, et le lendemain j'ai envoyé des éclaireurs en direction du Drakensbergen pour rechercher les restes dispersés de mon commando. Les montagnes étaient couvertes de bétail provenant des troupeaux autour de Glencoe Station. Les Boers y cuisinaient à manger, ferraient leurs chevaux ou réparaient leurs vêtements ; en fait, ils étaient très à l'aise et très occupés. Ils remarquèrent : « Il y a beaucoup plus de bourgeois là-bas avec le général ; nous en sommes tout à fait sûrs. »... « Le commandant général est près de Glencoe et arrêtera les hommes en retraite.

Bref, comme cela se produisait continuellement pendant la guerre, tout était laissé au hasard et au Tout-Puissant. Heureusement, le général Botha avait jugé de son devoir de former une arrière-garde et de couvrir notre retraite ; autrement les Anglais auraient capturé un grand nombre de laagers et de nombreux bourgeois dont les chevaux étaient dressés. Mais, alors que nous avions trop peu de discipline, les Anglais en avaient évidemment trop. Il ne m'appartient pas de dire pourquoi le général Buller ne nous a pas fait suivre ; mais il semble que les Britanniques aient perdu une magnifique occasion.

Quelques jours se sont écoulés sans que rien de notable ne se produise. Mes éclaireurs sont revenus le troisième jour et ont rapporté que mon commando et son laager avaient réussi à passer en toute sécurité et qu'ils pouvaient être attendus le lendemain. Entre-temps, j'avais fait quelques provisions à Glencoe, et pour le moment nous n'avions rien à redire.

Je fus très amusé le lendemain de recevoir par estafette copie d'un télégramme de Glencoe envoyé par le général Joubert au général Prinsloo à Harrismith (État libre d'Orange) demandant des renseignements sur plusieurs commandos et officiers disparus, parmi lesquels mon nom figurait, tandis que le télégramme contenait également la nouvelle effrayante que mon commando aurait été découpé à Klip River et que j'avais été tué au combat ! C'était la deuxième fois qu'on me tuait, mais on finit par s'habituer à ce genre de choses.

J'ai envoyé, par l'estafette, cette réponse :

"Moi et mon commando sommes bien vivants !" Ajoutant : "Dites au général que nous voulons quatre bœufs de boucherie."

Le lendemain, je reçus l'ordre d'assister à un conseil de guerre qui devait se tenir à la gare de Glencoe. Le but principal de cette réunion était de discuter d'autres plans d'opérations, de décider où nos prochaines positions devaient être prises et où serait formée la nouvelle ligne de combat.

LE GÉNÉRAL JOUBERT OUVRE UN CONSEIL DE GUERRE PAR LA PRIÈRE.

Nous nous retrouvâmes tous à l'heure dite dans une grande salle inoccupée près de la gare de Glencoe, où le général Joubert ouvrit le dernier conseil qu'il devait diriger dans ce monde. Plus de 50 officiers étaient présents et l'intérêt était très vif pour plusieurs raisons. En premier lieu, nous désirions tous des informations officielles sur le sort du général Cronje et de ses bourgeois à Paardeburg, et en deuxième lieu, certains s'attendaient à entendre quelque chose de précis sur l'intervention dont tant de choses avaient été dites et écrites ces derniers temps. En fait, beaucoup pensaient que la Russie, la France, l'Allemagne ou les États-Unis d'Amérique interviendraient sûrement dès que le sort de la guerre commencerait à se retourner contre nous. Mon opinion personnelle a été exprimée juste avant la guerre lors d'une réunion publique tenue à Johannesburg, où j'ai déclaré : « Si nous sommes poussés à la guerre, nous ne devons pas compter pour notre délivrance sur les puissances étrangères, mais sur Dieu et le Mauser. »

Certains officiers pensèrent que nous devions nous retirer jusqu'à nos frontières jusqu'à Laing's Nek, et l'on crut généralement que cette proposition serait adoptée. Selon notre habitude, le général Joubert ouvrit le conseil par un discours dans lequel il exposa la situation dans ses détails. Il était évident que notre commandant général était très triste et très mélancolique, et souffrait beaucoup de cette douloureuse maladie intérieure qui allait si tôt mettre un terme à sa carrière.

Pas moins de onze commandants adjoints et généraux combattants étaient présents, et pourtant personne ne pouvait dire qui commandait après le général Joubert. J'ai parlé à des amis des irrégularités survenues lors de notre retraite de Ladysmith : comment tous les généraux étaient absents sauf Botha et Meyer, alors que ce dernier était loin d'être en bons termes avec le général Joubert depuis la malheureuse attaque de Platrand. Cela était sans doute dû au manque de coopération des différents généraux, et je résolus, si possible, de rapprocher notre armée d'une union plus étroite. J'ai donc proposé une motion:—

"Qu'il soit demandé à tous les généraux de démissionner, à l'exception d'un commandant général adjoint et d'un général combattant."

Le commandant Engelbrecht avait promis d'appuyer ma proposition, mais lorsqu'elle fut lue, son courage lui manqua. La motion, d'ailleurs, n'a pas été très bien accueillie, et lorsqu'elle a été mise aux voix, je me suis aperçu que j'étais seul, même mon comotionnaire m'ayant abandonné. Dès que l'occasion se présentait, je demandais au général Joubert qui serait le commandant en second. Ma question n'a pas reçu de réponse directe, mais sous l'impulsion de mes collègues, j'ai demandé si le général Botha serait le prochain commandant. A cela il répondit : « Oui, c'est ce que je comprends... ».

Et si je ne me trompe pas, c'était la première annonce du fait important que Botha devait nous diriger à l'avenir.

Beaucoup plus a été dit et beaucoup arrangé ; certains commandos devaient se rendre à la colonie du Cap et tenter de contrôler les progrès de Lord Roberts, qui marchait régulièrement vers le nord après la reddition de Cronje. Enfin, chaque officier se vit assigner une position dans la chaîne de montagnes que nous appelons le Biggarsbergen. Je fus placé sous les ordres du général Meyer à Vantondersnek, près de Pomeroy, et nous partîmes aussitôt vers notre destination. De cet endroit, un col traverse le Biggarsbergen, à environ 18 milles de la gare de Glencoe.

CHAPITRE XIII.

CONDUITE DU BIGGARSBERGEN.

Nous passâmes les semaines suivantes à consolider et à fortifier nos nouvelles positions. Le général Botha était parti avec quelques hommes pour l'État libre d'Orange que traversait Lord Roberts, après avoir relevé Kimberley. Le général Joubert mourut vers cette époque à Pretoria, après avoir été pendant vingt et un ans commandant général de la République sud-africaine. Il était sans aucun doute l'une des figures les plus marquantes du drame sud-africain.

Le général Botha prit désormais le commandement en chef et se montra bientôt digne de tenir les rênes. Il jouissait de la confiance et de l'estime de toute notre armée, un avantage très important dans nos circonstances difficiles.

Aidé par De Wet, il fut bientôt engagé dans l'organisation des commandos dans l'État libre d'Orange et dans une tentative de prendre une sorte de position contre les Britanniques, qui marchaient désormais en nombre écrasant à travers le pays. Dans cette République, les bourgeois étaient sous le commandement du vieux général Prinsloo, qui maintenant était si découragé que le commandement suprême lui fut retiré et confié au général De Wet. Prinsloo se rendit peu après, ce faisant, il rendit à son peuple son plus grand service ; il était cependant malheureux qu'il ait réussi à entraîner avec lui 900 bourgeois entre les mains de l'ennemi.

Dans le Biggarsbergen, nous n'avions rien d'autre à faire que dormir, manger et boire. Cependant, à deux reprises, nous reçumes l'ordre de nous joindre à d'autres pour attaquer le camp ennemi à Elandslaagte. Cela a été fait avec beaucoup de bruit, mais je préfère ne rien dire sur la manière dont les attaques ont été dirigées. Il suffit de dire que les deux ont lamentablement échoué et que nous avons été contraints d'abandonner beaucoup plus vite que nous ne l'avions fait.

Nos généraux, quant à eux, étaient très occupés à distribuer d'innombrables circulaires aux différents commandos. Il m'est impossible de me rappeler le contenu de tous ces curieux manifestes, mais on lit ceci :

"Un appel nominal de tous les bourgeois doit être effectué quotidiennement ; des rapports hebdomadaires doivent être envoyés au quartier général de chaque commando distinct, et le nombre minimum de bourgeois composant une cornet de campagne doit y être indiqué. Tous les 15 hommes formant un Les cornets de campagne doivent être dirigés par un caporal ; et ces caporaux doivent tenir un appel quotidien et envoyer des rapports hebdomadaires détaillés sur leurs hommes au Field-Cornet et au commandant, qui à son tour doivent faire rapport au général. ".

Une autre longue circulaire contenait des instructions et des règlements complets pour l'octroi de « congés » aux bourgeois, un arrangement complexe qui causait aux officiers beaucoup de problèmes. Le système était connu sous le nom de « système de congé » et constituait un effort visant à introduire une démonstration d'organisation dans la lourde question de l'octroi d'un congé. Cependant, il n'a pas réussi à produire l'effet escompté. Il prévoyait qu'un dixième de chaque commando bénéficierait d'un congé d'une quinzaine de jours, puis reviendrait pour permettre à un autre dixième de partir à son tour. En cas d'arrêt de maladie, un certificat médical était exigé, qui devait porter le contreseing du cornet de campagne ; son propriétaire a alors été autorisé à rentrer chez lui plutôt qu'à l'hôpital. En outre, un certain pourcentage d'agriculteurs étaient autorisés de temps en temps à rentrer chez eux et à s'occuper des affaires urgentes de leur ferme, telles que la récolte, la tonte des moutons, etc. Les hommes étaient choisis par les agriculteurs pour aller s'occuper des affaires non seulement pour eux-mêmes. mais aussi pour les autres agriculteurs de leurs districts. Le résultat net de tout cela fut que lorsque tous ceux qui pouvaient, sous un prétexte ou un autre, obtenir un congé l'avaient fait, environ un tiers de chaque commando manquait. Mes bourgeois, qui étaient pour la plupart des hommes des Witwatersrand Goldfields, ne pouvaient bien sûr obtenir aucun congé pour des raisons agricoles ; et un grand mécontentement régnait. J'ai été inondé de plaintes concernant leur traitement injuste à cet égard et je n'ai réglé les problèmes qu'au prix de beaucoup de difficultés.

Je reconnais que cette question devait être réglée d'une manière ou d'une autre, et je ne blâme pas les autorités pour leur incapacité à faire face à la difficulté. Il semblait cependant bien dommage que les commandos soient à ce point affaiblis et que l'esprit combatif soit ainsi détruit. Bien sûr, c'était notre première grande guerre et nos arrangements étaient naturellement d'un caractère très primitif.

C'était au début du mois de mai que nos amis ennemis de Ladysmith et d'Elandslaagte commencèrent à montrer quelques signes d'activité. Nous avons découvert des signes indubitables indiquant qu'un grand mouvement en avant était en cours, mais nous n'avons pas pu déterminer sur quel point l'attaque devait être dirigée. Buller et ses hommes marchaient sur la route qui longe Vantondersnek, et j'ai senti à nouveau de violents combats pour nous. J'ai rassemblé une forte patrouille et j'ai commencé à reconnaître la position. Nous avons constaté que l'ennemi avait établi son camp en grande force au-delà de Waschbank et qu'il envoyait des détachements vers l'est. J'en conclus qu'ils ne proposaient pas de passer par Vantondersnek, mais qu'ils avaient l'intention d'attaquer notre flanc gauche à Helpmakaar. Cela me parut en tout cas être le plan le plus sûr du général Buller.

Helpmakaar était à l'est de ma position ; c'est un petit village coudé dans un col du Biggarsbergen. En prenant ce point, on pourrait détenir la clé de toute notre ligne de défense élargie, comme cela ne fut que trop clairement démontré par la suite. Je l'ai fait remarquer à quelques-uns de nos généraux, mais l'opinion d'un commandant ne pesait pas grand-chose à ce moment-là ; On n'a pas non plus tenu compte d'un avertissement similaire de la part du commandant Christian Botha, qui occupait un poste proche du mien auprès des bourgeois du Swaziland.

Nous avons eu des escarmouches répétées avec les avant-postes anglais au cours de nos expéditions de reconnaissance, et un jour nous avons soudainement rencontré une vingtaine d'hommes du South African Light Horse.

Nous les avons remarqués dans un "donk" (un endroit creux) densément couvert d'arbres et de buissons, mais pas avant d'être au milieu d'eux. Il semble qu'ils nous aient pris pour des Anglais, alors que nous pensions au début qu'il s'agissait de membres de la brigade irlandaise du colonel Blake. Beaucoup d'entre eux nous ont serré la main et une bourgeoise du nom de Vivian Cogell leur a demandé en néerlandais : « Comment allez-vous, les garçons ?

A quoi un Anglais, qui comprenait un peu le néerlandais, répondit : "Oh, d'accord, d'où viens-tu ?"

Vivian a répondu : "Du commando de Viljoen ; nous sommes en reconnaissance."

Ensuite, l'Anglais a découvert qui nous étions, mais Vivian ne lui a pas laissé le temps de réfléchir. S'approchant de lui, il lui demanda : « À quel régiment appartenez-vous ?

"Au South African Light Horse", répondit l'Anglais.

"Les mains en l'air !" » rétorqua Vivian, et l'Anglais-Afrikander jeta son arme et leva les mains.

"Levez la main ! Levez la main !" » fut le cri désormais universellement entendu, et bien que quelques-uns s'échappèrent, la majorité fut désarmée et faite prisonnière. Il avait été établi que lorsqu'un bourgeois capturait un soldat britannique, il devait être autorisé à le conduire à Pretoria, où il pourrait alors obtenir un congé de quelques jours pour rendre visite à sa famille. Cela a beaucoup encouragé nos bourgeois à faire des prisonniers, même si beaucoup ont perdu la vie en tentant de le faire.

Le lendemain, le général Buller marcha sur Helpmakaar en passant près de notre position. Nous avons tiré quelques coups de canon du Creusot et avons eu plusieurs escarmouches légères. L'ennemi concentra cependant sur nous le feu de quelques batteries, et nos canons furent bientôt réduits au silence.

Le général L. Meyer était arrivé avec quelques renforts près de Helpmakaar, mais la position n'avait jamais été renforcée et la seule force de défense était composée des bourgeois de Piet Retief, connus sous le nom de « Piet Retreaters », ainsi que d'un petit corps allemand. Le résultat était facile à prévoir. L'attaque fut lancée, et nous perdîmes la position sans essayer sérieusement de la défendre. Buller était donc désormais en possession de la clé de la position boer au Natal, position que nous occupions depuis deux mois — et que nous aurions donc pu fortifier à la perfection — et dont l'importance stratégique aurait dû être connue dans ses moindres détails. Je pense que nos généraux, qui disposaient d'une force suffisante et dont la mobilité est devenue mondialement connue, auraient dû être en mesure d'éviter un tel fiasco, comme s'est avéré notre occupation de la magnifique ligne de défense de Biggarsbergen. .

Ici, pour la première fois dans la guerre, le général Buller profita de son succès et suivit nos hommes alors qu'ils se retiraient sur Dundee. Il descendit par la voie principale des wagons depuis Helpmakaar et conduisit les commandos comme des moutons devant lui. Je fus moi-même obligé de m'éloigner en toute hâte et de rejoindre la retraite générale. Une ou deux fois, nos hommes tentèrent de prendre position, mais sans grand succès.

Lorsque nous atteignîmes Dundee, l'ennemi ralentit peu à peu sa poursuite et, à la tombée de la nuit, nous étions à l'écart d'eux. Satisfaits du succès de la veille et tristement gênés par leurs énormes convois, les Anglais nous laissent alors avancer à notre guise.

CHAPITRE XIV.

Découragé et démoralisé.

Notre première intention était de nous rendre à Vereeniging, pour y rejoindre les forces du général Botha. A la station de Klip River, celle précédant Vereeniging, on m'ordonna cependant de laisser mes charrettes derrière moi et de me diriger avec mes hommes vers Vaalbank, car l'ennemi avançait à marches forcées et avait obligé tous les autres commandos à se replier sur Vereeniging.

Sur notre chemin, nous avons rencontré des groupes de bourgeois en retraite, dont chacun nous a donné une version différente de la situation. Certains disaient que l'ennemi avait déjà dépassé Vereeniging, d'autres qu'il ne pourrait plus être arrêté avant d'avoir atteint Johannesburg. Plus loin, nous avons eu la chance de rencontrer le général Botha et son état-major. Le général m'a ordonné de prendre position au Gatsrand, près du Nek à Pharaohsfontein, car les Britanniques, ayant divisé leurs forces en deux parties, enverraient une partie traverser la rivière Vaal à Lindeque's Drift, tandis que les autres détachements enverraient une partie traverser la rivière Vaal à Lindeque's Drift. suivez la voie ferrée après Vereeniging. Les généraux Lemmer et Grobler étaient déjà postés au Gatsrand pour gêner la progression de l'ennemi.

J'ai demandé au général Botha quelle était notre situation. Il soupira et répondit : « Si seulement les bourgeois voulaient se battre, nous pourrions les arrêter assez facilement ; mais je n'arrive pas à convaincre un seul bourgeois de commencer à se battre. J'espère que leur humeur de fuite se transformera bientôt en humeur de combat. Gardez le moral, et faisons notre devoir.

"Très bien, Général", répondis-je, et nous nous serrâmes chaleureusement la main.

Nous avons continué toute la soirée et à minuit nous nous sommes arrêtés dans une ferme pour donner du repos et du fourrage à nos chevaux. Le propriétaire de la ferme était absent et sa famille était restée sur place. À notre approche, les femmes, nous prenant pour des Anglais, furent terrifiées. Se souvenant des atrocités et des horreurs commises au Natal lors de l'avancée des troupes impériales, ils attendirent l'arrivée des Anglais avec la plus grande terreur. A l'approche de l'ennemi, de nombreuses femmes et enfants abandonnèrent leurs maisons et errèrent pendant des jours dans les grottes et les bois, exposés à toutes les privations et aux intempéries, et aux attaques de bandes errantes de cafres pilleurs.

Mme van der Merwe, que nous avons rencontrée ici, a été extrêmement gentille avec nous et nous a donné beaucoup de fourrage pour nos chevaux.

Nous avons acheté des moutons, les avons abattus et avons apprécié un bon repas avant le lever du soleil ; et chacun de nous emporta un gros morceau de mouton en guise de provisions pour l'avenir.

Nos éclaireurs, que nous avions envoyés dans la nuit, nous informèrent que les généraux Lemmer et Grobler avaient pris position à droite de Pharaohsfontein dans le Gatsrand et que les Anglais approchaient en force énorme.

À neuf heures du matin, nous avions pris position et, à midi, l'ennemi était en vue. Notre commando avait été considérablement réduit, car de nombreux bourgeois, se trouvant à proximité de leurs foyers, avaient demandé un congé de vingt-quatre heures, qui leur avait été accordé pour leur permettre de régler leurs affaires avant que l'avancée des Anglais dans leurs fermes n'arrive. impossible. Quelques-uns aussi avaient déserté pour le moment, incapables de résister à la tentation de rendre visite à leurs familles du quartier.

De vieux bourgeois se sont approchés de nous et nous ont salués avec l'habituel « Bonjour les garçons ! À quel commando appartenez-vous ? »

"Chez Viljoen."

"Nous aimerions voir votre commandant", répondirent-ils.

En me présentant, j'ai demandé : « Qui es-tu, d'où viens-tu et où vas-tu ?

Ils répondirent : "Nous sommes des éclaireurs du général Lemmer et nous sommes venus voir qui occupe ce poste."

"Mais le général Lemmer sait sûrement que je suis ici ?"

UNE SURPRISE.—COYELL RENCONTRANT LE CHEVAL LÉGER IMPÉRIAL.

"Très probablement", répondirent-ils, "mais nous voulions le savoir par nous-mêmes ; nous pensions trouver parmi vous quelques-uns de nos amis. Vous venez du Natal, n'est-ce pas ?"

"Oui," répondis-je tristement. "Nous sommes venus renforcer les autres, mais je crains que nous ne soyons pas d'une grande utilité. Il me semble que ce sera ici comme à Natal : tous en fuite et sans combat."

"Hélas!" disaient-ils, "les États libres ne resteront pas dans la même position, et nous devons admettre que les Transvaaliens sont également très découragés. Cependant, si les Britanniques franchissent une fois nos frontières, vous constaterez que les bourgeois se battront jusqu'au bout."

Consolés par cette jolie promesse, nous décidâmes de faire de notre mieux, mais nos avant-postes rapportèrent bientôt que les Britanniques se dirigeaient à droite et se rapprochaient de la position du général Grobler, et qu'ils avaient contourné celle du général Lemmer. Pendant qu'ils attaquaient celui du général Grobler, nous attaquâmes leur flanc, mais nous ne pûmes pas faire beaucoup de dégâts, car nous étions sans canons. Peu de temps après, l'ennemi dirigea sur nous un feu d'artillerie nourri auquel nous, étant sur un terrain plat, nous nous trouvâmes dangereusement exposés.

Vers le soir, l'ennemi était en possession de la position du général Grobler et passait le Gatsrand, nous laissant derrière lui. J'ordonnai à mon commando de se replier sur Klipriversberg, tandis que je m'éloignais avec quelques adjudants pour tenter de me mettre en communication avec les autres commandos.

La nuit était sombre et nuageuse, ce qui rendait quelque peu difficile pour nous de nous déplacer en toute sécurité. Nous tombions parfois dans des fossés et des tranchées, et nous avions beaucoup de problèmes avec les barbelés. Cependant nous rencontrâmes enfin l'arrière-garde du général Lemmer, qui nous apprit que l'ennemi, après avoir vaincu la faible résistance du général Grobler, s'était dirigé vers le nord et que tous les bourgeois se retiraient en toute hâte devant eux.

Nous avons dépassé l'ennemi pour trouver le général Grobler et quels étaient ses plans. Nous roulâmes assez près du camp anglais, sachant qu'ils postaient rarement des sentinelles loin de leurs tentes. Mais à cette occasion, ils avaient placé une garde dans un vieux « klipkraal », pour eux à une distance prodigieuse de leur camp, et un « Tommy » nous héla de l'obscurité.

"Arrête, qui y va ?"

J'ai répondu « Ami », après quoi le soldat ingénu a répondu :

"Passe, mon ami, tout va bien."

J'avais cependant des doutes. Il s'agit peut-être d'un avant-poste boer soucieux de savoir si nous sommes des Anglais. Craignant de tendre une embuscade à mes propres hommes, j'ai crié en néerlandais :

« De qui êtes-vous les hommes ?

Le Tommy s'est mis en colère d'avoir été tenu éveillé si longtemps et a rétorqué avec humeur : "Je ne comprends pas votre hollandais bestial ; venez ici et soyez reconnu." Mais nous n'avons pas attendu l'identification et je suis parti en criant : « Merci, mes compliments au général French et dites-lui que ses avant-postes dorment.

C'en était trop pour le « Tommy » et ses amis, qui répondirent par une volée de tirs de fusil, repris par toute la ligne des avant-postes britanniques. Cependant, aucun mal n'a été fait et nous sommes rapidement hors de portée.

J'ai renoncé à chercher le général Grobler et, le lendemain matin, j'ai rejoint mes hommes à Klipriversberg.

Il n'était pas facile de connaître la situation exacte. Nos éclaireurs rapportèrent que l'aile gauche de l'ennemi, après avoir percé la position du général Grobler, marchait maintenant le long de Rust, près de Van Wijk. Je ne pus cependant obtenir aucun renseignement précis sur l'aile droite, ni connaître le général sous les ordres duquel je devais me placer. Le général Lemmer souffrait en outre d'une maladie aiguë des reins, qui l'avait obligé de confier son commandement au commandant Gravett, qui s'était révélé un excellent officier.

Le général Grobler avait perdu la majorité de ses hommes, ou, ce qui était plus probable, ils l'avaient perdu. Il a déclaré qu'il n'était pas au courant des projets du général Botha et de M. Kruger et qu'il était absurde de continuer à fuir, mais il ne se sentait clairement pas capable de se battre à nouveau, même s'il n'avait pas le courage moral de le dire ouvertement. À partir de ce moment, ce monsieur ne rendit plus service à son pays et fut peu après renvoyé. Le lecteur aura maintenant une idée de l'énorme changement survenu dans nos troupes. Six mois auparavant, ils étaient joyeux et gais, confiants dans le succès final de leur cause ; maintenant, ils étaient découragés et de très mauvaise humeur. Je dois admettre qu'en cela nos officiers ne faisaient pas exception.

Ce furent des jours sombres pour nous. Alors commencèrent les véritables combats, et cela dans les circonstances les plus difficiles et les plus pénibles ; et je pense que si nos dirigeants avaient eu un aperçu des difficultés et des épreuves qui se présentaient à nous, ils n'auraient pas eu le courage d'aller plus loin dans la lutte.

Tôt le lendemain matin (le 29 mai 1900), nous atteignîmes Klipspruit et y trouvâmes plusieurs autres commandos placés en ordre étendu jusqu'à Doornkop.

Parmi eux se trouvait celui du général De la Rey, venu de la frontière occidentale de notre République, et celui du général Snyman, que je considère comme le véritable défenseur et relève de Mafeking, car il craignait d'attaquer une garnison de 1 000 hommes. avec deux fois plus de bourgeois.

Avant d'avoir eu le temps de fortifier convenablement notre position, nous sommes attaqués sur le flanc droit par la cavalerie du général French, tandis que le flanc gauche doit résister à une forte force de cavalerie adverse. Les deux attaques ont été repoussées avec succès, ainsi qu'une troisième au centre de notre ligne de combat.

Les Britanniques marchèrent alors sur Doornkop, leur véritable objectif d'attaque étant notre extrême droite, mais ils firent une feinte sur notre gauche. Notre ligne de défense fut très étendue et affaiblie par le retrait d'un corps d'hommes qui avait été envoyé à Natal Spruit pour empêcher l'autre corps ennemi de se frayer un chemin le long de la voie ferrée et de nous couper la retraite vers Pretoria.

La bataille dura jusqu'au coucher du soleil et fut particulièrement féroce sur notre droite, là où se tenaient les Krugersdorpers. Tôt dans la soirée, notre aile droite dut céder face à une force écrasante et, pendant la nuit, tous les commandos durent se replier. Mon commando, qui aurait dû être composé d'environ 450 hommes, n'en comptait que 65 lors de cet engagement ; nos pertes furent de deux hommes tués. J'ai aussi été légèrement blessé à la cuisse par un morceau d'obus, mais je n'ai pas eu le temps de m'occuper de ces affaires, car nous avons dû nous retirer en toute hâte, et la blessure a vite guéri.

Le lendemain, nos forces étaient de nouveau en pleine retraite vers Pretoria, où j'ai cru comprendre que nous devions prendre une position désespérée. Vers sept heures, nous traversions Fordsburg, une banlieue de Johannesburg.

On nous avait prévenus de ne pas entrer dans Johannesburg, car le Dr Krause, qui m'avait retiré le commandement de la ville, l'avait déjà cédée à Lord Roberts, qui pourrait la bombarder s'il y trouvait des commandos. Notre plus grand commissariat s'était rendu à Pretoria, mais nous avions besoin de plusieurs articles de nourriture, et il est étrange de dire que le responsable du commissariat de Johannesburg ne nous donnerait rien de peur d'encourir le mécontentement de Lord Roberts !

J'étais très en colère; l'ennemi n'était pas réellement en possession de la ville, et j'aurais donc dû être consulté à ce sujet ; mais ces fonctionnaires irresponsables ont même refusé de nous accorder le nécessaire pour vivre !

A cette époque, il y avait un fort mouvement pour faire sauter les principales mines autour de Johannesburg, et un jeune irresponsable nommé Antonie Kock s'était mis à la tête d'une confédération dans ce but. Mais grâce aux ordres explicites du général L. Botha, qui furent fidèlement exécutés par le Dr Krause, le plan de Kock fut heureusement contrecarré, et je suis entièrement d'accord avec Botha sur le fait qu'il aurait été très impolitique d'autoriser cette destruction. Cependant, j'ai souvent souhaité par la suite que les autorités militaires britanniques aient montré autant de considération pour nos biens.

Nous devions de toute façon avoir de la nourriture, et comme le fonctionnaire hésitait à nous fournir, nous nous servions nous-mêmes dans les magasins du gouvernement et nous nous dirigeâmes vers la capitale. Les routes menant à Pretoria étaient encombrées d'hommes, d'armes et de véhicules de toutes sortes, et le découragement et le désespoir étaient clairement visibles sur chaque visage humain.

CHAPITRE XV.

OCCUPATION DE PRETORIA.

L'ennemi profita naturellement de notre confusion pour nous poursuivre de plus près qu'auparavant. La perspective qui s'offrait à nous était triste et nous nous demandions : « Quelle sera la fin de tout cela et que deviendra notre pauvre peuple ? Serons-nous capables de prolonger la lutte, et pour combien de temps ?

Mais aucune prolongation de la lutte ne semblait être entrée dans l'esprit de nos ennemis, qui pensaient évidemment que la guerre en était maintenant à sa dernière étape, et ils étaient aussi ravis que nous étions découragés. Ils firent en sorte que les Boers soient complètement vaincus et que sa résistance y mette effectivement un terme. À ce stade, Conan Doyle, après avoir souligné la glorieuse liberté et le progrès qui reviendraient aux Boers sous le drapeau britannique, écrivit :

"Quand cela sera appris, il arrivera peut-être qu'ils connaîtront une vie plus heureuse et une plus grande liberté de ce 5 juin qui a vu le symbole de leur nation disparaître à jamais des enseignes du monde."

Ainsi, non seulement Lord Roberts a annoncé au monde que « la guerre était désormais pratiquement terminée », mais Conan Doyle n'a pas hésité à dire la même chose dans un style plus éloquent.

Les événements ultérieurs l'ont clairement prouvé à quel point l'Angleterre a complètement sous-estimé la détermination des Boers. Il est également évident que nous ne connaissions pas nous-mêmes la force de notre résolution, si l'on considère le pessimisme et le désespoir qui nous ont accablés en ces jours sombres ; et tandis que l'Union Jack survolait nos édifices gouvernementaux, nous aurions pu nous écrier : « Angleterre, nous ne connaissons pas notre force, mais vous la savez encore moins !

Presque tous les commandos étaient désormais dans les environs de Pretoria, le général Botha formant une arrière-garde, et nous décidâmes de défendre la capitale du mieux que nous pourrions. Mais à ce moment-là, un officier boer aurait reçu une communication du gouvernement nous informant qu'il avait décidé de ne pas défendre la ville. Un cycliste faisait cette communication aux différents commandos, mais le Commandant Général ne semblait pas s'en rendre compte, et nous avons tenté en vain de le retrouver afin de découvrir quels étaient ses projets. La plus grande confusion régnait naturellement, et comme tous les généraux donnaient des ordres différents, personne ne savait ce qui allait se passer. Je crois que le général Botha avait l'intention de concentrer ses troupes autour de Pretoria et d'y offrir une sorte de résistance aux forces triomphantes de l'ennemi, et nous avions tous compris que la capitale serait défendue jusqu'au bout ; mais cette communication modifia considérablement la situation. Peu de temps après, tous les officiers boers se réunirent à Irene Estate, près de Pretoria, pour un conseil de guerre, et y furent informés que le gouvernement avait déjà abandonné la ville, laissant quelques « patriotes en plumes » remettre officiellement la ville aux Anglais. .

J'ai trouvé cette décision de reddition facile ridicule et inexplicable, et de nombreux officiers se sont joints à moi pour la condamner haut et fort. Je ne me souviens pas exactement de tout ce qui s'est passé à ce moment-là, mais je sais qu'un télégramme est arrivé du commandant général disant qu'une foule avait forcé les bâtiments du Commissariat à Pretoria et les pillait. Un adjudant fut envoyé à Pretoria pour donner l'alarme que les Anglais entraient dans la ville, ce qui eut pour effet d'en chasser tous les pilleurs. Certains de mes propres hommes étaient engagés dans ces opérations prédatrices, et je ne les ai revus que trois jours après.

Les Anglais s'approchèrent de Pretoria avec beaucoup de prudence et dirigèrent quelques gros canons navals sur nos forts construits autour de la ville, auxquels nous répondîmes pendant quelque temps avec nos canons du « randten », au sud-ouest de la ville ; mais nos officiers furent incapables d'opposer une résistance organisée et ainsi, le 5 juin 1900, la capitale de la République sud-africaine tomba sans problème entre les mains de l'ennemi. Bloemfontein, la capitale de l'État libre d'Orange, avait subi le même sort quelques mois auparavant, et des milliers d'États libres s'étaient rendus aux Anglais alors qu'ils marchaient de Bloemfontein vers le Transvaal. Heureusement, cependant, dans l'État libre, le président Steyn et le général De Wet étaient encore bien éveillés et Lord Roberts découvrit très vite que ses longues lignes de communication étaient pour lui une source de grands ennuis et d'anxiété. Les commandos, quant à eux, se réorganisent ; les Mausers et les munitions enterrés furent une fois de plus ressuscités, et il devint bientôt évident que l'État libre d'Orange était loin d'être conquis.

La chute de Pretoria n'était en effet qu'une fausse victoire de l'ennemi. Un certain nombre de fonctionnaires du gouvernement restèrent là et se rendirent, ainsi qu'un certain nombre de bourgeois, parmi ces frères pusillanimes se trouvaient même des membres du Volksraad et des hommes qui avaient joué un rôle important dans l'histoire de la République ; tandis qu'à la honte éternelle d'eux et de leur race, un certain nombre d'autres Boers entrèrent immédiatement au service anglais et utilisèrent désormais leurs fusils pour tirer et mutiler leurs propres compatriotes.

CHAPITRE XVI.

BATAILLE DE DONKERHOEK ("DIAMOND HILL").

Nos premières et meilleures positions étaient désormais évidemment les kopjes qui s'étendaient de Donkerhoek en passant par Waterval et Wonderboompoort. Cette chaîne de montagnes s'étend sur environ 12 milles à l'est et au nord-est de Pretoria, et nos positions ici couperaient toutes les routes de quelque importance pour Pietersburg, Middelburg, ainsi que le chemin de fer de Delagoa Bay. Nous nous postâmes donc le long de cette rangée, le général De la Rey formant le flanc droit, quelques-uns de nos autres généraux combattants occupant le centre, tandis que le commandant général Botha lui-même prenait le commandement du flanc gauche.

Le 11 juin 1900, Lord Roberts s'approcha avec une force de 28 000 à 30 000 hommes et une centaine de canons, afin, selon les dépêches officielles, « de chasser les Boers des environs de Pretoria ». Leurs flancs droit et gauche étaient composés de cavalerie, tandis que le centre était formé de régiments d'infanterie ; leurs gros canons étaient placés dans de bonnes positions et leurs pièces de campagne étaient également réparties entre les différentes divisions de l'armée.

Vers le coucher du soleil, ils ont commencé à exploser sur l'ensemble de nos 13 milles de défense. Notre artillerie répondit de tous côtés à leurs tirs avec d'excellents résultats, et la nuit tombée, l'ennemi se retira un peu avec des pertes considérables.

La bataille reprit de nouveau le lendemain, l'ennemi tenta de tourner sur notre droite avec un fort mouvement de flanc, mais fut complètement repoussé. Pendant ce temps, à Donkerpoort proprement dit, j'ai eu le privilège d'être laissé tranquille pendant plusieurs heures. Le but de cette démarche est vite devenu évident. Une petite charrette tirée par deux chevaux et portant un drapeau blanc descendait la route de Pretoria. De là sont descendus deux personnes, MM. Koos Smit, notre commissaire des chemins de fer et MJF de Beer, inspecteur en chef des bureaux, tous deux hauts fonctionnaires de la République sud-africaine. Je les ai appelés à distance.

"Arrête, tu ne peux pas passer. Que veux-tu ?"

Smit a déclaré: "Je veux voir Botha et le président Kruger. Le Dr Scholtz est également avec nous. Nous sommes envoyés par Lord Roberts."

J'ai répondu à M. Smit que les traîtres n'étaient pas admis chez nous et qu'il devrait rester là où il était. Me tournant vers quelques bourgeois qui se tenaient à proximité, je leur donnai l'ordre de les arrêter.

M. Smit commença alors à « chanter petit » et, devenu pâle comme la mort, demanda d'une voix tremblante s'il y avait une chance de voir Botha.

"Votre demande," répondis-je, "sera transmise". Ce qui fut fait.

Une heure s'écoula avant que le général Botha ne fasse savoir qu'il arrivait. Pendant ce temps, la bataille continuait à faire rage avec acharnement et de nombreuses bombes lyddites s'égaraient sur notre route. Les « drapeaux blancs » paraissaient très soucieux de savoir si le général tarderait à venir et si leur drapeau ne pourrait pas être hissé à un endroit plus visible. Les bourgeois qui les gardaient faisaient cependant remarquer que les bombes provenaient de leurs propres amis britanniques.

Au bout d'un moment, le général Botha arriva. Il a réservé un accueil loin d'être cordial à la députation.

Le Dr Scholtz a sorti un morceau de papier et a déclaré que Lord Roberts l'avait envoyé demander pourquoi Botha insistait pour que le sang soit encore inutilement versé, et pourquoi il n'était pas venu pour faire la paix, et ce genre de choses.

Botha demanda si Scholtz détenait une lettre ou un document faisant autorité du général anglais, ce à quoi le docteur répondit par la négative.

Smit suggéra alors qu'il devrait être autorisé à voir M. Kruger, mais Botha déclara, avec une insistance considérable : « Écoutez, votre conduite n'est rien de moins qu'exécrable, et je ne vous permettrai pas de voir M. Kruger. Vous êtes un couple. de misérables scélérats, et quant au Dr Scholtz, son certificat semble plutôt douteux. Vous reviendrez et donnerez le message suivant à Lord Roberts : —

« Que ce n'est pas la première fois que des messages de cette nature me sont envoyés de manière non officielle ; que ces ouvertures ont aussi parfois été faites sous une forme insultante, mais toujours également de manière officieuse. Je dois exprimer ma surprise face à de telles tactiques sur le terrain. une partie d'un homme dans la position de Lord Roberts. Sa Seigneurie peut penser que notre pays est perdu pour nous, mais je ferai tout de même mon devoir envers lui. Ils peuvent me tirer dessus ou m'emprisonner, ou me bannir, mais mon. ils ne peuvent pas attaquer mes principes et mon caractère.

On pouvait clairement voir que les messagers frappés par la conscience grimaçaient sous le reproche. Plus aucun mot ne fut prononcé et le noble trio tourna les talons et rapporta son drapeau blanc à Pretoria.

Que Botha ait eu raison de permettre le retour de ces « mains supérieures » est une question que je ne souhaite pas aborder, mais de nombreux bourgeois avaient leur propre opinion à ce sujet. Pourtant, s'ils avaient été arrêtés par nous et fusillés pour haute trahison, que n'auraient pas dit ceux qui n'ont pas hésité à nous envoyer nos propres bourgeois infidèles pour nous inciter à nous rendre.

Je ne peux pas dire si Lord Roberts était personnellement responsable de l'envoi de ces messagers, mais personne ne peut nier qu'un tel acte était extrêmement inapproprié. C'était une impudence particulièrement prodigieuse de la part de ces hommes, JS Smit et JF de Beer, tous deux bourgeois et hauts fonctionnaires de la République SA. Ils avaient jeté les armes et prêté allégeance à un ennemi, commettant ainsi une haute trahison au sens le plus plein du terme. Ils traversèrent maintenant les lignes de combat de leurs anciens camarades pour demander aux commandants de l'armée républicaine pourquoi la nation tout entière ne suivait pas leur exemple, pourquoi ils ne renonceraient pas à leur liberté et à leur existence même en tant que peuple et ne commettraient pas l'acte le plus ignoble qui soit. à l'humanité.

« Pretoria était aux mains des Britanniques ! » Comme si, en vérité, l'existence de notre nationalité commençait et finissait à Pretoria ! Pretoria n'était après tout qu'un village où les « patriotes » du genre Smit et de Beer s'engraissaient depuis des années grâce aux fonds de l'État et, s'étant rempli les poches au moyen de pratiques douteuses, avaient contribué à ternir la réputation d'un peuple jeune et viril. nation.

Non seulement ils avaient bénéficié des récompenses de hautes fonctions dans les bureaux de l'État, auxquelles était attachée une rémunération fabuleuse, mais ils appartenaient à l'aristocratie boer, membres de familles honorables dont la haute naissance et les qualités leur avaient assuré la préférence sur des milliers d'autres. des hommes et la confiance illimitée du chef de l'Etat. Il n'est pas étonnant que ces messieurs aient considéré la chute de Pretoria comme la fin de la guerre !

La bataille dura toute la journée ; elle fut la plus féroce sur notre flanc gauche, où le général French et sa cavalerie chargèrent encore et encore les positions des bourgeois d'Ermelo et de Bethel, pour être chaque fois repoussés avec de lourdes pertes. Une fois, les lanciers attaquèrent si vaillamment qu'un combat au corps à corps s'ensuivit. Le commandant des bourgeois du Béthel m'a raconté plus tard que, pendant la charge, son serviteur cafre s'était placé parmi les lanciers et leur avait demandé de « lever la main ! » L'indigène non averti avait tellement entendu parler de « hands up » et de « hands-uppers » qu'il pensait que toute la langue anglaise se composait de ces deux simples mots, et lorsqu'un lancier lui criait « Hands up », il répétait « Hands up ». en haut." Le cavalier britannique passa sa lance dans le bras du nègre, criant toujours « Lève les mains », l'homme noir reculant, criant également avec véhémence « Levez les mains, patron ; les mains en l'air ! »

Lorsque son maître lui demanda pourquoi il avait crié « mains en l'air » avec tant d'insistance alors qu'il s'enfuyait, il répondit : « Ah, patron, j'entends tous les jours les gens dire : « lève les mains ; » maintenant, je pense que cela signifie kaffir 'Soebat' (mendier). Je pensais que cela signifiait 'Laissez tomber, s'il vous plaît', mais plus je criais 'Hands up', le patron anglais me poussait quand même avec ses sagaies.

A notre droite, le général De la Rey avait une position également embarrassante ; les Britanniques ont également fait plusieurs tentatives déterminées pour tourner son flanc, mais ont été repoussés à chaque fois. Un jour, au cours d'une attaque sur notre droite, leur convoi s'approcha si près de notre position que notre artillerie et nos Mauser purent y déverser un tel feu que les mules tirant les charrettes coururent au hasard dans le veld, et la plus grande confusion s'ensuivit. Les mules britanniques étaient « pro-Boer » tout au long de la guerre. Mais le terrain n'était pas favorable à nos opérations et nous ne profitâmes pas du chaos général. Vers le soir du deuxième jour, le général Tobias Smuts commet une erreur impardonnable en se repliant avec ses commandos. La retraite n'était pas nécessaire ; mais cela servit à montrer aux Britanniques qu'il y avait un point faible dans notre arsenal. En effet, le lendemain, l'attaque en force fut menée sur ce point. Les Britanniques avaient entre-temps continué à affluer des renforts, en hommes comme en canons.

Vers deux heures de l'après-midi, Smuts demanda d'urgence des renforts et le commandant général m'ordonna de me rendre à sa position. Un trajet d'un mile et demi nous amena près de Smuts ; nos chevaux étaient placés derrière un « randje », les balles et les obus ennemis passant au-dessus de leurs têtes sans faire grand mal. Nous nous précipitâmes ensuite à pied vers la ligne de combat, mais avant d'avoir pu atteindre la position que le général Smuts et ses bourgeois avaient quittée. Au début, j'étais plutôt dans l'ignorance de ce que tout cela signifiait jusqu'à ce que nous découvrions que les Britanniques avaient pris la position de Smuts et qu'ils tiraient sur nous depuis cette position. Nous sommes tombés à plat derrière les « klips » les plus proches et avons riposté, mais nous étions désavantagés, car les Britanniques étaient au-dessus de nous. Je n'ai jamais su où le général Smuts et ses bourgeois étaient finalement arrivés. À notre gauche, nous avions le commandant Kemp avec les Krugersdorpers ; à droite Field-Cornet Koen Brits. Les Britanniques essayèrent tour à tour de se frayer un chemin entre un de mes voisins et moi, mais nous réussissions, malgré leurs violents assauts, à les repousser à chaque fois. Cependant, tout ce que nous pouvions faire, c'était tenir bon jusqu'à la nuit tombée. Ensuite, l'ordre fut donné de « faire sauter » tous nos chariots et autres moyens de transport car les commandos devraient tous se retirer.

Je ne connais pas l'ampleur des pertes britanniques lors de cet engagement. Mon ami Conan Doyle, sagement, ne dit rien à leur sujet, mais nous savions qu'ils avaient en effet très gravement souffert. Nos pertes n'étaient pas lourdes ; mais nous avons dû regretter la mort du brave Field-Cornet Roelf Jansen et de quelques autres courageux bourgeois. Le Dr Doyle, faisant référence à l'engagement, déclare :

« Les deux jours de lutte prolongée (Diamond Hill) ont montré qu'il y avait encore beaucoup de combats parmi les bourgeois. Lord Roberts ne les avait pas mis en déroute », etc.

Ainsi se termina la bataille de Donkerhoek, et le lendemain nos commandos se repliaient vers le nord.

CHAPITRE XVII.

JE DEVIENS GÉNÉRAL.

Dans notre retraite vers le nord, les Anglais ne nous poursuivirent pas. Ils se sont contentés de fortifier la position que nous avions évacuée entre Donkerhoek et Wonderboompoort. Pendant ce temps, nos commandos avançaient le long du chemin de fer de Delagoa Bay jusqu'à ce que nous atteignions la gare de Balmoral, tandis que d'autres petites divisions étaient à Rhenosterkop, au nord de Bronkhorst Spruit.

Je peux affirmer que cette retraite générale a assommé certains de nos frères les plus faibles. Des centaines de Boers sont entrés à Pretoria avec le drapeau blanc suspendu à leurs barils Mauser. À Pretoria, il y avait de nombreux bourgeois éminents qui avaient facilement accepté les nouvelles conditions, et les Britanniques s'en servaient pour inciter les autres Boers à leur portée, par le biais de toutes sortes de promesses spécieuses, à déposer les armes. De nombreux Boers du district ouest sont rentrés tranquillement chez eux. Heureusement, les Boers aiment trop leur Mauser pour s'en séparer, sauf par contrainte, et bien que la majorité de ces Boers occidentaux aient rendu leurs armes, certains les ont conservées.

Ils conservèrent leurs armes en les enterrant, apaisant l'officier britannique confiant en charge du district en lui remettant un Martini-Henris rouillé et obsolète ou un vénérable tromblon que personne n'avait utilisé depuis que les ancêtres Boers tiraient sur des lions avec au moyen âge des premiers grands tromblons. randonnée. Les Mauser enterrés se sont révélés très utiles par la suite.

Vers cette époque, le général Buller entra dans la République par le côté du Natal et marcha avec ses forces à travers les districts sud de Wakkerstroom, Standerton et Ermelo. Des centaines de bourgeois restèrent dans leurs fermes et remirent leurs armes aux Britanniques. Dans certains districts, par exemple à Standerton, le commandant et deux de ses trois cornets de campagne se rendirent. Ainsi, non seulement certains commandos se retrouvèrent sans officiers, mais d'autres disparurent entièrement de notre armée. Pourtant, au moment psychologique, un Joshua apparaissait et sauvait la situation, comme, par exemple, dans le district de Standerton, où les Britanniques Assistant-Field-Cornet menaient un espoir désespéré et sauvaient tout un commando de l'extinction. Le plus grand mal fut commis par beaucoup de nos landdrosts qui, après s'être rendus, envoyèrent des communications aux officiers et aux bourgeois pour les exhorter à entrer.

La majorité de nos officiers boers restèrent cependant fidèles à leur vœu, même si le pays étant en partie occupé par les Britanniques, il était difficile d'entrer en contact avec le commandant général ou le gouvernement, et la démoralisation générale empêchait de nombreux officiers d'affirmer leur volonté. leur autorité.

Les généraux Sarel Oosthuizen et HL Lemmer, tous deux aujourd'hui décédés, furent envoyés au nord de Pretoria, pour rassembler les bourgeois des districts de l'ouest et réhabiliter généralement leurs commandos. Ils ont été suivis par le commandant général adjoint JH De la Rey et le procureur Smuts (notre conseiller juridique). C'est en effet à ce moment-là que le commandement suprême des districts de l'ouest fut assumé par le général De la Rey, qui, en route vers le nord, attaqua et battit une garnison anglaise à Selatsnek.

La « réorganisation » de nos commandos épuisés s'est très bien déroulée ; environ 95 pour cent. des Boers combattants rejoignirent le groupe et, rapidement, les commandos des districts de l'ouest atteignirent environ 7 000 hommes.

Mais quelques semaines seulement après son arrivée dans le district de West Krugersdorp, le pauvre et courageux Sarel Oosthuizen fut grièvement blessé lors de la bataille de Dwarsvlei et mourut des suites de ses blessures peu de temps après.

Le général H. Lemmer, un soldat prometteur dont nous ne pouvions guère nous passer, fut tué peu après lors de la prise de Lichtenburg sous les ordres du général De la Rey, engagement dans lequel nous ne réussissâmes pas. Nous avons eu bien du mal à remplacer ces deux vaillants généraux, dont les noms resteront à jamais gravés dans l'histoire des républiques boers.

Il n'est guère nécessaire de s'arrêter sur le magnifique travail accompli par le sous-commandant général De la Rey dans les districts de l'Ouest. Le commandant général Botha a également travaillé dur à ce stade et a été sévèrement chargé de réorganiser ses commandos et de combler les lamentables vacances causées par la mort de Lemmer et d'Oosthuizen.

J'ai déjà signalé que le général de la Rey avait emmené avec lui le reste des bourgeois des districts de l'ouest. Les commandos suivants nous étaient maintenant laissés :—Krugersdorp et Germiston, respectivement, sous les commandants d'alors J. Kemp et C. Gravett, et la police de Johannesburg, avec quelques commandos plus petits sous les quatre généraux combattants, Douthwaith, Snyman (de renommée Mafeking).), Liebenberg et Du Toit. Les quatre derniers généraux furent « renvoyés chez eux » et leurs bourgeois, ainsi que ceux de Krugersdorp, Germiston, Johannesburg, Boksburg et de la Police à cheval, furent placés sous mon commandement, tandis que moi-même fut promu au grade de général. J'avais désormais sous mes ordres 1 200 hommes au total, une force très équitable.

Je peux difficilement décrire mes sentiments en apprenant ma promotion à un poste aussi responsable. Pour la première fois pendant la guerre, j'éprouvais une sorte d'inquiétude. J'avais toutes sortes de doutes ; comment pourrais-je être capable de protéger correctement les intérêts d'un si grand commando ? En avais-je le droit ? Les bourgeois seraient-ils satisfaits ? C'était bien beau de dire qu'il fallait les satisfaire, mais s'ils avaient manifesté des signes d'insatisfaction, j'aurais dû démissionner. Je n'ai pas l'habitude de cligner des yeux devant les faits ; ce sont des choses sévères. Qu'allais-je devenir si je devais présenter ma démission ? J'étais empressé et téméraire, comme la plupart des jeunes officiers, car même si les perspectives de notre cause n'étaient pas brillantes et si notre armée avait subi de graves revers, j'avais toujours une foi implicite dans l'avenir et surtout dans la justice de la cause. contre lequel nous combattions. Et je savais, en outre, que les bourgeois qui nous restaient désormais parmi nous étaient déterminés et fermes.

Il n'y avait qu'une seule voie qui s'offrait à moi : prendre le taureau par les cornes. J'ai cru de mon devoir de faire le tour de tous les commandos, de réunir les bourgeois, de leur annoncer ma nomination, de leur demander leur avis sur cette nomination et de leur donner quelques détails sur la nouvelle organisation.

Je suis d'abord allé au Krugersdorp Commando. Tout s'est bien passé et les bourgeois qui composaient la force m'ont reçu très cordialement. Il y a eu beaucoup de questions et d'explications ; un des commandants fut si ému par mon discours qu'il demanda aux personnes présentes de conclure la réunion en chantant le Psaume 134, verset 3, après quoi il exhorta ses concitoyens dans un discours passionné à être obéissants et déterminés.

Le pire, c'est qu'il m'a demandé de terminer par une prière. J'avais l'impression que j'aurais volontiers accueilli la terre qui s'ouvrait sous moi. Je n'avais jamais été dans une telle situation auparavant. Refuser, avoir plaidé l'exonération de ce devoir solennel, eût été fatal, car on attend, entre autres choses, d'un général boer qu'il dirige toutes les démarches à caractère religieux. Et non seulement les généraux boers sont tenus de faire cette chose, mais tous les officiers subordonnés, ainsi qu'un officier qui ne peut pas offrir une prière appropriée, reçoivent généralement un indice selon lequel il n'est pas digne de son poste. Dans ces domaines, les bourgeois sont soutenus par les pasteurs.

Il n'y avait donc aucune aide pour cela ; Je me sentais comme un étranger à Jérusalem et j'ai décidé de marmonner une petite prière du mieux que je pouvais. Je n'ai pas besoin de dire que c'était court, mais je doute fort que ce soit approprié, car toutes sortes de pensées me traversaient la tête, et j'avais l'impression que toutes les abeilles de ce monde bourdonnaient à mes oreilles.

Bien sûr, j'ai dû fermer les yeux ; Je le savais. Mais il fallait aussi que je les bousille, car je savais que tout le monde me surveillait. J'ai fermé les yeux très étroitement, et bientôt un « Amen » de bienvenue est venu.

Mon ancien commando était désormais obligé de trouver un nouveau commandant et je devais lui prendre congé à ce titre. J'ai été heureux de constater que les officiers et les hommes étaient désolés de me perdre comme commandant, mais ils ont dit qu'ils étaient fiers de la distinction qui m'avait été conférée. Le commandant F. Pienaar, qui me remplaça, dut bientôt démissionner à cause d'irrégularités assez graves. Mon jeune frère, WJ Viljoen, qui, au moment de la rédaction de cet article, occupe toujours ce poste, je crois, l'a remplacé.

Fin juin, mes commandos marchèrent de Balmoral jusqu'à Donkerhoek pour entrer en contact avec les Britanniques. Seules quelques escarmouches aux avant-postes ont eu lieu.

Mes bourgeois capturèrent une demi-douzaine d'Australiens près de la gare de Van der Merwe, et trois jours après, trois Johannesburgois furent surpris près de Pienaarspoort. D'après nos informations, les Donkerhoek Kopjes étaient en possession du général Pole-Carew, et sur notre gauche, le général Hutton, avec une forte force montée, opérait près de Zwavelpoort et de Tigerspoort. Nous avons eu des combats acharnés avec cette force pendant quelques jours et avons dû faire appel à des renforts des commandos de Middelburg et de Boksburg.

À cette époque, la ligne de combat s'était largement étendue et mesurait au moins soixante milles de longueur ; à ma droite j'avais le général D. Erasmus avec le commando de Pretoria, et plus loin encore à droite, plus près de la voie ferrée de Pietersburg, étaient positionnés les commandos de Waterberg et de Zoutpansberg. Le général Pole-Carew essaya à plusieurs reprises de nous précipiter avec sa cavalerie, mais dut chaque fois se retirer. Le commandant général Botha nous a finalement ordonné d'attaquer la position du général Hutton, et j'ai compris ce que cela impliquait. Ce serait le premier combat que je devais diriger en tant que général combattant. Beaucoup dépendrait de l'issue, et je comprenais parfaitement que mon influence et mon prestige parmi les bourgeois du futur étaient absolument en jeu.

La force principale du général Hutton campait dans un « donk » tout en haut du randt, presque à égale distance de Tigerspoort, Zwavelpoort et Bapsfontein. Autour de son laager se trouvait une autre chaîne de « randten » entièrement occupée et fortifiée, et nous nous rendîmes bientôt compte à quel point il s'agissait d'une étendue de terrain vaste et retranchée. Le commandant général, accompagné des attachés français, hollandais, américains et russes, suivrait l'attaque d'un point haut et resterait en contact avec moi au moyen d'un héliographe, permettant ainsi à Botha de se tenir au courant du déroulement de la bataille. , et d'envoyer des instructions si nécessaire.

Dans la nuit du 13 juillet, nous avons marché dans l'ordre suivant : à droite les commandos de Johannesburg et de Germiston ; au centre, le Krugersdorp et la police de Johannesburg ; et à gauche les commandos de Boksburg et Middelburg. Au point du jour, j'ordonnai une prise générale des retranchements ennemis. J'ai placé un canon Krupp et un Creusot sur le flanc gauche, un autre Krupp et quelques pompons sur le flanc droit, tandis que j'avais un 15 livres anglais (un Armstrong) monté au centre. Plusieurs positions furent prises d'assaut avec peu ou pas de combats. C'est mon flanc droit qui rencontra la seule résistance opiniâtre d'un point fortement fortifié occupé par une compagnie d'Australiens.

Peu après, cette position fut en notre possession, et nous avions fait 32 prisonniers, avec un capitaine et un lieutenant. Lorsque le commandant Gravett eut pris les premières tranchées, nous nous trouvâmes obstinément opposés dans une position défendue par les fusiliers irlandais, qui combattaient avec une grande détermination. Nos bourgeois chargèrent directement dans les tranchées ; et un combat au corps à corps s'ensuivit. Les crosses des canons étaient utilisées librement et des morceaux de roches étaient projetés partout. Nous fîmes quelques prisonniers et primes un pompon que, à mon grand regret, sur des renforts armés de canons venant vers l'ennemi, nous dussions abandonner, avec une perte de cinq hommes. Pendant ce temps, les Krugersdorpers et la police de Johannesburg avaient réussi à occuper d'autres positions et à faire plusieurs prisonniers, tandis qu'une demi-douzaine de morts et de blessés restaient sur le terrain.

Le terrain était si exposé que mon aile gauche ne pouvait pas prendre d'assaut la force principale de l'ennemi, d'autant plus que ses avant-postes avaient remarqué notre marche avant le lever du soleil et avaient déployé une batterie de canons, et que dans ce terrain plat, une charge eût coûté trop de vies.

Nous avons tiré plusieurs obus sur le laager de l'ennemi, et si nous avions pu nous rapprocher, il aurait certainement été obligé de s'enfuir.

Lorsque la nuit est tombée, nous nous sommes retirés à notre base avec une perte de deux tués et sept blessés ; tandis que 45 prisonniers et 20 chevaux avec selles et accessoires prouvaient que nous avions infligé de graves pertes à l'ennemi. Autant que je sache, le commandant général était satisfait de mon travail. Le lendemain du combat, j'ai rencontré un attaché. Il parlait en français, langue que je ne connais pas. Mon ami gaulois essaya alors de s'entendre en anglais, et me félicita dans les termes suivants du résultat du combat : "Je vous félicite beaucoup, le Général ; nous vous pensons bon homme de guerre." C'était la première fois que je m'intéressais autant à l'opinion de quelqu'un qu'à un cuirassé ; mais je suppose que ses intentions étaient assez bonnes.

Quelques jours plus tard, Lord Roberts envoya une centaine de femmes et d'enfants sur la ligne jusqu'à la gare de Van der Merwe, malgré les protestations véhémentes de Botha. Il m'incombait de recevoir ces malheureux et de les envoyer par chemin de fer à Barberton, où ils pourraient trouver un foyer. Je n'entrerai pas dans une question encore *en instance* ; mon objectif actuel n'est pas non plus de discuter de l'équité et de l'injustice des méthodes de guerre employées contre nous. Je laisse cela aux hommes plus capables. J'ajouterai seulement que ces restes se trouvaient dans une situation pitoyable, car ils avaient été chassés de chez eux et dépouillés de presque tout ce qu'ils possédaient.

Vers la fin du mois de juillet, Carrington fit marcher ses forces vers Rustenburg, puis passa Wonderboompoort, tandis qu'une autre force partait d'Olifantsfontein en direction de la gare de Witbank. Nous étions donc menacés des deux côtés et obligés de nous replier sur Machadodorp.

CHAPITRE XVIII.

Le début du mois d'août voit mes commandos se replier sur Machadodorp. Ceux d'Erasmus et de Grobler sont restés là où ils étaient pour le moment, jusqu'à ce que ce dernier soit démis de ses fonctions pour une raison ou une autre et remplacé par l'avocat Beyers. Le général Érasme souffrit un peu plus, car il fut privé de son grade de général et réduit au rang de commandant faute d'activité.

Notre retraite à Machadodorp ressemblait beaucoup à des expériences antérieures de ce genre ; nous nous attendions continuellement à être coupés de la voie ferrée par des mouvements de flanc et nous devions empêcher cela parce que nous avions placé un de nos gros canons sur les rails dans un wagon blindé. L'ennemi prenait soin de se tenir hors de portée des fusils, et le gros canon était un élément de force que nous ne pouvions pas nous permettre de perdre. En outre, notre gouvernement se déplaçait maintenant sur la voie ferrée près de Machadodorp et nous devions à tout prix empêcher l'ennemi de prendre une marche sur nous. Tant à la gare de Witbank qu'à proximité des gares de Middelburg et de Pan, nous avons eu des escarmouches, mais pas suffisamment importantes pour être décrites en détail.

Après plusieurs tentatives infructueuses, l'artillerie boer réussit enfin à tirer avec le gros canon sans plate-forme. C'était cependant un travail fastidieux, car le "Long Tom" était extrêmement lourd et il fallait généralement vingt hommes pour le servir. La bouche était soulevée du « kastion » au moyen d'une poulie, et la première était enlevée ; alors et ce n'est qu'à ce moment-là que le tireur pouvait atteindre correctement la portée. L'appareil d'aspiration sous vide du chariot devait être bien fixé dans un sol dur pour éviter le recul.

L'ennemi envoya à plusieurs reprises une escouade à cheval pour tenter de s'emparer de cette arme, et il y eut alors de durs combats.

COMBATTEZ AVEC LE GÉNÉRAL HUTTON À OLIFANTSFONTEIN.

Un jour, pendant que nous manœuvrions avec le « Long Tom », le veld s'enflamma et le vent les entraîna dans notre direction comme un éclair. Près du canon se trouvaient des chargements d'obus et de poudre à canon, et nous avons dû mettre tout le monde au travail pour les sauver. Pendant que nous faisions cela, l'ennemi nous a tiré deux pompons à environ 3 000 mètres, à notre grand inconvénient.

Comme mon commando constituait une sorte de centre pour le reste, le commandant général Botha se trouvait, en règle générale, dans notre voisinage immédiat, ce qui rendait ma tâche beaucoup plus facile, notre généralissime prenant lui-même le commandement à plusieurs reprises, si nécessaire, et aidant de toutes les manières possibles.

L'ennemi nous poursuivit jusqu'à la station Wonderfontein (la première station au sud-ouest de Belfast), à environ 15 milles de Dalmanutha ou Bergendal, et y attendit l'arrivée de l'armée de Buller depuis la frontière du Natal.

Nous occupions le « randten » entre Belfast et Machadodorp et attendions les événements. Pendant que nous nous y reposions, Lord Roberts nous envoya 250 familles de Pretoria et de Johannesburg dans des camions découverts, malgré le froid glacial et les rafales continuelles de vent et de neige. On peut imaginer l'état déplorable dans lequel nous trouvons ces femmes et ces enfants.

Mais, malgré toute cette misère, nous les trouvions encore pleins d'enthousiasme, surtout lorsque les camions dans lesquels ils devaient être acheminés sur la ligne étaient couverts de drapeaux du Transvaal et de l'État libre. Ils ont chanté notre hymne national comme s'ils n'en avaient aucun souci.

De nombreux bourgeois trouvèrent leurs familles parmi ces exilés et des scènes déchirantes furent témoins. Heureusement, le chemin de fer vers Barberton était toujours en notre possession et, à Belfast, les familles furent prises en charge par les autorités britanniques pour être envoyées directement à Barberton. Alors que cela se faisait sous ma direction près de Belfast, la désagréable nouvelle arriva que notre camp avait été entièrement détruit par un feu d'herbe.

Le commandant général et moi-même avions installé notre camp près de la gare de Dalmanutha. Il se composait de douze tentes et de six charrettes. C'était le quartier général de Botha, ainsi que celui de son équipe et du mien. Lorsque nous sommes arrivés sur place cette nuit-là, nous avons trouvé que tout était brûlé, à l'exception des pneus en fer des roues du chariot, de sorte que les vêtements que nous portions étaient tout ce qu'il nous restait. Toutes mes notes avaient péri, ainsi que d'autres documents de valeur. J'étais ainsi privé du peu de choses indispensables qui me restaient, car à Elandslaagte mon « kit » était également tombé entre les mains des Britanniques. L'herbe avait été incendiée par un cafre au vent du camp. Le vent avait tout transformé en une mer de feu en moins d'un rien de temps, et les tentatives pour éteindre les flammes n'avaient servi à rien. Un homme nous a donné une charrette, un autre une tente ; et le port de la baie de Delagoa étant toujours ouvert (bien que les Portugais soient devenus loin d'être amicaux à notre égard après les récentes victoires britanniques), nous avons réussi à obtenir les choses les plus urgentes que nous voulions. En quelques jours, nous avions établi une sorte de petit camp près du quartier général.

Nous avions beaucoup de choses à faire à cette époque : construire des forteresses et creuser des tranchées pour les canons. Bien entendu, cela aurait dû être fait lorsque nous étions encore à Donkerhoek par des officiers que le commandant général avait envoyés à cet effet à Machadodorp. Nous avions construit des forts pour nos « Long Toms », qui étaient si bien cachés derrière un rand que l'ennemi ne les avait pas découverts, bien qu'un tunnel eût été nécessaire pour nous permettre de les utiliser pour bombarder l'ennemi. Nous fûmes donc obligés de nous remettre au travail et les anciennes tranchées furent abandonnées. Les trous pourraient d'ailleurs surprendre notre postérité, car ils témoignent des splendides capacités architecturales de leurs ancêtres.

CHAPITRE XIX.

BATAILLE DE BERGENDAL (MACHADODORP).

Passons au 21 août 1900. L'armée de Buller avait alors effectué sa jonction avec celle de Lord Roberts entre Wonderfontein et la rivière Komati. Les commandos des généraux Piet Viljoen et Joachim Fourie nous rejoignirent et prirent position sur notre gauche, de Rooikraal au pont Komati. L'effectif ennemi est estimé à 60 000 hommes, avec environ 130 canons, dont douze canons navals 4,7, en plus des Maxim nécessaires.

Nous avions environ 4 000 hommes au maximum avec six Maxim et environ treize canons de différentes tailles. Notre extrême gauche fut d'abord attaquée par l'ennemi alors qu'il prenait possession de Belfast et de Monument Hill, un peu à l'est, menaçant ainsi l'ensemble de nos lignes de combat. Mes commandos étaient stationnés à droite et à gauche de la voie ferrée et en partie autour de Monument Hill. Tout au long de la journée, des combats avaient eu lieu entre mes bourgeois et les avant-postes ennemis. Le combat sur notre aile gauche dura jusqu'à la fin de l'après-midi, lorsque l'ennemi fut repoussé avec de lourdes pertes ; tandis qu'une compagnie d'infanterie qui avait poussé trop loin pendant le combat, à cause d'un malentendu ou de quelque chose de ce genre, fut coupée et capturée par les bourgeois de Béthel.

L'attaque reprit le lendemain matin, plusieurs positions étant successivement attaquées, tandis que des tirs ininterrompus se poursuivaient. Le général Duller commandait le flanc droit de l'ennemi et le général French celui de gauche. Nous avons pu résister à toutes les attaques et la bataille a duré six jours sans résultat décisif. L'ennemi avait tenté de percer presque tous les points faibles de notre ligne de combat et avait découvert que la clé de toutes nos positions se trouvait dans un « randje » bien visible à droite de la voie ferrée. Ce point était défendu par notre courageuse police de Johannesburg, tandis qu'à droite se trouvaient les Krugersdorpers et les Johannesburgois et à gauche les bourgeois de Germiston. Nous avons donc eu un autre combat de "Spion Kop" pendant six longs jours. Les Boers tinrent bon sur leur position et de nombreuses charges furent repoussées par les bourgeois avec une grande bravoure. Mais les Anglais ne devaient pas se laisser décourager par la perte de nombreux vaillants soldats et par l'incapacité de déloger les Boers des « klip-kopjes ». Ils étaient admirablement résolus ; mais ils furent ensuite soutenus par une force supérieure de soldats et d'artillerie.

Le 27 août au matin, l'ennemi était manifestement résolu à concentrer son gros effort sur ce « randje ». Des canons navals le bombardaient dans différentes directions, tandis que des batteries de pièces de campagne pilonnaient sans cesse. Le « randje » était enveloppé d'un nuage de fumée et de poussière. L'infanterie britannique chargea sous le couvert des canons, mais la police et les bourgeois opposèrent une résistance courageuse. Le grondement du canon continuait sans interruption, et l'assaut se répétait régiment après régiment. Notre vaillant lieutenant Pohlman a été tué dans cette action, et le commandant Philip Oosthuizen a été blessé alors qu'il combattait vaillamment contre toute attente à la tête de ses bourgeois. Une heure avant le coucher du soleil, la position tomba aux mains de l'ennemi. Nos pertes furent lourdes : deux officiers, 18 hommes tués ou blessés et 20 disparus.

Ainsi se termina l'un des combats les plus féroces de la guerre. A l'exception de la bataille de Vaalkrantz (sur la Tugela), nos commandos avaient été exposés aux bombardements les plus violents et les plus persistants qu'ils aient jamais connu. C'est en dirigeant un feu de fusil ininterrompu de toutes parts sur le « randje » perdu que nous avons maintenu l'ennemi occupé et l'avons empêché de pousser plus loin dans la soirée.

Enfin, l'ordre final fut donné à tous de se retirer via Machadodorp.

CHAPITRE XX.

DEUX MILLE PRISONNIERS BRITANNIQUES LIBÉRÉS.

Après la bataille de Bergendal, il y eut une nouvelle retraite. Notre gouvernement, qui avait fui Machadodorp vers la station Waterval, était maintenant arrivé à Nelspruit, trois stations plus loin, toujours « accompagné », dirai-je, par un groupe de fonctionnaires boers et de membres du Volksraad, qui préféraient l'abri de Le fugitif de M. Kruger évite tout combat actif. Il y avait aussi autour de ce groupe une demi-douzaine de personnes hébraïques de caractère extrêmement douteux, dont l'une avait obtenu un contrat pour la contrebande de vêtements depuis la baie de Delagoa ; et un autre pour fournir du café et du sucre aux commandos. En règle générale, tel ou tel fonctionnaire touchait une jolie petite commission sur ces transactions, et de nombreux bourgeois et officiers exprimaient leur mécontentement et leur dégoût à ce sujet ; mais il en fut ainsi, et cela resta ainsi. Cette même nuit, nous avons marché de Machadodorp à Helvetia, où nous nous sommes arrêtés pendant qu'un commando était désigné pour garder la voie ferrée à Waterval Boven.

Le lendemain matin, un gros nuage de poussière s'est levé. « *De Engelse kom* » (les Anglais arrivent) était le cri. Et ils l'ont fait, en nombre écrasant. Nous tirâmes au canon sur leur avant-garde, qui avait déjà dépassé Machadodorp : mais le gros des forces britanniques y resta toute la journée, et une petite escarmouche d'avant-poste sans conséquence eut lieu.

Une partie des forces britanniques semblait se rendre de Belfast via Dullstroom à Lydenburg, ces opérations ne rencontrant qu'une faible résistance. Nos commandos furent alors répartis par le commandant général, qui suivit un chemin traversant le pont de la rivière Crocodile avec sa propre section, qui fut poursuivie par une forte force de Buller.

On m'ordonna de descendre la montagne à la tête d'un certain nombre de bourgeois de l'Helvétie pour tenter d'atteindre la voie ferrée que je devais défendre à tout prix. Le général Smuts, avec le reste de nos hommes, se dirigea plus au sud vers la route menant à Barberton. Tôt le lendemain matin, nous fûmes attaqués et obligés de nouveau de nous replier. Cette nuit-là, nous sommes restés à Nooitgedacht.

La position des Boers à Nooitgedacht et à proximité était unique. Il y avait là un grand camp dans lequel étaient enfermés 2 000 prisonniers de guerre anglais, mais dans la confusion la majorité de leurs gardes boers s'étaient enfuis à Nelspruit. Je n'ai trouvé que 15 bourgeois armés de fusils Martini-Henry pour s'occuper de 2 000 prisonniers. Sauf que "Tommy" était un individu si impuissant quand il n'avait personne pour lui donner des ordres et penser à sa place, ces 2 000 hommes auraient pu devenir une grande source de danger pour nous s'ils avaient eu l'intelligence de désarmer leurs quinze gardiens (et quoi étaient-ils là pour les en empêcher ?) et détruire la voie ferrée, ils auraient pu non seulement priver mon commando de provisions et de munitions, mais encore capturer un « Long Tom ». Il y avait, en outre, une grande quantité de vivres, de fusils et de munitions éparpillés dans la station , dont personne ne semblait prêter attention. De la foule des fonctionnaires qui restèrent si fidèlement au gouvernement fugitif, aucun ne prit la peine de s'occuper de ces provisions et de ces munitions.

À mon arrivée, j'ai télégraphié au gouvernement pour demander ce qu'il fallait faire des prisonniers de guerre britanniques. La réponse fut : « Vous feriez mieux de les laisser là où ils sont jusqu'à ce que l'ennemi vous oblige à évacuer, et vous leur laisserez alors beaucoup de nourriture. »

Cela signifiait qu'il y aurait davantage de DSO ou de VC distribués, car les premiers "Tommies" arrivant au camp de prisonniers seraient salués comme des libérateurs, et la moitié d'entre eux seraient certains d'obtenir des distinctions.

J'étais également extrêmement mécontent de la manière dont les prisonniers avaient été hébergés, tout comme n'importe quel officier de notre ligne de combat l'aurait été s'il avait vu leur état et leur logement. Mais ceux qui n'ont jamais combattu et qui n'ont accompli que le devoir « héroïque » de *garder* les prisonniers de guerre ne savaient pas ce que l'humanité signifiait pour un ennemi tombé entre leurs mains.

Alors, que devais-je faire ?

Désobéir aux ordres du gouvernement était impossible. Je résolus donc d'informer les prisonniers que, « pour des raisons militaires », il serait impossible de les maintenir en détention plus longtemps.

Le lendemain matin, je les ai rassemblés hors du camp et on leur a dit qu'ils n'étaient plus prisonniers de guerre, ce qui les a beaucoup étonnés. J'ai été obligé d'aller parler formellement à quelques-uns d'entre eux ; ils pouvaient à peine croire qu'ils étaient des hommes libres et qu'ils pouvaient retourner auprès de leur propre peuple. C'était vraiment agréable de les entendre applaudir et de voir à quel point ils étaient contents. Une grande foule d'entre eux m'a poussé à leur serrer la main, en criant : « Merci, monsieur ; que Dieu vous bénisse, monsieur. Un de leurs officiers supérieurs reçut l'ordre de s'en charger, tandis qu'un message drapeau blanc fut envoyé au général Pole-Carew pour qu'il fasse venir ces braves gens rendus à la liberté et qu'il envoie une ambulance pour les malades et les blessés. Mon messager ne réussit cependant pas à remettre la lettre, car les éclaireurs de l'avant-garde britannique étaient extrêmement ivres et lui tirèrent dessus ; de sorte que les prisonniers de guerre devaient sortir et se présenter. Je crois qu'ils ont été obligés de maîtriser leurs propres éclaireurs.

Dix jours après, un médecin anglais et un lieutenant du 17e Lanciers vinrent nous voir, amenant une mule chargée d'appareils médicaux et de vivres. Le médecin anglais, le docteur Ailward, réussit d'ailleurs à pénétrer dans nos lignes sans ma permission expresse.

Le lendemain matin, j'ai accompagné un train d'ambulances pour transporter les Britanniques blessés vers la charge de l'agent britannique à Delagoa Bay. À l'extérieur de Nooitgedacht, j'ai trouvé quatre médecins militaires avec une ambulance de campagne.

"Est-ce que cet officier appartient à la Croix-Rouge ?" J'ai demandé.

"Non", fut la réponse, "il n'est parmi nous que de manière tout à fait officieuse, en tant qu'ami sympathique."

« Je regrette, dis-je, de ne pouvoir permettre cette chose ; vous avez franchi nos lignes sans ma permission ; cet officier est sans doute un espion.

J'ai immédiatement télégraphié pour obtenir des instructions qui, une fois reçues, disaient : « Qu'en guise de protestation contre l'action des officiers anglais qui ont arrêté trois de nos ambulances, et puisque cet officier a traversé nos lignes sans autorisation, vous devez arrêter l'ambulance. et envoyer les médecins et leur personnel, ainsi que les blessés à Lourenco Marques.

Les médecins étaient très en colère et ont protesté avec véhémence contre cet ordre, qui était pourtant irrévocable. C'est ainsi que tout le groupe, y compris le médecin des Lancers, fut envoyé le jour même à Lourenço Marques. Le général anglais le plus proche fut informé de tout l'incident, et il envoya le lendemain un message très désagréable, dont je me souviens des phrases suivantes :

"L'action que vous avez entreprise dans cette affaire est contraire aux règles de la guerre civilisée et modifiera entièrement les conditions dans lesquelles la guerre a été menée jusqu'à présent", etc.

Après avoir envoyé ma première note, nous avons trouvé, après inspection, des cartouches Lee-Metford et une bombe non explosée dans les fourgons de l'ambulance. Ce seul fait aurait justifié le maintien de l'ambulance.

Cela a été de nouveau laissé entendre dans notre réponse au général Pole-Carew, et j'ai écrit, *entre autres* : « *Concernant* la menace contenue dans votre lettre du... Je puis dire que je suis désolé de trouver une telle remarque venant de votre côté, et Je peux vous assurer que quoi qu'il arrive, mon gouvernement, mes commandants et mes bourgeois sont fermement résolus à poursuivre la guerre à nos côtés de la même manière civilisée et humaine qu'elle a été menée jusqu'à présent.

Ce fut la fin de notre correspondance à ce sujet, et il ne se passa plus rien, si ce n'est que les Anglais récupérèrent peu de temps après cinq des huit ambulances que nous avions conservées.

CHAPITRE XXI.

UN GOUVERNEMENT EN VOL.

Vers cette époque, le président Steyn arrivait de l'État libre d'Orange et avait rejoint le président Kruger, et le plan de campagne pour l'avenir était élaboré. Il fut également décidé que M. Schalk Burger assumerait la présidence par intérim, car l'âge avancé et la mauvaise santé de M. Kruger ne lui permettaient pas de risquer les difficultés inhérentes à une vie de guerre sur le Veld.

Il fut décidé que M. Kruger se rendrait en Europe et que MM. Steyn et Burger se déplaceraient avec leurs commandos respectifs. C'étaient des hommes plus jeunes et le chemin de fer allait bientôt devoir être abandonné.

Nous avons passé les premières semaines de septembre à Godwan River et à la gare de Nooitgedacht, près de la voie ferrée de Delagoa Bay, et avons passé un moment assez calme. Pendant ce temps, le général Buller avait poussé ses forces via Lydenburg en direction du Spitskop et de la Sabi, sur lesquelles le général Botha avait été contraint de se concentrer après s'être replié en combattant avec acharnement, tandis que le général French menaçait Barberton.

Je m'attendais à ce que Pole-Carew me force à quitter la voie ferrée le long de laquelle nous tenions des positions assez fortes, et j'avais l'intention d'opposer une vigoureuse résistance. Mais le général anglais me laissa sévèrement seul, traversa Dwaalheuvel par une voie ferrée abandonnée et traversa le plateau des montagnes, probablement pour essayer de nous couper la route par le col près de Duivelskantoor. J'ai essayé de toutes mes forces, avec l'aide de 150 bourgeois, de contrecarrer ses plans et nous avons eu quelques combats. Mais la localité était contre nous, et l'ennemi, avec sa grande force d'infanterie et avec l'aide de ses canons, nous força à nous retirer.

Vers le 11 septembre, je reçus l'ordre de me replier le long de la voie ferrée, via Duivelskantoor et la gare de Nelspruit, puisque le général Buller menaçait Nelspruit du côté de Spitskop, tandis que le général French, avec une grande force, s'approchait de Barberton. Il paraissait extrêmement probable que nous serions encerclés très prochainement. Nous avons traversé la rivière Godwan et la montagne colossale près de Duivelskantoor, détruisant les ponts ferroviaires derrière nous. La route que nous avons suivie était inondée par les fortes pluies et presque impraticable. Les chariots étaient continuellement renversés, les pannes étaient fréquentes et nos canons s'enfonçaient souvent dans le sol marécageux. Pour aggraver les choses, un bourgeois à cheval arriva vers minuit pour nous dire que la colonne de Buller avait pris la gare de Nelspruit et nous avait coupé les moyens de retraite.

Pourtant, nous devions passer par Nelspruit ; il n'y avait aucune aide pour cela. J'ai donné des instructions aux chariots et aux charrettes (au nombre de plus d'une centaine) de continuer le plus rapidement possible, et j'ai envoyé une forte avant-garde à cheval pour les escorter.

Je partais moi-même en reconnaissance avec quelques bourgeois, car je voulais savoir avant le jour si Nelspruit était réellement aux mains de l' ennemi ou non. Dans ce cas, nos charrettes et nos fusils devraient être détruits ou cachés, tandis que le commando devrait s'enfuir par les sentiers. Nous nous approchâmes en rampant jusqu'à la gare, et juste à l'aube, alors que nous n'en étions qu'à cent pas, un grand incendie éclata, accompagné de temps à autre de forts bruits. Cela m'a quelque peu rassuré. J'ai vite découvert que nos propres gens étaient en possession d'objets en train de brûler, et les détonations n'étaient évidemment pas causées par l'éclatement d'obus tirés depuis des pièces de campagne. Après avoir envoyé deux de mes adjudants, Rokzak et Koos Nel, au poste pour obtenir de plus amples détails, ils revinrent bientôt pour signaler qu'il n'y avait personne à l'exception d'un vieux Hollandais nerveux. Le bourgeois, qui m'avait dit que Nelspruit était aux mains de l'ennemi, avait dû le rêver.

L'incendie que j'ai constaté était provoqué par une quantité de "kastions" et de wagons de munitions qui avaient été incendiés la veille, tandis que les explosions provenaient des obus laissés dans leur contenu.

L'avant-garde ennemie avait poussé vers Shamoham et Sapthorpe, à environ 12 milles de la voie ferrée, permettant le passage à l'ensemble de mon commando. Nous sommes arrivés à Nelspruit vers huit heures. Ce jour-là, nous nous sommes reposés et avons discuté des opérations futures, sentant que nos perspectives semblaient empirer chaque jour.

La gare offrait un triste spectacle. De nombreux camions chargés de vivres, des moteurs, des affûts éclatés, tout avait été abandonné à la merci du premier venu, tandis qu'un grand nombre de cafres pillaient et volaient. La veille seulement, le gouvernement y avait son siège, et comme le spectacle était maintenant désolé et pénible ! Les traces d'un gouvernement fugitif étaient indubitables. Quel qu'ait pu être notre optimisme auparavant, si peu enclins à la capitulation que les bourgeois aient pu ressentir, quelle que soit la fermeté des officiers et leur détermination à maintenir en vol le bien-aimé "Vierkleur", des scènes comme celles de Nooitgedacht et de nouveau de Nelspruit, étaient suffisants pour faire perdre tout courage même aux plus forts et aux plus énergiques. Beaucoup d'hommes n'ont pu retenir leurs larmes devant ce spectacle désastreux, pensant à l'avenir de notre pays et à ceux qui lui ont été fidèles jusqu'au bout.

Les Cafres, comme je l'ai dit, avaient fait de tristes ravages dans les provisions, les vêtements et les munitions, et j'ai ordonné de les chasser. Parmi les nombreux wagons, j'en trouvai quelques-uns chargés de vêtements que les bourgeois combattants réclamaient en vain et sans cesse, ainsi que des canons et des caisses de munitions pour fusils. Nous rencontrâmes aussi une grande quantité de choses appartenant à notre fameuse commission médicale, des friandises, des boissons, etc. Les soupçons qui existaient depuis longtemps contre cette commission étaient donc justifiés. Il y avait même une voiture qui avait été utilisée par certains de ses membres, joliment décorée, avec tout le confort et le luxe possible, un compartiment étant rempli de bouteilles de champagne et de vins précieux. Mes officiers, qui n'étaient pas des saints, veillaient à ce que nos hommes en soient bien pourvus. Le reste des bonnes choses fut transféré sur une voie d'évitement, où étaient conservées une vingtaine de moteurs. Par chance, le cheptel du commissariat du gouvernement, composé de quelques milliers de moutons et même de quelques chevaux, avait également été laissé sur place. Mais nous n'avons pas été applaudis.

Parmi les nombreuses questions posées concernant ce triste état de choses, il y en avait une posée par un vieux burger :

"C'est notre nouveau plan, je veux que les zooals zaken hier lyk, et qu'ils aient le boel in wanhoop gevlug." ("Est-ce alors le plan ? Car d'après ce que j'en vois, ils ont tous fui, désespérés.")

J'ai répondu : "Peut-être qu'ils ont été effrayés, Oom."

"Oui," dit-il, "mais écoutez, Général, il me semble que nos membres du gouvernement n'ont pas l'intention de continuer la guerre. Vous pouvez le constater au fait qu'ils ont maintenant tout laissé derrière eux pour la deuxième fois. "

"Non, vieux Oom," répondis-je, "nous ne devrions pas y prêter attention. Notre peuple lutte parmi les vagues d'un océan orageux; le vent est fort, et le petit bateau semble sur le point de chavirer, mais, il n'a pas encore coulé. De temps en temps, le bateau se heurte aux rochers et les éclats volent, mais les fidèles marins ne se découragent jamais, le canot coulerait bientôt et l'équipage disparaîtrait. Ce serait la dernière page de leur histoire, et leurs enfants seraient des étrangers dans leur propre pays. Tu comprends, Oom ?

"Oui, Général, mais je n'oublierai pas de m'installer, car moi-même et d'autres avec moi en avons assez, et la guerre nous a ouvert les yeux."

"Très bien, vieil homme." J'ai répondu : "Personne ne peut vous empêcher de vous rendre, mais j'ai maintenant beaucoup de travail à faire ; alors continuez."

MON ENTRETIEN AVEC ERASMUS (NON-COMBATTANT).

Des bourgeois de différents commandos qui s'étaient égarés, certains volontairement, nous dépassèrent ici par groupes de deux, dix ou plus. Certains d'entre eux se rendaient dans leurs quartiers, à travers les lignes anglaises, d'autres cherchaient leur bétail qu'ils avaient laissé errer pour échapper à l'ennemi. Je pouvais seulement leur dire que le veld entre Nelspruit et Barberton jusqu'à Avoca était, autant que j'avais pu le découvrir, plein de bétail et de chariots appartenant à des fermiers qui n'avaient plus aucune chance de s'échapper. Tout le monde voulait des informations du général.

Une demi-douzaine de bourgeois avec des chevaux de bride arrivèrent alors. Il y avait parmi eux un vieux bourgeois avec une longue barbe, un grand chapeau de veldt et armé d'un Mauser qui semblait à peine avoir été utilisé. Il portait deux ceinturons avec un bon stock de cartouches, un revolver et un *tamaai* (long sjambok). Ce vétéran s'est avancé dans un style grand martial jusqu'à l'endroit où j'étais assis en train de manger quelque chose. À son approche, il avait l'air assez courageux pour mettre en déroute toute l' armée britannique.

« Dag ! » (Bonjour.) « Êtes-vous le général ? demanda le vieil homme.

"Oui, j'ai l'honneur de m'appeler ainsi. Êtes-vous un feld-maréchal, un Texas Jack, ou quoi ?"

"Je m'appelle Erasmus, du district de Pretoria", répondit-il, "et mes neuf camarades et moi-même, avec ma famille et mon bétail, sommes allés dans la brousse. Je les ai tous vus s'enfuir, le gouvernement et tout le reste. Vous êtes proches. à la frontière portugaise, et mes amis et moi voulons savoir quels sont vos projets."

"Eh bien," répliquai-je, M. Erasmus, "ce que vous dites est presque vrai ; mais comme vous dites que vous et vos camarades vous êtes cachés dans la brousse avec votre bétail et vos femmes, j'aimerais savoir si vous avez déjà essayé vous opposer encore à l'ennemi, et aussi quel est votre droit de parler ainsi.

"Eh bien, j'ai dû fuir avec mon bétail, car vous devez vivre de cela aussi bien que moi."

"Bien", dis-je; "Que veux-tu, car je n'ai plus envie de parler."

"Je veux savoir," répondit-il, "si vous avez l'intention de vous retirer et s'il y a une chance de faire la paix. Sinon, nous irons tout de suite à Buller, et "lève la main", alors nous sauverons tout. notre propriété."

« Eh bien, mon ami, remarquai-je, notre gouvernement et le commandant général sont ceux qui doivent conclure la paix, et ce n'est pas à vous ou à moi, lorsque notre famille et notre bétail sont en danger, de nous rendre à l'ennemi. , ce qui signifie devenir un traître envers votre propre peuple. »

"Eh bien, oui ; au revoir, Général, nous partons maintenant."

J'ai envoyé un message à nos avant-postes pour surveiller ces camarades et voir s'ils allaient réellement passer du côté de l'ennemi. Et, justement, la même nuit, mes Boers sont venus camper avec les Mauser et les chevaux qu'Erasmus et son groupe avaient abandonnés. Ils étaient allés chez Buller.

Ce qui précède n'est qu'un exemple illustrant ce qui m'est souvent venu à l'esprit au cours de la dernière période de mon commandement. Il s'est avéré que ce type de bourgeois appartenait invariablement à une classe qui n'avait jamais eu l'intention de se battre. Dans de nombreux cas, nous pourrions faire mieux sans eux, car c'étaient toujours ces gens qui voulaient savoir exactement ce qui était « prévu », et chaque fois que les choses tournaient de manière désagréable, ils ne faisaient qu'induire les autres en erreur et les décourager. Évidemment, nous étions mieux sans eux.

CHAPITRE XXII.

Une dispersion ignominieuse.

Le commandant général Botha, alors invalide à la station Hector's Spruit, nous fit maintenant savoir que nous devions l'y rejoindre sans délai. Il a dit que je pouvais envoyer une partie du commando par train, mais les arrangements ferroviaires étaient maintenant tous perturbés et tout était dans le désordre. Comme on ne pouvait compter sur aucun moyen de transport, la plupart des hommes et la plupart des bêtes de trait durent « marcher ».

A Crocodile Gat Station, la situation n'était pas meilleure qu'à Nelspruit, et on pourrait en dire autant de Kaapmuiden. Beaucoup de conducteurs de locomotives, et même beaucoup de bourgeois, qui aidaient à détruire les barils d'alcool dans les gares, étaient si excités (comme ils le disaient) à cause des vapeurs de la boisson, que les choses les plus étranges se produisaient. Les trains lourdement chargés circulaient à une vitesse de 40 milles à l'heure. Une terrible collision s'était produite entre deux trains circulant dans des directions différentes, tuant plusieurs bourgeois et animaux. Des jeunes tiraient depuis les trains sur tout gibier qu'ils voyaient ou croyaient voir le long de la ligne, et de nombreux incidents en résultaient. Ces choses ne tendaient pas à améliorer les choses.

Ce n'était pas tant que les officiers avaient perdu le contrôle de leurs hommes. Il semblait que l'Esprit maléfique s'était déchaîné et faisait de son mieux pour encourager les gens à des jouissances déchaînées.

Hector's Spruit est l'avant-dernière station avant d'arriver à la frontière portugaise, et à environ dix-sept milles de Ressano Garcia. Ici, tous les commandos s'arrêtèrent, avec l'intention bien sûr de pousser vers le nord, puis de traverser les montagnes près de Lydenburg en direction de l'ouest. Le jour où j'arrivai à Hector's Spruit, le président Steyn, accompagné d'une escorte de 100 hommes, repartit par le même chemin. Pendant ce temps, le général Buller campait aux mines de Glyn, près de Spitskop et de la rivière Sabi, ce qui lui permettait de commander sans le moindre problème le col près de Mac Mac et du Belvédère, et de bloquer les routes par lesquelles nous comptions avancer. Bien que le défunt commandant (plus tard général de combat) Gravett ait occupé l'un des cols avec un petit commando, il était lui-même constamment en danger d'être coupé de Lydenburg par un mouvement de flanc. Le 16 septembre 1900 se produisit un incident difficile à décrire de manière adéquate. Hector Spruit est l'une des nombreuses gares peu attrayantes le long du chemin de fer de Delegoa Bay, située entre la grande rivière Crocodile et les mornes "kopjes" ou "randjes" noirs avec des branches des montagnes du Cap entre elles et les "Bas Veldts", mieux connus sous le nom de "Boschveldt". ". Il s'agit d'une localité presque remplie de buissons de houx noirs, où vous ne pouvez voir que le ciel au-dessus de vous et l'endroit sur lequel vous vous trouvez. En septembre, le "boschveldt" est généralement sec et flétri et la chaleur torride rend les environs plus lugubres et inhospitaliers que jamais.

La gare était remplie de wagons chargés de toutes sortes de marchandises et d'innombrables wagons de voyageurs, et le quai et les places adjacentes étaient remplis de gens agités. Certains faisaient leurs bagages, d'autres les déballaient, et certains, encore une fois, pillaient. Cependant, la majorité errait sans but. Ils ne savaient pas ce qui se passait ; ce qui devrait être fait ou serait fait ; et les seules exceptions étaient les officiers, qui étaient occupés à fournir à eux-mêmes et à leurs bourgeois des provisions et des munitions.

Je dus maintenant accomplir l'une des tâches les plus désagréables que j'aie jamais connues : celle de rassembler les bourgeois et de leur dire que ceux qui n'avaient pas de chevaux devaient se rendre en train à Komati Poort, là-bas pour rejoindre le général Jan Coetser. Ceux qui avaient des chevaux devaient se présenter à moi le lendemain matin et s'enfuir avec moi à travers les champs bas.

Certains bourgeois s'écriaient : « Nous sommes maintenant renversés, laissés en plan, parce que nous n'avons pas de chevaux ; ce n'est pas juste.

D'autres disaient qu'ils seraient satisfaits si je les accompagnais, car ils ne connaissaient pas le général Coetser.

Le commandant général Botha n'a pas vu comment me laisser aller à Komati Poort, car il ne pouvait pas m'épargner, moi et les autres commandos. Ceux des hommes qui ont dû parcourir la distance à pied se sont plaints très amèrement et leurs plaintes étaient fondées. J'ai fait de mon mieux pour les persuader et les apaiser tous, et certains d'entre eux pleuraient comme des bébés lorsque nous nous sommes séparés.

Komati Poort était, bien sûr, la dernière station, et si l'ennemi devait les repousser plus loin, ils devraient traverser la frontière portugaise et se rendre aux Portugais ; ou bien ils pourraient tenter de s'échapper par le Swaziland (comme plusieurs centaines l'ont fait par la suite) ou le long des montagnes de Lebombo, via Leydsdorp. Mais s'ils avaient choisi cette dernière voie, ils auraient tout aussi bien pu rester avec moi en premier lieu. C'est par cette route que le général Coetser s'enfuit ensuite avec un petit corps de bourgeois, lorsque l'ennemi, comme prévu, marcha sur Komati Poort et ne rencontra aucune résistance, bien qu'il y ait là plus de 1800 de nos hommes armés de fusils.

Un certain Pienaar, qui s'arrogeait le grade de général sur le territoire portugais, s'enfuit avec 800 hommes par la frontière. Ceux-ci furent cependant désarmés et envoyés à Lisbonne.

La fin de la lutte fut ignominieuse, comme l'avaient craint de nombreux bourgeois ; et encore aujourd'hui je plains les hommes qui, à Hector's Spruit, ont dû se rendre à Komati Poort bien contre leur gré.

Heureusement, ils eurent le temps et la présence d'esprit de faire exploser le « Long Tom » et d'autres canons avant de partir ; mais une quantité énorme de provisions et de munitions ont dû tomber entre les mains de l'ennemi.

À Hector's Spruit, une demi-douzaine de canons de différents calibres avaient explosé, et beaucoup de choses enterrées qui pourraient être retrouvées un jour par notre progéniture. Nos chariots étaient tous chargés, et nous étions prêts à marcher le lendemain matin dans le désert et à prendre congé de nos provisions. Comment allons-nous procéder maintenant ? Où trouverions-nous notre nourriture, coupés du chemin de fer et, par conséquent, de toutes importations et approvisionnements ? Ces questions et bien d'autres nous ont traversé l'esprit, mais personne n'a pu y répondre.

Nos convois étaient prêts à attendre et le lendemain matin, nous nous sommes dirigés vers le désert de l'arrière-pays, faisant nos adieux aux commissariats et aux magasins.

La perspective était déjà assez mélancolique. En quittant Hector's Spruit, nous nous isolions du monde extérieur, ce qui signifiait que l'Europe et la civilisation en général ne pouvaient être informées de nos actes que par les canaux anglais.

Une fois de plus, nos espoirs étaient centrés sur notre Dieu et nos Mausers.

Le Dr Conan Doyle dit à propos de cette étape de la guerre :

"Les plus incrédules ont dû reconnaître, en regardant le tas de canons éclatés et brisés (à Hector's Spruit), que la longue guerre touchait enfin à sa fin."

Et me voici en train d'écrire ces pages dix-sept mois plus tard, et la guerre n'est pas encore terminée. Mais le Dr Doyle n'est pas un prophète et on ne peut lui reprocher une erreur de calcul de ce genre, car si on m'avait demandé, ainsi qu'à beaucoup d'autres avec moi, à l'époque ce que nous pensions de l'avenir, nous aurions pu être aussi loin du marque comme étant le Dr Doyle lui-même.

CHAPITRE XXIII.

UN TREK TREK À TRAVERS FEVERLAND.

Le 18 septembre 1900, nous nous trouvâmes en train de marcher le long d'une ancienne route désaffectée en direction du nord. Nous formâmes une curieuse procession, un cortège interminable de charrettes, de chariots, de canons, d'hommes à cheval, de « voetgangers » longs de près de trois milles. Les Boers à pied comprenaient 150 bourgeois sans chevaux, qui refusaient de se rendre aux Portugais et qui avaient désormais rejoint la randonnée à pied. Sur les 1 500 Boers à cheval, 500 possédaient des chevaux qui étaient dans un état si préoccupant qu'ils ne pouvaient pas être montés. Le bétail de trait était pour la plupart pauvre et faible, et les chariots transportant des provisions et des munitions, ainsi que ceux transportant les canons, ne pouvaient être poussés qu'avec de grandes difficultés. Au cours des derniers mois, notre bétail et nos chevaux avaient travaillé dur presque tous les jours et devaient être gardés à proximité de nos positions.

Pendant la saison, le veld du Transvaal est dans les pires conditions, et les animaux sont alors plus pauvres qu'à toute autre période. Nous avons d'ailleurs eu la plus mauvaise chance, étant restés dans les régions les plus froides du pays de juin à septembre, et les pluies étaient tombées plus tard que d'habitude. Il n'y avait donc presque pas de nourriture pour les pauvres créatures, et presque pas d'herbe. Le bushveldt à travers lequel nous marchions actuellement était brûlé par une chaleur intolérable, aggravée par la sécheresse, et la température diurne était si insupportable que nous ne pouvions marcher que la nuit.

L'eau était très rare, et la plupart des puits qui, d'après d'anciens chasseurs parmi nous, fournissaient des réserves splendides, se trouvèrent taris. Le veld y étant incendié, on n'y voyait pas un brin d'herbe, et nous avions beaucoup de peine à maintenir nos animaux en vie. De temps en temps, nous rencontrions des tribus cafres ambulantes auprès desquelles nous obtenions des poignées de sel ou de sucre, ou un seau de farine, et nous parvenions ainsi à sauver notre bétail et nos chevaux.

Une fois la rivière Crocodile traversée, la randonnée s'organise selon une sorte de formation militaire nous permettant de nous défendre en cas d'attaque. Les Britanniques étaient déjà en possession du chemin de fer jusqu'à Kaapmuiden et nous devions nous préparer à leur poursuite ; et en réalité, la poursuite par les Britanniques semblait réalisable et probable depuis le long de la rivière Ohrigstad vers le Nek d'Olifant et de là le long de la rivière d'Olifant.

Notre plan initial était de traverser le Sabi, le long de la rivière Meritsjani, par les montagnes près de Mac Mac, par Erasmus ou Gowyn's Pass et par Pilgrim's Rest, où nous aurions pu rapidement atteindre un veld plus sain et de meilleures conditions climatiques. Le président Steyn y était passé trois jours auparavant, mais lorsque notre avant-garde atteignit le pied des hautes montagnes, près de Mac Mac, feu le général Gravett fit savoir que le général Buller avec ses forces marchait depuis Spitskop le long du plateau montagneux et qu'il il nous sera difficile de le devancer et d'entrer dans les montagnes. La route, qui a été emportée par les eaux, était très raide et difficile et comportait des déviations brusques, de sorte que nous ne pouvions avancer qu'à pas de tortue.

Le commandant général Botha m'a alors envoyé des instructions pour conduire mon commando au pied des montagnes, via Leydsdorp, pendant que lui, avec son état-major et les membres du gouvernement, traverseraient les montagnes près de Mac Mac. Le général Gravett fut chargé d'occuper l'avant-garde de Buller, et il y réussit admirablement.

Je pense que c'est ici que les Britanniques ont perdu une belle chance de réaliser un gros gain. Le général Buller aurait pu nous bloquer sur n'importe quelle route de montagne près de Mac Mac, et aurait également pu fondre sur nous près de Gowyn's Pass et du Belvédère. Au moment où j'écris, Buller se trouvait à Spitskop, à moins de 14 milles de là. Deux jours après, il occupa effectivement les cols, mais trop tard pour se retourner contre les deux gouvernements et le commandant général. On pourrait dire qu'ils auraient de toute façon pu, comme moi, s'enfuir au pied des montagnes via Leydsdorp jusqu'à Tabina et Pietersburg, mais si la sortie leur avait été bloquée près de Mac Mac, notre gouvernement et notre généralissime auraient été contraints marcher pendant au moins trois semaines dans le bas Veldt avant de pouvoir atteindre Pietersburg, période pendant laquelle tous les autres commandos auraient été déconnectés des principaux stratèges et commandants militaires boers et n'auraient pas su ce qu'il était advenu de leurs des chefs militaires ou de leur gouvernement. Cela aurait été une situation très indésirable et aurait très probablement entraîné pour nous les conséquences les plus graves. De plus, les Britanniques auraient pu occuper Pietersburg sans trop de difficultés en coupant notre progression dans le bas Veldt et en nous barrant la route à travers la Sabini et à Agatha. Ce coup d'État aurait en effet pu être réalisé par une petite force britannique. Dans les montagnes, ils auraient d'ailleurs trouvé un climat sain, tandis que nous aurions été laissés dans les régions maladives du bas-Veldt. Et si nous avions été obligés de rester là pendant deux mois, nous aurions été forcés de nous rendre, car vers la mi-octobre la maladie parmi nos chevaux s'est accrue et l'épidémie était si grave qu'aucun cheval salé n'a survécu. La fièvre entérique aurait aussi fait des ravages parmi nous.

Un autre problème était de savoir si tout cela n'aurait pas mis un terme à la guerre ; il nous restait encore des généraux et des commandos puissants, et il était bien sûr très probable qu'un grand nombre de Boers poussés au désespoir auraient réussi à percer, bien que les deux tiers de nos chevaux n'étaient pas aptes à un élan audacieux. Peut-être quinze cents Boers sur deux mille auraient réussi à s'échapper, mais de toute façon un grand nombre de chariots, de canons, etc. seraient tombés aux mains des Britanniques et nos dirigeants auraient pu également être capturés. L'effet moral aurait fait perdre courage à de nombreux autres bourgeois des autres commandos, et cela aussi à un moment où ils avaient déjà besoin de beaucoup d'encouragements.

C'était ma vision de la situation, et je pense que Lord Roberts, ou quiconque en était responsable, a perdu une magnifique opportunité.

En ce qui concerne mon commando au pied des monts Mauch, nous avons fait demi-tour et j'ai pris temporairement congé de Louis Botha. Ce fut une séparation très touchante ; Botha m'a serré la main en disant : « Adieu, mon frère ; j'espère que nous nous en sortirons bien. Que Dieu vous bénisse. Laissez-moi de vos nouvelles bientôt et fréquemment.

Cette nuit-là, nous campâmes à Boschbokrand, où nous trouvâmes un magasin inoccupé et une maison appartenant probablement à des réfugiés anglais, car magasin et habitation avaient été cambriolés et pillés. Après que notre grand laager ait été aménagé à la manière des Boers, et que le feu de camp ait projeté sa lumière sinistre sur l'étrange contour sombre des bois, les Boers se sont regroupés sur le veld. Certains qui avaient marché vingt milles ce jour-là tombèrent épuisés.

J'ai fait le tour du laager et je dois dire qu'en dépit des circonstances difficiles, mes bourgeois étaient d'assez bonne humeur.

J'ai discuté des perspectives immédiates avec les officiers et j'ai fait en sorte qu'un commando différent soit placé chaque jour à l'avant-garde et un cornet de campagne différent à l'arrière. Les Boers connaissant la localité ont été chargés de partir en avant et de repérer et de reconnaître l'eau.

Lorsque je revins ce soir-là dans mon chariot, le repas du soir était prêt, mais pour la première fois de ma vie je ne pus rien manger. Je me sentais trop déprimé. Mon cuisinier, Jan Smith, et mes camarades de classe étaient curieux de savoir pourquoi je n'entrais pas à l'intérieur, car ils admiraient toujours mon appétit féroce.

La journée avait été fatigante et j'ai fait comme si je n'allais pas bien ; et peu après je me couchai pour me reposer.

La veille au soir, j'étais resté assis jusque tard dans la nuit et j'espérais donc m'endormir. Mais quoi que j'aie essayé – compter les étoiles, fermer les yeux et faire de mon mieux pour ne penser à rien – c'était en vain.

Des difficultés insurmontables se présentèrent à moi. Je m'étais aventuré dans une partie du pays insalubre, déserte et, pire que tout, inconnue avec seulement 2 000 hommes. On m'a dit que nous devions parcourir 300 milles de ce pays frappé par une maladie entérique.

Les bourgeois sans chevaux souffraient terriblement de la chaleur meurtrière, et beaucoup étaient attaqués par la typhoïde et la fièvre paludéenne à cause de la nécessité de boire beaucoup d'eau mauvaise ; ces ennemis allaient bientôt décimer notre commando et réduire ses effectifs au minimum. Et pendant quatre ou cinq semaines, nous serions isolés du commandant général et de tous les hommes blancs.

Étais-je donc lâche de rester là, abattu et même effrayé ? Je me suis demandé. Sûrement, ne pas penser à participer à une bataille acharnée, à pouvoir voir le sang couler comme de l'eau, à jouer avec la vie et la mort, ne pouvait-on manquer d'un certain courage ? Et pourtant, il ne me semblait plus avoir de courage ici où il ne semblait pas y avoir beaucoup de danger.

Ces pensées et bien d'autres similaires me sont venues à l'esprit pendant que j'essayais de me forcer à dormir, et je me suis dit de ne pas hésiter, de garder la tête froide et un cœur vaillant, et d'aller vaillamment jusqu'au bout afin d'atteindre le but. objectif que nous avions si longtemps gardé en vue.

Eh bien, ne laissez personne s'attendre à ce qu'un général soit un héros, et rien d'autre, à tout moment ; rappelons-nous qu'« un homme est un homme pour ça », et même un combattant peut avoir ses moments de faiblesse et de peur.

Le lendemain matin, vers quatre heures, notre petite force se réveilla de nouveau. L'air frais du matin rendait la randonnée supportable pour les hommes et les bêtes. Mais cela ne dura que jusqu'à sept heures, alors que le soleil était déjà brûlant, sans le moindre signe de brise. C'était devenu très oppressant et nous étions à peine capables de respirer.

La route n'était plus utilisée depuis vingt ou trente ans, et de grands arbres poussaient sur notre passage et il fallait parfois les abattre. Le sol sec, maintenant coupé par les sabots des chevaux, était réduit en poussière par les nombreuses roues, de gros nuages volaient tout autour de nous, très haut dans les airs, recouvrant tout et tout le monde d'une épaisse couche de poudre gris cendré.

Vers neuf heures, nous atteignîmes la rivière Zand, où nous trouvâmes de la bonne eau et restâmes jusqu'au crépuscule. Nous avons échangé quelques farines contre du sel et d'autres produits de première nécessité avec des cafres qui habitaient au bord de l'eau. Leur stature minuscule et déformée était une autre preuve du climat misérable qui régnait là-bas.

Il y avait beaucoup de gros gibier ici ; des bêtes sauvages, des « bubales », des « rooiboks » (parfois par groupes de cinq à vingt à la fois), et la nuit nous entendions le rugissement des lions et le hurlement des loups. Même de jour, des lions étaient rencontrés. Or, l'un des points les plus faibles, peut-être le plus faible, d'un Afrikander, c'est qu'il ne peut s'empêcher de tirer lorsqu'il voit du gibier, qu'il soit interdit ou non. De chaque commando, des bourgeois avaient été envoyés tirer pour notre commissariat, mais un bon nombre s'étaient enfuis, de sorte que des centaines d'entre eux se mirent bientôt à chasser dans les bois touffus. La conséquence était que, chaque fois qu'un groupe d'entre eux découvrait du gibier, c'était comme si une véritable bataille se déroulait, plusieurs personnes étant souvent blessées et de nombreux bovins tués. Nous avons établi des règles et des règlements, et même infligé des punitions qui ont fait du bien, mais qui n'ont pas pu arrêter complètement les instincts de chasseur sauvage, car il était difficile de découvrir dans la brousse sombre qui étaient les coupables.

Pendant ce temps, la marche avançait très lentement. Le septième jour, nous atteignîmes Blyde River, où nous avions l'une des plus belles vues de tout le « Boschveldt ». La rivière, qui prend sa source près de Pilgrim's Rest et se jette dans la grande rivière Olifant près de Lomboba, doit son nom aux pionniers des randonneurs qui, au bon vieux temps, étant à la chasse, cherchaient de l'eau depuis des jours, et quand presque périssant de soif, avait soudainement découvert cette rivière et l'avait appelée rivière Blyde (ou "Glad"). Le ruisseau à l'endroit que nous avons traversé a environ 40 pieds de large et l'eau est aussi pure que du cristal. Le lit plat est recouvert de graviers blancs et le long des deux rives se trouvent de grands arbres splendides. Le laager entier pouvait s'étendre sous leur ombre, et c'était une sensation délicieuse et rafraîchissante de se retrouver protégé du soleil brûlant. Nous buvions tous de cette eau délicieuse, que nous avions rarement trouvée en si grande abondance, et nous en profitions aussi pour nous baigner et laver nos vêtements.

Dans l'après-midi, un bourgeois, dont je ferais mieux de ne pas citer le nom, accourut vers nous, ses vêtements déchirés, son chapeau et son fusil disparus. Il a présenté une curieuse image. J'ai entendu les bourgeois le railler et le taquiner à son approche, et je lui ai crié : « Qu'est-ce que tu as fait ? On dirait que tu as vu le vieux Nick avec un masque.

Les cheveux ébouriffés du Boer effrayé se dressaient et il tremblait de peur.

Il haleta : « Mon Dieu, Général, je suis presque mort. J'étais parti me promener pour faire un peu de chasse et j'avais tiré sur un lion qui s'enfuyait dans des broussailles. Je savais que l'animal avait reçu une blessure mortelle, et j'ai couru après lui. Mais je ne pouvais voir qu'à un mètre environ à travers les sous-bois épais, et je suivais la trace tachée de sang, j'ai posé mon arme et j'ai enjambé le tronc d'un vieil arbre ; j'ai posé mon pied, voilà ! j'ai vu un monstre terrible debout avec une patte sur la poitrine de la bête. Oh, mon œil, je pensais que ma dernière heure était venue, car le lion me regardait si fort et il rugissait si terriblement. Bravo, Général, si cela avait été un Anglais, j'aurais simplement "levé les mains", vous pariez, mais j'ai fait demi-tour et je suis tombé sur le nez. Mon fusil, mon chapeau, tout, j'ai abandonné dans cette bataille, et malgré toutes les richesses de l'Angleterre, je n'y retournerais pas. Général, vous pouvez me punir pour avoir perdu mon fusil, mais je ne retournerai pas dans cet endroit pour quoi que ce soit ni pour personne.

Je lui ai demandé ce que le lion avait alors fait, mais il n'en savait pas plus. Un autre bourgeois qui se trouvait à proximité a déclaré : « Je pense que c'était un chien que ce type a vu. Il a couru vers moi si terrifié qu'il n'aurait pas connu sa propre mère. Si je lui avais demandé à ce moment-là, il n'aurait pas été informé. capable de se souvenir de son propre nom.

Le pauvre garçon s'indigna et proposa d'accompagner tout le commando pour leur montrer la piste du lion. Mais il n'y avait pas de temps pour cela, et le héros passa un mauvais moment, car tout le monde le taquinait et le taquinait, et désormais on l'appelait la « Terreur du Vaal ».

Nous aurions aimé nous attarder quelques jours près de ce ruisseau splendide et salubre. Nous avions vraiment envie de nous reposer, mais ce n'était pas conseillé à cause de la fièvre, qui est presque invariablement la conséquence du sommeil près d'une rivière dans le bas veld. Un des règlements de notre commando interdisait aux officiers et hommes de passer la nuit au bord d'un plan d'eau ou d'un point bas. Cela aurait également été mortel pour les chevaux, car chez eux, maladie et fièvre coïncident toujours. Mais ils n'ont pas toujours respecté ces instructions à la lettre. Les bourgeois, surtout ceux qui marchaient ou arrivaient à une rivière, se déshabillaient toujours rapidement et sautaient dans l'eau, après quoi certains d'entre eux s'endormaient sur les berges ou se reposaient sous les arbres. Tous deux étaient un luxe malsain et dangereux. De nombreux bourgeois partis à la chasse ou envoyés au ravitaillement restèrent au bord de la rivière jusqu'au matin, car ils pouvaient se passer de leur équipement dans ce climat chaud. Ils restaient souvent sans nourriture pendant vingt-quatre heures, à moins que nous ne nous promenions à l'endroit où ils se reposaient. Passer la nuit dans ces régions dangereuses, l'estomac vide, suffisait à donner la fièvre à n'importe qui.

Lorsque nous avons quitté Blyde River, de nombreuses bêtes de trait étaient épuisées par manque de nourriture, et nous avons été obligés de laisser derrière nous une demi-douzaine de charrettes. Cela causait beaucoup de problèmes car nous devions transférer toutes les choses dans d'autres véhicules, et les cornets des champs n'aimaient pas prendre les marchandises appartenant aux bourgeois des autres cornets des champs, le bétail étant dans un état si faible qu'il chacun pense à sa propre division. Sans doute, les bourgeois étaient très gentils avec leurs animaux, mais ils les poussaient parfois trop loin et les officiers supérieurs devaient souvent intervenir.

La distance entre Blyde River et le prochain arrêt ne pourrait pas être parcourue en un jour, et nous n'aurions pas d'eau le lendemain ; ce n'est pas une perspective très agréable. Les grands nuages de poussière à travers lesquels nous marchions toute la nuit et la chaleur torride du jour nous donnaient tous envie d'eau pour boire et nous nettoyer. Aussi, quand vint l'ordre des commandants des laagers : « Outspan ! Pas d'eau aujourd'hui, mes garçons, il faudra faire attention à l'eau sur les charrettes. Nous serons près d'un ruisseau demain soir », dirent-ils amèrement. déçu.

Le lendemain, lorsque nous approchâmes de l'eau, huit bourgeois souffraient gravement de la fièvre typhoïde, dont cinq appartenaient aux hommes qui marchaient. Nous avions un stock très insuffisant de wagons-ambulances. J'avais omis de me procurer un grand nombre de ces véhicules indispensables en quittant Hector's Spruit, car il y avait tant de choses à régler. Nous avons eu la chance d'avoir avec nous le courageux Dr Manning, de l'ambulance russe, qui nous a apporté une si excellente assistance, et nous avons toutes les raisons d'être reconnaissants à SM la Tsarine de Russie de l'avoir envoyé. Le Dr Manning fit placer les malades dans des wagons qui avaient été mis à sa disposition à cet effet, mais malgré son traitement habile et soigné, un de mes hommes mourut le lendemain, tandis que le nombre de ceux qui étaient gravement malades s'élevait à quinze. . Les symptômes de cette maladie mortelle sont : des maux de tête et une sensation d'engourdissement dans tous les membres, accompagnés d'une température inhabituellement élevée s'élevant très souvent jusqu'à 104 et 106 degrés pendant les premières 24 heures, avec le sang coulant du nez et des oreilles du patient, ce qui est un signe inquiétant. À d'autres moments, le premier symptôme est ce qu'on appelle communément des « frissons froids ».

Nous avons avancé lentement jusqu'à arriver à la rivière Nagout, où la monotonie et la morosité d'une randonnée à travers le "boschveldt" ont été quelque peu soulagées par le spectacle d'un large ruisseau de bonne eau, avec une végétation luxuriante le long des berges. C'était un spectacle des plus agréables et rafraîchissants à voir. Sur une certaine distance le long des berges, on trouva de l'herbe à laquelle les animaux à moitié affamés consacrèrent bientôt leur attention. C'était l'espèce d'herbe douce que les chasseurs appellent « herbe à buffle », et qui est considérée comme une excellente nourriture pour le bétail. Nous installâmes notre camp sur une colline à environ un mille de la rivière, et comme nos bêtes de trait avaient besoin d'un repos complet, nous y restâmes quelques jours. Nous avions été obligés de conduire quelques centaines de bœufs, de mulets et de chevaux, inaptes à être attelés depuis des jours, et nous avions été obligés à plusieurs reprises de laisser derrière nous ceux qui étaient émaciés et épuisés.

De la rivière Nagout, nous avons dû remonter jusqu'à la rivière Olifant, soit une distance d'environ 20 milles, ce qui nous a pris trois jours. La piste traversait tout le long l'immense plaine de brousse qui s'étend des hautes montagnes Mauch à l'ouest jusqu'aux montagnes Lebombo à l'est ; et pourtant on ne pouvait voir qu'à quelques pas pendant tous ces jours, et la seule chose que nous pouvions discerner était le sommet d'une montagne quelconque à l'horizon ouest ou est, et même les sommets des monts Mauch et Lebombo, on ne pouvait les voir qu'à l'horizon. debout sur le toit d'un wagon chargé et à l'aide d'une jumelle. Cette région densément boisée comprenait près d'un tiers du Transvaal et est inhabitée, les hommes blancs craignant le climat malsain, tandis que l'on n'y trouvait que quelques misérables petites tribus cafres, la majeure partie étant le territoire incontesté des animaux sauvages.

La rivière Olifant, que nous avons dû traverser, a plus de 100 pieds de large. L'ancienne piste qui y menait était si épaisse couverte d'arbres et de broussailles que nous avons dû tracer un chemin à travers elle. Les berges du fleuve n'étaient pas très élevées, ce qui nous permettait de dériver sans trop de peine. Le lit était rocheux et l'eau peu profonde, et vers l'après-midi tout le commando avait traversé. Ici encore, nous fûmes obligés de reposer notre bétail pendant quelques jours, pendant lesquels nous durent remplir le triste devoir d'enterrer deux de nos bourgeois morts de fièvre. Ce fut une perte très triste et nous avons été très touchés, d'autant plus que l'un d'entre eux a laissé une jeune femme et deux petits enfants vivant à Barberton. L'autre était un jeune Afrikander colonial qui avait quitté ses parents dans le district de Cradock (Colonie du Cap) pour se battre pour notre cause. Nous ne pouvions nous empêcher de penser combien il était intensément triste de perdre la vie sur les rives de ce fleuve, loin de chez soi, de parents et d'amis, sans une dernière poignée de main de ceux qui nous étaient les plus proches.

Les derniers mots du Transvaaler furent :

"N'oubliez pas de dire à ma femme que je meurs joyeusement, la conscience tranquille, que j'ai donné ma vie pour le bien de ma patrie."

Nous devions désormais laisser chaque jour sur place quelques bœufs et chevaux de trait, et le nombre de ceux qui étaient obligés de marcher augmentait continuellement jusqu'à atteindre plusieurs centaines.

Près de Sabini, la première rivière que nous rencontrâmes après avoir quitté Leydsdorp, nous nous procurâmes vingt-quatre mules qui nous furent d'une très grande utilité dans les circonstances. Mais la difficulté était de savoir comment les répartir entre les cornets de campagne. Les hommes dirent tous qu'ils les voulaient de toute urgence et trouvèrent aussitôt que le bétail appartenant à chaque charrette était trop maigre et trop faible pour être déplacé. Pourtant les vingt-quatre ne pouvaient être mis que dans deux charrettes, et je dus résoudre la difficulté en affirmant mon autorité.

Ce n'était pas une tâche facile de franchir les monts Agatha et il fallut se reposer pour la journée près de la grande Letaba, d'autant plus qu'il fallait laisser à toute la file de charrettes, de canons, etc., une chance de se reformer. Ici, nous avons réussi à acheter quelques chargements de farines, qui étaient une véritable aubaine pour nos chevaux à moitié affamés. J'ai également réussi à embaucher quelques attelages de bœufs chez les Boers qui avaient pris position avec leur bétail le long de la Letaba, ce qui nous a permis de sortir nos charrettes des montagnes de Hartbosch autant que possible. La tâche aurait été trop fatigante pour notre bétail. Il nous fallut deux jours avant de sortir de ces montagnes, lorsque nous campâmes sur le splendide « plateau » du Koutboschbergen, où le climat était sain et agréable.

Ici, après avoir passé un mois entier dans la nature sauvage du Bas-Vert, au climat destructeur, c'était comme si nous commencions une nouvelle vie, comme si nous étions revenus à la civilisation. Nous avons de nouveau vu des habitations d'hommes blancs, des champs verts cultivés, des troupeaux de moutons en pâturage et des troupeaux de vaches élégantes.

Les habitants du pays ne furent pas peu surpris, pour ne pas dire alarmés, de trouver, tôt un dimanche matin, un gros laager occupant le plateau. Un Boer laager paraît toujours deux fois plus grand qu'il ne l'est réellement lorsqu'on le voit de loin. Quelques jeunes Boers vinrent bientôt nous demander si nous étions amis ou ennemis, car dans ces régions lointaines, les gens n'étaient pas tenus au courant de ce qui se passait ailleurs.

« Un général, » dit une femme qui nous rendit visite dans une trappe, « est une chose que nous désirions tous voir. J'ai appelé pour avoir des nouvelles et savoir si vous voudriez acheter de l'avoine ; mais je dites-vous franchement que je ne prendrai pas de "dos bleus" (notes du gouvernement), et si vous achetez mon avoine, vous devrez payer en or.

Un bourgeois lui répondit : "Voilà le général, sous cette charrette ; 'tante' ferait mieux d'aller vers lui."

Bien sûr, j'avais entendu toute la conversation, mais je pensais que la femme plaisantait. La bonne dame s'approcha de ma charrette, mettant un peu sa casquette de côté, probablement pour nous faire plaisir d'un coup d'œil sur sa beauté.

"Bonjour. Où est ce général Viljoen ; on dit qu'il est ici ?"

Je me suis dit : « Je me demande ce que veut cette charmante Dalila de cinquante étés », et je me suis levé et lui ai serré la main en disant : « Je suis ce général. Que puis-je faire pour 'tante' ?

"Non, mais je n'ai jamais ! Êtes-vous le général ? Vous ne ressemblez pas du tout à un général ; je pensais qu'un général avait l'air 'baing' (très) différent de ce à quoi vous ressemblez."

Très amusé par tout cela, je demandai : « Alors, qu'est-ce que j'ai, 'tante' ?

"Non, mais mon cousin (c'est-à-dire moi-même) ressemble à un jeune. J'ai tellement entendu parler de toi que je m'attendais à voir un vieil homme avec une longue barbe."

J'en avais assez de cette comédie, et ne me sentant pas enclin à faire davantage de civilités avec cette innocente fille de Mère Eve, je lui ai posé des questions sur l'avoine.

J'ai envoyé un adjudant jeter un œil à son stock et acheter ce que nous voulions, et la dame distinguée m'a épargné le reste de ses critiques.

Nous apprenions maintenant que Pietersburg et Warmbad étaient toujours aux mains des Boers et que la voie était donc libre. Nous avons marché d'ici via Haenertsburg, un petit village sur le Houtboschbergrand, et le siège de quelques fonctionnaires du département des mines des Boers, car dans ce quartier existaient des mines d'or qui, en temps de paix, donnent du travail à des centaines de mineurs.

Heureusement, il y avait aussi un hôpital à Haenertsburg, où nous pouvions laisser une demi-douzaine de fiévreux, sous les soins attentifs d'un médecin irlandais nommé Kavanagh, assisté des soins tendres d'une fille du juge de paix local, dont le nom, Je suis désolé de le dire, j'ai oublié.

Vers le 19 octobre 1900, nous arrivâmes à Pietersburg, notre lieu de destination.

CHAPITRE XXIV.

DOULEURS ET PLAISIRS DU COMMANDANT.

Nous avons trouvé Pietersburg tout à fait républicain, tous les fonctionnaires, du haut au bas, à leur place dans les bureaux, et les « Vierkleur » fuyant les bâtiments gouvernementaux. Le chemin de fer vers Warmbad était également aux mains des Boers. A Warmbad se trouvaient le général Beyers et ses bourgeois ainsi que ceux du district de Waterberg. Même si nous n'avions plus de charbon, cela ne nous empêchait pas de faire circuler un train avec un nombre suffisant de wagons de Pietersburg à Warmbad deux fois par semaine. Nous avons plutôt utilisé du bois, qu'on trouve en grande quantité dans cette partie du pays.

Bien sûr, il nous fallait un certain temps pour monter en vapeur et nous devions constamment mettre plus de bois, tandis que les chaudières menaçaient continuellement de se tarir. Nous n'avions que deux moteurs, dont l'un était en grande partie en attente de réparation. L'autre servait à approvisionner les commandos de Warmbad en nourriture, etc.

Les Pietersburger avaient également maintenu la communication télégraphique et nous étions ravis d'apprendre que des vêtements et des bottes pouvaient être achetés en ville, car nous devions remplacer les nôtres, qui avaient été terriblement déchirés et usés lors du "trek" à travers le " Boschveldt." Chaque commandant faisait de son mieux pour rassembler les choses nécessaires pour ses bourgeois, et mes quartiers étaient le centre d'une grande activité du petit matin jusqu'à tard dans la soirée, les personnes dont les biens avaient été réquisitionnés s'adressant au général et déposant des plaintes.

Après avoir passé huit jours à Pietersburg, un retard qui me paraissait tant de mois, j'en avais vraiment trop bu. Les plaintes étaient généralement introduites par des remarques sur tout ce que les ancêtres des plaignants avaient fait pour le pays à Boomplaats, Majuba, etc., etc., et sur l'injustice avec laquelle ils étaient désormais traités en ayant leurs seuls chevaux, ou mulets, ou leurs voitures. , ou des selles réquisitionnées.

Le pire était qu'il fallait les persuader tous, soit par un long sermon, leur faisant remarquer quel honneur et quelle distinction c'était d'être ainsi choisis pour accomplir leur devoir envers leur pays et leur peuple, soit en leur donnant de l'argent si aucun appel à leurs sentiments généreux ne pouvait être utile ; parfois en utilisant un langage fort envers les plus timides, en leur disant que cela devrait être le cas, que cela leur plaise ou non.

Quoi qu'il en soit, nous avons rassemblé une centaine de beaux chevaux, au prix de bien des imprécations. Les plaignants peuvent être répartis dans les catégories suivantes : –

1er. Ceux qui croyaient réellement avoir des raisons de se plaindre.

2ème. Ceux qui ne se sentaient pas enclins à se séparer de quoi que ce soit sans en recevoir la valeur totale en espèces – dont le patriotisme commençait et finissait avec l'argent.

3ème. Ceux qui avaient des tendances anglophiles et qui trouvaient abominable de céder quoi que ce soit à un commando (c'étaient les pires à affronter, car ils portaient un masque, et souvent on ne savait pas si on avait mis la main sur la queue du Malin ou sur un les pignons d'ange), et

4ème. Ceux qui se plaignaient sans raison. C'étaient, en général, des bourgeois qui ne voulaient pas se battre et qui restaient chez eux sous toutes sortes de prétextes.

Les plaintes des femmes se répartissaient en trois catégories :

1er. Les patriotes qui faisaient tout ce qu'ils pouvaient, dames sensées comme elles étaient, pour nous aider et encourager nos bourgeois, mais qui voulaient les choses que nous avions réquisitionnées pour leur propre usage.

2ème. Les femmes sans aucune sympathie nationale, espèce ennuyeuse, qui oublient leur sexe et éclatent en vitupération si elles ne parviennent pas à obtenir ce qu'elles veulent ; et

3ème. Les femmes aux sympathies anglaises, soigneusement cachées derrière un masque d'expressions pro-Boer.

Le malheur était qu'on ne pouvait pas voir écrit sur leur front à quelle catégorie ils appartenaient, et même si l'on pouvait vite découvrir quelles étaient leurs idées, il fallait être prudent en exprimant une opinion tranchée à leur sujet, car il y avait un risque d'être poursuivi pour diffamation.

J'ai moi-même toujours préféré une plainte franche. Je pourrais toujours le renvoyer grossièrement à la loi martiale et répondre d'un ton bourru : « Il faudra que ce soit comme ça, ou vous devrez le faire ! Et si cela ne le satisfaisait pas, je le faisais renvoyer. Mais le cas le plus difficile a été celui où la plainte a été balbutiée sous un flot de larmes abondantes, sans toutefois s'appuyer sur des arguments dignes d'être écoutés.

Il y avait un bon nombre de sujets étrangers à Pietersburg, mais ils étaient pour la plupart britanniques, et ces personnes, qui avaient également réquisitionné certains de leurs chevaux, etc., étaient une grande source de problèmes, car de nombreux officiers et bourgeois boers les traitaient sans aucune cérémonie. , enlevant simplement ce qu'ils voulaient pour leurs commandos. Je n'étais pas du tout d'accord avec cette façon de procéder, car tant qu'un sujet étranger, bien qu'anglais, soit autorisé à rester à l'intérieur des lignes de combat, il a droit à la protection et à l'équité, et aucune différence ne devrait être faite. entre lui et les bourgeois qui restent chez eux, quand il y a des combats à mener.

De Pietersburg, nous nous rendîmes à Nylstroom, village situé sur la voie ferrée, où j'avais été convoqué par télégramme par le commandant général, qui était arrivé là-bas en route vers les districts de l'ouest. C'était la première fois que j'entendais parler de lui après notre arrivée. s'étaient séparés au pied du Mauchberg, près de Mac Mac.

J'ai voyagé en train, accompagné d'un de mes commandants. La façon dont ils parvenaient à maintenir le rythme était délicieusement primitive. Nous ne volions certes pas sur les rails, mais nous allions très souvent à la vitesse de neuf milles à l'heure !

Lorsque nos réserves de bois étaient épuisées, nous arrêtions simplement le train, ou le train s'arrêtait tout seul, et les passagers étaient poliment priés de descendre et de participer à l'abattage des arbres et au transport du bois. Cela avait un délicieux goût de diligence d'autrefois, lorsque les passagers de première, deuxième et troisième classe voyageaient dans le même compartiment, bien que les prix des différentes classes variaient considérablement. Cependant, lorsqu'un autocar arrivait au pied d'une montagne, les voyageurs s'apercevaient vite où se situait la différence entre les classes, car le conducteur ordonnait à tous les passagers de première classe de garder leur siège, aux passagers de deuxième classe de descendre et marcher et les passagers de troisième classe sortir et pousser.

Nous sommes cependant arrivés à destination, même si les chances semblaient contraires. J'avais moi-même mis toutes mes chances de mon côté pour ne jamais arriver vivant.

A Nylstroom, nous trouvâmes le président Steyn et sa suite, qui venaient d'arriver, provoquant un grand émoi dans ce petit village endormi, devenu maintenant un village frontière du territoire sur lequel nous dominions encore.

Un grand meeting populaire s'est tenu, que le Président Steyn a ouvert par un discours viril, suivi d'un discours non moins émouvant de notre Commandant Général, tous deux exhortant les bourgeois à faire leur devoir envers leur pays et envers eux-mêmes en restant fidèles à la Cause, car l'existence même de notre nation en dépendait.

Dans l'après-midi, les officiers se réunirent dans une salle vide de l'hôtel de Nylstroom pour tenir un conseil de guerre, sous la direction du commandant général.

Des plans ont été discutés et des arrangements ont été pris pour l'avenir. Je devais marcher immédiatement de Pietersburg vers la partie nord-ouest du district de Pretoria, puis vers Witnek, ce qui nous ramènerait à nos anciens champs de bataille. L'état des commandos, m'a-t-on dit, dans ces régions était très triste. Le commandant du commando de Boksburg était mystérieusement tombé entre les mains de l'ennemi et, grâce à son aide perfide, presque tout le commando avait également été capturé. Le Commando de Pretoria avait failli partager ce triste sort.

La même nuit, nous nous sommes rendus à Pietersburg. Après avoir dépassé Yzerberg, le train semblait avancer de plus en plus lentement, jusqu'à ce que nous arrivions à un arrêt complet. Le moteur était en panne et tout ce que nous pouvions faire était de sortir et de parcourir le reste du chemin à pied. Quelques heures plus tard, à notre grande joie, le deuxième et le seul autre train en provenance de Pietersburg arriva.

Après avoir convaincu le mécanicien qu'il devait obéir aux ordres du général, il accéda à notre demande de nous conduire à Pietersburg, et enfin, après bien des ennuis, nous arrivâmes le lendemain. Nos bovins et nos chevaux étaient désormais suffisamment reposés et en bonne condition. Les commandos ont reçu ce dont ils avaient le plus besoin et ont reçu l'ordre d'être prêts dans les deux jours.

CHAPITRE XXV.

PUNIR LES PRO-BRITANNIQUES.

Dans les premiers jours de novembre 1900, nous sommes allés de Pietersburg à Witnek, à environ dix-neuf milles au nord de Bronkhorst Spruit, dans le district de Pretoria. Nous avions joui d'un repos de quinze jours, qui avait particulièrement profité à nos chevaux, et notre situation était bien plus favorable à tous égards lorsque nous quittions Pietersburg que lorsque nous y étions entrés.

Le Commando Krugersdorp avait été envoyé dans son propre district, de Pietersburg via Warmbad et Rustenburg, sous les ordres du commandant Jan Kemp, afin d'être placé sous le commandement du général De la Rey. La plupart des bourgeois préféraient rester toujours dans leurs propres districts, même si les villages dispersés étaient aux mains de l'ennemi, la plupart des propriétés incendiées et les fermes détruites, et presque toutes les familles avaient été placées dans des camps de concentration britanniques ; et si les commandants ne permettaient pas aux bourgeois de se rendre dans leurs districts, ils déserteraient simplement, les uns après les autres, pour rejoindre le commando le plus proche de leur district.

Je ne pense pas qu'il existe une autre nation aussi attachée à sa maison et à son voisinage, même si les maisons sont en ruines et les fermes détruites. Pourtant le Boer se sent attiré par elle, et lorsqu'il a enfin réussi à l'atteindre, vous le verrez souvent assis, inconsolable, parmi les ruines ou errant dans les environs.

Il valait donc mieux garder nos hommes quelque part à proximité de leurs quartiers, car même d'un point de vue stratégique, ils étaient mieux là, connaissant tous les coins et recoins, ce qui leur permettait de trouver exactement où se cacher en cas de danger. Même dans l'obscurité, ils étaient capables de déterminer, après reconnaissance, dans quelle direction l'ennemi viendrait. Cela a particulièrement donné au commando l'autonomie nécessaire, qui est d'une grande importance au combat. On a également constaté, au cours de la dernière partie de la guerre, qu'il était plus facile pour un bourgeois de se ravitailler dans son propre district que dans d'autres, malgré les destructions causées par l'ennemi.

Le commandant Muller, du commando de Boksburg, l'un de ceux qui avaient eu la chance d'échapper au danger d'être rattrapé par la tiédeur du commandant précédent (Dirksen), et qui avait pris sa place, arriva à Warmbad presque au même moment. Il a continué via Yzerberg et nous a rejoint à Klipplaatdrift près de Zebedelestad.

J'avais autorisé une compagnie de cornet de campagne, composée d'Afrikanders coloniaux, à accompagner le président Steyn dans l'État libre d'Orange, ce qui signifiait une réduction de mes forces de 350 hommes, y compris les Krugersdorpers. Mais la jonction avec les bourgeois de Boksburg, au nombre d'environ 200 hommes, compensa quelque peu cette situation.

Nous avons longé la rivière Olifant, par Israelskop et Crocodile Hill, jusqu'à l'endroit où la rivière Eland se jette dans la rivière Olifant, et de là nous sommes dirigés vers Witnek en passant par Giftspruit.

L'herbe, après les fortes pluies, était en bon état et donnait beaucoup de nourriture à nos quadrupèdes. Curieusement, rien de digne d'être enregistré ne s'est produit au cours de ce "trek" d'environ 95 milles. Vers la mi-novembre, nous campâmes près des mines d'argent "Albert", au sud de Witnek.

Le commandant Erasmus était toujours dans cette partie du pays avec le reste du Commando de Pretoria. Divisés en trois ou quatre petits groupes, ils surveillaient le voisinage de la voie ferrée, depuis Donkerhoek jusqu'à proximité de la gare de Wilgeriver, et chaque fois que l'ennemi s'éloignait, les hommes de garde donnaient l'avertissement et tous s'enfuyaient avec leurs familles et leur bétail dans le "boschveldt". " le long de Witnek.

C'est cette tactique qui a permis à la presse britannique d'affirmer que les généraux Plumer et Paget avaient remporté une brillante victoire sur Erasmus le mois précédent ; car, à l'exception de quelques charrettes abandonnées à Zusterhoek, ils n'ont certainement pu voir d'Erasmus et de son commando qu'un nuage de poussière sur la route de Witnek au « boschveldt ».

J'avais pour instructions de réorganiser les commandos dans ces régions et de veiller au maintien de l'ordre public. La réorganisation fut une œuvre difficile, car les bourgeois étaient divisés entre eux.

Certains voulaient un commando différent, tandis que d'autres voulaient garder Erasmus, qui était autrefois général et qui avait été mon supérieur, autour de Ladysmith. Lui, l'un des bourgeois les plus riches et les plus influents du district de Pretoria, ne semblait pas enclin à exécuter mes instructions et, du tout, il ne parvenait pas à s'habituer aux nouvelles conditions. J'ai fait tout ce que j'ai pu en la matière, mais, en ce qui concerne le Commando de Pretoria, le résultat de mes efforts n'a pas été très satisfaisant. Les généraux qui ont tenté la même chose après moi n'ont pas non plus procédé à la réorganisation alors qu'Erasmus restait aux commandes en tant qu'officier. Un élément dangereux, que lui et sa clique toléraient, était constitué par certaines familles (Schalkwyk et autres) qui, après s'être rendues à l'ennemi, furent autorisées à rester sur leurs propriétés, avec leur bétail, et à continuer de cultiver comme si de rien n'était. est arrivé. Ils habitaient généralement à proximité de la voie ferrée reliant nos postes de garde à ceux de l'ennemi. Ces « volontairement désarmés », comme nous les appelions, avaient obtenu des laissez-passer de l'ennemi, leur permettant un libre accès aux camps britanniques, et conformément à l'une des proclamations de Lord Roberts, leur devoir, lorsqu'ils rencontraient des Boers ou des commandos, était de , d'en informer immédiatement le piquet anglais le plus proche, et de communiquer également toutes les informations reçues sur les Boers. Tout cela sous peine de voir leurs maisons incendiées et leur bétail et leurs biens confisqués. Parfois, un frère ou un autre parent de ces « mains supérieures » leur rendait visite. Le fils de l'un d'eux était adjudant du commandant Erasmus et partageait sa tente avec lui, tandis que l'adjudant rendait souvent visite à ses parents la nuit et parfois le jour ; la conséquence étant que les Anglais savaient toujours exactement ce qui se passait dans notre district. Cette situation ne pouvait plus durer et j'ai ordonné à un de mes officiers de placer toutes ces familles suspectes derrière nos commandos. Tous les hommes qui s'étaient rendus à l'ennemi par lâcheté étaient arrêtés.

La plupart d'entre eux furent traduits en cour martiale pour haute trahison, désertion et reddition d'armes, et quinze furent emprisonnés dans un bâtiment scolaire à Rhenosterkop, qui avait été transformé à cet effet en prison. Le tribunal se composait d'un président choisi parmi les commandants par le général et de quatre membres, dont deux avaient été choisis par le général et le président, et deux par les bourgeois.

En l'absence de notre « Staats-procureur », un avocat a été nommé procureur de la République.

Avant le début du procès, le président a prêté serment devant le général et les quatre autres membres devant le président. La procédure pénale habituelle fut suivie et chaque sentence fut soumise à la ratification du général.

Le tribunal peut prononcer la peine capitale, auquel cas il peut y avoir un recours auprès du gouvernement.

Il existait d'autres tribunaux, constitués par ces derniers, mais comme ils se déplaçaient presque tous les jours, ils n'étaient pas toujours disponibles, et il fallait alors recourir à la cour martiale.

Les quinze prisonniers ont été jugés dans le cimetière de Rhenosterkop. Le procès a duré plusieurs jours, et je ne me souviens pas de tous les détails des différentes peines, qui variaient de deux ans et demi à cinq ans de prison, avec option, je crois, d'amende. La seule prison où nous pouvions les envoyer était à Pietersburg, et ils y sont allés.

L'arrestation et la punition de ces personnes ont fait grand bruit dans les différents commandos.

Cela semble incroyable, mais c'est un fait que de nombreux membres des familles de ces traîtres ont été très indignés de mon action dans cette affaire, m'envoyant même des lettres anonymes dans lesquelles ils menaçaient de me tirer dessus.

Même s'il y eut moins de trahison après la condamnation de ces quinze dignes, il resta toujours une voie facile : la correspondance entre les bourgeois des commandos et leurs proches à l'intérieur des lignes de combat anglaises, portées par des coureurs cafres. Cela ne pouvait pas être arrêté si facilement.

Le 19 novembre 1900, j'attaquai simultanément l'ennemi sur la voie ferrée à Balmoral et à Wilgeriver, et je constatai bientôt que les Britanniques avaient entendu parler de notre plan à l'avance.

Le commandant Muller, qui s'approchait prudemment de l'ennemi à Wilgeriver avec quelques-uns de ses bourgeois et un canon Krupp, rencontra tôt le matin une résistance déterminée. Il réussit en effet à prendre quelques petits forts, mais la station était trop fortement fortifiée, et l'ennemi utilisa deux pièces de 15 livres dans l'un des forts avec une telle précision qu'il toucha bientôt notre canon Krupp, qu'il fallut nettoyer. de la ligne de combat.

Les bourgeois, qui avaient pris les petits forts de bon matin, furent obligés de s'y arrêter jusqu'à ce qu'ils puissent s'enfuir à l'abri de l'obscurité, avec trois hommes blessés. Nous n'avons pas connu les pertes de l'ennemi.

Nous avons également été malheureux près de la gare de Balmoral, où j'ai personnellement mené l'attaque.

Au lever du jour, j'ordonnai de prendre d'assaut une forteresse, dans l'espoir de capturer un canon qui nous permettrait de tirer sur la station de là, puis de la prendre d'assaut. En fait, nous avons occupé le fort sans peine, faisant prisonniers un capitaine et 32 hommes, en plus de lui infliger une perte de plusieurs tués et blessés, tandis qu'une vingtaine d'autres s'échappaient. Tous appartenaient aux « Buffs », le même régiment qui participe aujourd'hui à notre surveillance à Sainte-Hélène. Mais, dans l'ensemble, nous fûmes déçus de ne pas trouver de canon dans le fort qui était situé à l'ouest de la gare. Deux divisions de bourgeois équipés d'un canon de 15 livres et d'un pompon s'approchaient de la station par le nord et l'est, tandis qu'un commando, commandé par Field-Cornet Duvenhage, appelé à renforcer l'attaque, devait occuper une position importante dans le sud avant que l'ennemi puisse s'en emparer, car pendant la nuit elle était encore inoccupée.

Notre canon de 15 livres, un des canons que nous avions pris aux Anglais, tira six obus sur l'ennemi à la gare, lorsqu'il éclata, tandis que le pompon après avoir envoyé quelques bombes à travers les bâtiments de la gare, s'enraya également. Nous avons essayé de prendre d'assaut le terrain nu entre notre position et la station fortement barricadée et fortifiée, et l'ennemi aurait sans doute été contraint de se rendre s'il n'avait pas réalisé que quelque chose n'allait pas chez nous, nos canons étant silencieux, et Field -Cornet Duvenhage et ses bourgeois ne viennent pas du sud. Les Britanniques, qui avaient pris une position importante d'où ils pouvaient nous couvrir de leurs tirs, nous envoyèrent des obus lyddites depuis un obusier placé dans le fort de la gare. Même s'il y en avait une bonne pluie, la lyddite envoyait les obus à un rythme si lent que nous pouvions les regarder tranquillement arriver et se mettre à l'abri à temps et ils faisaient donc très peu de mal.

A huit heures, nous fûmes obligés de nous replier, car bien que nous ayons détruit pendant la nuit les communications ferroviaires et télégraphiques en plusieurs endroits, celles-ci furent réparées dans l'après-midi et les renforts ennemis affluèrent de Pretoria ainsi que de Middelburg. J'observais tout cela à travers ma lunette depuis la position que j'avais prise sur un point élevé près des mines de charbon de Douglas.

Parmi les prisonniers que nous avions faits le matin se trouvait un capitaine des « Buffs », dont les étoiles de collier avaient été arrachées pour une raison quelconque, les marques montrant qu'elles n'avaient été enlevées que récemment. A cette époque, il n'y avait pas d'ordre de garder les officiers comme prisonniers de guerre, et ce capitaine fut donc renvoyé à Balmoral avec les autres "Tommies", après que nous les avions débarrassés de leurs armes et autres choses dont nous avions besoin. . J'ai lu plus tard, dans un journal anglais, que ce capitaine avait ôté les étoiles pour se sauver des « cruautés des Boers ».

C'est, à mon avis, une diffamation injuste et imméritée.

CHAPITRE XXVI.

BATAILLE DE RHENOSTERKOP.

Le 27 novembre 1900, nos éclaireurs rapportèrent qu'une force ennemie marchait en direction de Pretoria et se dirigeait vers Zustershoek. J'envoyai le commandant Muller avec une forte patrouille, tandis que je plaçais le laager dans une position sûre, sur la crête des kopjes s'étendant de Rhenosterkop à quelques milles au nord. C'est l'endroit, à environ 24 kilomètres au nord-est de Bronkhorst Spruit, où le colonel Anstruther et le 94e régiment furent attaqués en 1881 par les Boers et complètement vaincus. Rhenosterkop est une position splendide, s'élevant à plusieurs centaines de pieds au-dessus des hauteurs voisines, et peut être vue de très loin. Vers le sud et le sud-est, ce kopje est séparé du Kliprandts (connu sous le nom de Suikerboschplaats) par une profonde fente circulaire appelée Rhenosterpoort.

De l'autre côté de cette fente, les "berges" forment un "plateau" à peu près à la même hauteur que le Rhenosterkop, avec quelques plateaux plus petits , à moindre altitude, vers la rivière Wilge. Ces plateaux forment un croissant s'étendant du sud-est au nord du Rhenosterkop. Une seule route sortant de la « rive » près de Blackwood Camp et les traversant près de Goun, donne accès à ce croissant. Du côté ouest se trouve une grande brèche jusqu'à Zustershoek, seulement interrompue par quelques « randjes » ou crêtes, près des mines d'argent Albert et de la rangée de kopjes sur lesquels j'avais maintenant pris position.

Les forces ennemies avaient été estimées à 5 000 hommes, pour la plupart à cheval, qui, contrairement à leur tactique habituelle, nous chargèrent dès qu'ils nous aperçurent. Muller a dû reculer encore et encore. L'ennemi, commandé par le général Paget, nous a poursuivis comme si nous étions un gibier, et il est vite devenu évident qu'ils étaient décidés à nous attraper cette fois. J'ai envoyé nos charrettes dans la forêt le long de Poortjesnek jusqu'à Roodelaager et je me suis arrêté dans les kopjes près de Rhenosterkop.

Le 28, le lendemain, le général Paget installa son camp près de nos positions, nous bombardant jusqu'au crépuscule avec quelques batteries de canons de campagne. Le même soir, j'ai reçu des informations selon lesquelles une force dirigée par le général Lyttelton avait marché depuis Middelburg et était arrivée près du camp de Blackwood. Cela signifiait que notre route vers Gourjsberg était coupée. Tout ce que nous pouvions faire, c'était garder la route le long de Poortjesnek bien défendue, car si l'ennemi parvenait à la bloquer également, nous serions pris au piège et entièrement découpés.

Il y avait le général Paget contre nous à l'ouest, au sud il y avait Rhenosterkop sans issue, et le général Lyttelton à l'est, tandis qu'au nord il n'y avait qu'une seule route, courant entre de hautes chaînes et de profondes fentes. Si le général Paget avait fait un mouvement de flanc menaçant la route vers le nord, j'aurais été obligé de me retirer en toute hâte, mais nous espérions que le général n'y penserait pas. Il suffisait au général Lyttelton d'avancer encore un mille, jusqu'aux premiers « randts » de la montagne près du camp Blackwood, pour que ses canons commandent toute notre position et nous rendent impossible de la tenir. J'avais cependant entre lui et mes bourgeois une compagnie de cornet de campagne, avec instruction de résister le plus longtemps possible et d'éviter que nous soyons attaqués par derrière, ce qui réussit, par hasard. Mes pistolets Krupp et Pom-Pom avaient été réparés, ou plutôt rafistolés, bien que le premier n'ait tiré que quatorze fois lorsqu'il fut réparé.

J'ai placé les Johannesburgois à gauche, la Police au centre et les Boksburgers à droite. Comme je l'ai déjà souligné, ces positions étaient situées dans une rangée de petits kopjes parsemés de gros « klips », tandis que l'assaillant devait charger par-dessus un simple « bult », et nous ne pouvions pas nous voir avant qu'ils ne se voient. étaient distants de 60 à 150 pas.

Le lendemain matin, au lever du jour, les veilleurs donnèrent l'alarme, l'avertissement que nous connaissions si bien : « Les Khakis arrivent ! Les chevaux étaient tous mis hors de portée des balles derrière les « randts ». Je circulais avec mes officiers devant nos positions, pouvant ainsi dominer tout le terrain, dès le point du jour.

Cela m'a fait tourner la tête lorsque j'ai soudain vu la gigantesque armée de « Khakis » juste devant nous, s'approchant lentement, en grande formation, régiment après régiment, se déployant systématiquement, dans un ordre de combat approprié, et mon anxiété se mêlait à l'admiration devant splendide discipline de l'adversaire. C'était donc le premier acte du drame sanglant qui allait se jouer pendant quinze heures. L'ennemi s'est approché de nous et avait visiblement soigneusement reconnu nos positions.

Le général Paget semblait avoir hâte de se battre, car il ne semblait pas qu'il ait simplement eu l'intention de menacer notre seul débouché. Ses munitions lourdes étaient en position près de son camp, derrière les soldats, et nous tiraient dessus au-dessus de leurs têtes, tandis que quelques pièces de 15 livres étaient réparties entre les différents régiments. L'idée d'être impliqué dans une lutte aussi inégale me pesait lourdement. En face de moi se trouvaient quatre à cinq mille soldats, bien équipés, bien disciplinés, appuyés par une forte artillerie ; juste derrière moi mes hommes, 500 à l'extérieur, avec quelques fusils rafistolés, presque trop fragiles pour tirer.

Mais je pouvais compter sur au moins 90 pour cent. de mes bourgeois étant de splendides tireurs, chacun sachant économiser sa réserve de munitions, tandis que leur cœur battait chaleureusement pour la Cause qu'ils combattaient.

La bataille fut ouverte par notre canon Krupp, d'où ils reçurent l'ordre de tirer les quatorze obus dont nous disposions, puis de « courir ». Les canons lourds de l'ennemi répondirent bientôt depuis la deuxième crête. En plein jour, l'ennemi tenta sa première charge sur la position de Johannesburg, dont mon frère commandait, et s'approcha en ordre d'escarmouche. Ils chargèrent jusqu'à soixante-dix pas lorsque nos hommes tirèrent pour la première fois, de sorte que nous ne pouvions pas très bien manquer notre objectif à si courte distance, et en plus la silhouette des assaillants se détachait à peine sur la ligne d'horizon. alors qu'il franchissait la dernière crête. Deux volées seulement et tous les Khakis gisaient à terre, les uns morts, les autres blessés, tandis que ceux qui n'avaient pas été touchés étaient obligés de s'allonger à plat comme une crêpe.

Les pièces de campagne ennemies étaient hors de notre vue derrière la crête que l'ennemi devait franchir pour charger, et elles continuaient à tirer sans interruption. Une demi-heure plus tard, la position de la police de Johannesburg, dirigée par feu le lieutenant D. Smith, fut de nouveau prise d'assaut, cette fois les Britanniques étant assistés par deux pièces de campagne qu'ils avaient amenées avec eux dans les rangs et qui devaient être utilisées. dès que les soldats étaient sous le feu. Ils arrivèrent à cent pas. Je pense que j'ai vu un de ces canons dressé, mais avant qu'ils puissent atteindre la portée, il a fallu le mettre en sécurité, car les soldats attaquants s'en sont aussi mal tirés ici que sur notre flanc gauche.

Puis, après une petite hésitation, ils tentèrent à nouveau l'attaque sur notre flanc droit, lorsque le commandant Muller, les Boksburgers et quelques bourgeois de Pretoria, sous les ordres de Field-Cornet Opperman, occupèrent la position, mais avec le même résultat fatal pour les assaillants. Notre pièce de quinze livres, après avoir tiré plusieurs fois, avait cédé, tandis que notre pompon ne pouvait être utilisé que de temps en temps, après que l'artilleur l'avait redressé.

J'avais un poste d'héliographe près de la position gauche, un autre près du centre et celui appartenant à mon état-major à notre extrême droite. Je suis resté à proximité, m'attendant à un mouvement de flanc du général Paget après l'échec de ses attaques de front. De cette position avantageuse, je pouvais dominer l'ensemble du terrain de combat, en outre, j'étais en contact constant avec mes officiers et je pouvais leur raconter tous les mouvements de l'ennemi.

Vers 10 heures, ils chargèrent à nouveau, et autant que je pus voir avec un nouveau régiment. Nous les avons laissés s'approcher à nouveau de très près et une fois de plus notre tir mortel de Mauser les a fauchés, obligeant ceux qui étaient restés indemnes à tomber à plat sur le sol, tandis que pendant cette charge, certains qui avaient été obligés de se laisser tomber, ont maintenant sauté. s'est levé et s'est enfui. Si je me souviens bien, c'est pendant cette charge qu'un brave officier, ayant une jambe fracassée, s'appuyait sur un fusil ou sur son épée, et continuait à donner ses ordres, encourageant les soldats et leur disant de charger. Alors qu'il se trouvait dans cette position, une deuxième balle l'a touché et il est tombé mortellement blessé. Nous avons appris par la suite qu'il s'agissait d'un certain colonel Lloyd du West Riding Regiment. Quelques mois après, en passant sur ce même champ de bataille, nous déposâmes sur sa tombe une gerbe de fleurs, avec une carte portant l'inscription : « En l'honneur d'un brave ennemi ».

Le général Paget semblait résolu à prendre nos positions, quel que soit le sacrifice de vies humaines. S'il réussissait enfin, à ce rythme-là, il pourrait trouver une demi-douzaine de bourgeois blessés et, si sa cavalerie se dépêchait, peut-être un certain nombre de bourgeois avec des chevaux en mauvais état, mais rien de plus.

Au contraire, s'il avait fait un mouvement de flanc, il aurait pu atteindre son but, peut-être sans perdre un seul homme.

L'orgueil ou la bêtise ont dû le décider à ne pas changer de tactique. N'ayant pas peur des échecs répétés du matin, notre assaillant chargea à nouveau, tantôt d'une position, puis d'une autre, essayant de mettre ses pièces de campagne en position, mais à chaque fois sans succès. À bout de nerfs, l'ennemi tenta une nouvelle esquive, amenant ses canons jusqu'à notre position, à l'abri de quelques wagons de la Croix-Rouge. L'officier qui s'en aperçut me le rapporta par héliographe, me demandant des instructions. J'ai répondu : « Si un wagon de la Croix-Rouge entre dans les lignes de combat pendant la bataille, il s'y trouve sous sa propre responsabilité. D'ailleurs, le général Paget, sous la protection du drapeau blanc, aurait pu demander à tout moment, une heure ou plus, d'emporter ses nombreux malheureux blessés, qui gisaient entre deux feux, sous un soleil brûlant.

Lorsque le chariot de la Croix-Rouge s'est trouvé dans la ligne de tir, il a été mis de face, tandis que quelques canons restaient derrière nous pour tirer des éclats d'obus sur nous à courte distance. Ils ne purent tirer qu'un ou deux coups de feu, car nos bourgeois mirent bientôt hors de combat les artilleurs qui les servaient. Vers l'après-midi, certains de mes bourgeois commencèrent à manquer de munitions. J'avais en réserve une force de cornet de campagne, à partir de laquelle cinq à dix hommes étaient envoyés de temps en temps à la position, ce qui remontait le moral des bourgeois.

Le général Paget a persisté toute la journée dans les mêmes tactiques d'attaque, même si elles ont été un échec complet. Lorsque le soleil disparut derrière les Magaliesbergs, l'ennemi fit un dernier effort, voire un effort désespéré, pour prendre nos positions, les canons grondant tandis que nous étions enveloppés par des nuages de poussière soulevés par les obus.

Les soldats chargèrent, courageux comme des lions, et se rapprochèrent de nos positions plus qu'ils ne l'avaient fait pendant la journée.

Mais il semblait que le destin nous favorisait, car notre canon de 15 livres venait tout juste de se préparer, envoyant ses obus dans les lignes ennemies en succession rapide et trouvant la portée la plus belle. Le pompon lui aussi, sur lequel nous ne pouvions tirer qu'un ou deux obus à longueur de journée, car le tireur devait travailler deux ou trois heures après chaque tir pour essayer de le réparer, à notre grande surprise, s'est soudainement mis à retentir. et les deux pièces — j'allais dire les pièces « mystérieuses » — déversèrent un flot d'acier meurtrier sur les assaillants, ce qui les fit vaciller puis se retirer, laissant derrière eux de nombreux camarades.

De notre côté, seuls deux bourgeois ont été tués, tandis que 22 ont été blessés. La perte exacte de l'ennemi était difficile à estimer. Il devait cependant s'en monter à quelques centaines.

De nouveau, la nuit étendit un voile sombre sur l'un des drames les plus sanglants de cette guerre. Après la cessation des hostilités, j'ai réuni mes officiers et j'ai examiné notre position. Nous n'avions pas perdu un pouce de terrain ce jour-là, tandis que l'ennemi n'avait rien gagné. Au contraire, ils avaient essuyé un sérieux rebut de notre part. Mais nos munitions devenaient rares, nos chariots, avec leurs provisions, étaient à 18 milles. Nous n'avions sur nos positions que des farines et de la viande crue, et les bourgeois n'avaient aucune chance de les cuisiner. Nous décidons donc, n'ayant aucun intérêt particulier à conserver ces positions, de nous replier cette nuit-là sur Poortjesnek, qui est une "maison de transition" entre l'endroit que nous quittons et nos charrettes, d'où nous devrions pouvoir puiser nos provisions et nos munitions de réserve.

Nous avons donc laissé le général Paget occuper ces postes sans plus attendre.

J'ai essayé de décrire cette bataille le plus minutieusement possible afin de montrer que l'incompétence des généraux n'a pas toujours été de notre seul côté.

J'ai vu dans le rapport du commandant en chef britannique, publié dans les journaux, que cette bataille avait été une victoire des plus réussies et des plus brillantes, remportée par le général Paget. On dira peut-être que c'était bête de ma part d'évacuer les positions, et que j'aurais dû continuer à les défendre le lendemain. Eh bien, autrefois, cela aurait été le fait de généraux européens, mais ils combattaient sans aucun doute dans des circonstances différentes. Ils n'étaient pas confrontés à une force dix fois supérieure à leur propre force

; non limité à une quantité limitée de munitions ; ils ne manquaient pas non plus de nourriture ou de renforts appropriés. Le commando boer le plus proche se trouvait à Warmbad, à environ 60 milles de distance. Il n'était d'ailleurs pas nécessaire, ni pour des raisons militaires ni stratégiques, de nous accrocher à ces positions. C'était déjà devenu notre politique de nous battre chaque fois que nous le pouvions et de nous retirer lorsque nous ne pouvions plus tenir. Le gouvernement avait décidé que la guerre devait se poursuivre et il était du devoir de tout général de manœuvrer pour la prolonger. Nous n'avions pas de troupes de réserve, ma devise était donc : « Tuez autant d'ennemis que possible, mais veillez à ne pas exposer vos propres hommes, car nous ne pouvons en épargner un seul. »

Le 30 novembre, au lendemain du combat, j'étais avec une patrouille sur les premiers « randts », au nord-est de Rhenosterkop, au moment où le soleil se levait, et j'avais une vue splendide sur tout le champ de bataille de la veille. J'ai vu les éclaireurs ennemis s'approcher prudemment des positions évacuées, et j'ai conclu des précautions qu'ils prenaient qu'ils ne savaient pas que nous étions partis du jour au lendemain. En effet, très peu de temps après, j'ai vu les Khakis prendre d'assaut et occuper les kopjes. Combien grands ont dû être leur étonnement et leur déception en trouvant ces positions désertées, pour la possession desquelles ils avaient versé tant de sang. De nombreuses ambulances étaient amenées et circulaient sur le champ de bataille, transportant les blessés vers le camp hospitalier qui devait prendre des proportions colossales. On a vu des fossés creusés dans lesquels les soldats tués étaient enterrés. Une troupe de cafres portait les corps, autant que je pouvais distinguer, et je pouvais distinguer distinctement quelques amas de formes kaki près des tombes.

BATAILLE DE RHENOSTERKOP—COMMENT LE COLONEL LLOYD EST MORT.

Tel qu'il se présentait aujourd'hui, le champ de bataille était un triste spectacle . Mort et mutilation, chagrin et misère, telles étaient les traces laissées par le combat d'hier. Comme c'est triste, pensai-je, que des nations civilisées tentent ainsi de s'anéantir les unes les autres. Les charges courageuses et répétées des soldats du général Paget, malgré nos tirs meurtriers, avaient valu notre plus grande admiration pour l'ennemi, et bien des bourgeois soupiraient même pendant la bataille. Quel dommage que des gens aussi courageux soient conduits à la destruction comme autant de moutons à l'étable du boucher !

Pendant ce temps, les colonnes du général Lyttelton ne s'étaient pas rapprochées, et il nous semblait qu'il n'avait fait qu'une démonstration pour nous confondre et dans le but de nous faire fuir devant leur force écrasante.

Le 1er décembre, le général Paget envoya une forte force montée à notre rencontre, et nous eûmes un combat court et vif, sans très grandes pertes de part et d'autre.

Cette colonne campait à Langkloof, près de nos positions, nous obligeant à faire paître et abreuver nos chevaux au bas du « cou » dans les bois, où régnait la peste équine. Nous fûmes donc très vite obligés de déménager.

Vers cette époque, j'ai reçu un rapport selon lequel un certain nombre de femmes et d'enfants erraient près de Rhenosterkop, le long de la rivière Wilge. Leurs maisons avaient été incendiées sur ordre du général Paget, et il nous était demandé de protéger ces malheureux.

Certains bourgeois ont proposé de sortir la nuit pour essayer de les retrouver, et le lendemain matin, ils ont amené plusieurs familles dans notre camp. Les maris de ces pauvres malades étaient de service dans le quartier, de sorte qu'ils pouvaient désormais faire le nécessaire pour leurs femmes et leurs enfants. J'ai posé quelques questions à certaines femmes, d'où il ressort que, bien qu'elles aient supplié les Anglais de ne pas brûler leurs vêtements et leur nourriture, cela avait été fait. Certains Australiens et Canadiens, qui étaient présents, avaient fait de leur mieux pour conserver une partie de la nourriture et des vêtements, et ces coloniaux leur avaient montré beaucoup de considération à tous égards, mais, ajoutèrent les femmes, une bande de cafres, à qui on avait ordonné de à l'origine de cette destruction, se comportaient de la manière la plus barbare et la plus cruelle et n'étaient sous aucun contrôle des soldats britanniques.

Je crus devoir protester contre ces actes de vandalisme scandaleux, et envoyai le lendemain deux de mes adjudants au camp anglais avec une note à peu près de la teneur suivante :

"Au GÉNÉRAL PAGET , *commandant les forces de HM à Rhenosterkop* .

"Il est de mon douloureux devoir de porter à l'attention de Votre Honneur la manière cruelle avec laquelle les troupes sous votre commandement agissent en maltraitant des femmes et des enfants sans défense. Non seulement leurs maisons, mais aussi leur nourriture et leurs vêtements, sont incendiés. de pauvres créatures ont été laissées en pleine nature, à la merci des cafres, et seraient mortes de faim et d'épuisement sans notre aide. Cette façon de traiter ces malheureux est sans aucun doute contraire aux règles de la guerre civilisée, et je vous en supplie. Soulignez que la responsabilité de cette cruauté incombera entièrement à vous. Soyez assurés qu'un traitement similaire de nos familles ne réduira pas la durée de la guerre, mais qu'au contraire, de telles barbaries obligeront les bourgeois à prolonger la lutte et à prolonger la guerre. continuer à se battre avec plus d'amertume et de détermination que jamais. »

Les deux dépêches que j'envoyai au général britannique sous pavillon blanc furent prises pour des espions, et malgré tous leurs efforts pour établir leur identité, le général Paget ne fut pas convaincu et les fit arrêter, les détenant pendant trois jours. Leurs chevaux étaient utilisés quotidiennement par les officiers anglais, ce que je considère comme loin d'être gentleman. Le troisième jour, mes deux adjudants furent de nouveau conduits devant le général et contre-interrogés, mais aucune preuve ne put être trouvée contre leur qualité de messagers de bonne foi. Paget leur dit que ma dépêche n'avait aucun sens, et ne leur donna pas le droit d'entrer dans ses lignes sous le drapeau blanc, ajoutant, en leur remettant une lettre qui m'était adressée :

"Vous pouvez y aller maintenant ; dites à votre général que s'il aime se battre, je serai heureux de le rencontrer à tout moment en plein air. Vous avez tué certains de mes membres de la Croix-Rouge, mais je sais que cela a été fait par ces " damnés ". Des habitants de Johannesburg sans scrupules. Dites-leur que je les paierai pour ça !"

Avant le départ de mes adjudants, un certain capitaine... dit à l'un d'eux :

"Je dis, que pense votre peuple du combat ?"

"De quel combat parles-tu ?" demanda l'adjudant.

"Le combat ici", répondit le capitaine.

"Oh," remarqua l'adjudant, "nous pensons que c'était plutôt une mauvaise gestion." A quoi le capitaine répondit : « Par Jupiter ! vous n'êtes pas les seuls à le penser.

Le contenu de la lettre du général Paget était court et approximatif ; "La responsabilité des souffrances des femmes et des enfants repose sur les épaules de ceux qui poursuivent aveuglément la lutte impuissante", etc., etc.

Je puis dire ici que c'était la première fois dans cette guerre que les officiers anglais traitaient ainsi mes estafettes sous le drapeau blanc, me donnant en même temps une réponse aussi discourtoise.

Sans doute avons-nous eu à nos côtés des généraux agissant ainsi, et j'avoue que nous n'avons pas toujours respecté l'étiquette.

Comme nous l'avons déjà dit, une partie des forces ennemies campait près de Poortjesnek, si près que nous avons dû déplacer notre laager et notre commando vers un endroit plus sain à cause du mal de cheval. L'ennemi installa une occupation permanente à Rhenost erkop et nous nous installâmes dans la région de Lydenberg, où nous savions que nous trouverions un « veld » sain sur les monts Steenkamps. Nous avons traversé la forêt près de Maleemskop via Roodekraal, jusqu'au pied du Bothasberg, où nous avons eu quelques semaines de repos.

CHAPITRE XXVII.

LE DEUXIÈME NOËL EN GUERRE.

Le veld était dans un état splendide au pied du Bothasberg, où nous avions établi notre camp. Nous avons trouvé de la farine et du bétail partout. L'ennemi ne savait pas où nous étions réellement et ne pouvait donc pas nous déranger pour le moment. Notre gouvernement était à Tautesberg, à environ 12 milles au nord de Bothasberg, et nous avons reçu la visite du président par intérim Burger, qui a apporté avec lui les dernières nouvelles d'Europe et les rapports des autres commandos. M. Burger a dit qu'il était désolé que nous ayons dû quitter le district de Pretoria, mais il pouvait comprendre que nos chevaux auraient tous été tués par la maladie si nous nous étions arrêtés à Poortjesnek. En ce qui concerne la bataille de Rhenosterkop, il exprime la satisfaction du gouvernement quant au résultat.

Le 16 décembre, nous avons célébré la Journée de Dingaan de manière solennelle. Le pasteur J. Louw, qui nous avait fidèlement accompagnés pendant ces mois fatigants de retraites et d'adversité, a prononcé un discours des plus impressionnants, décrivant notre position. Plusieurs officiers ont également pris la parole et j'ai moi-même tenté ma chance, même si je m'en suis tenu à la politique. L'après-midi, les bourgeois pratiquaient des sports consistant en des courses à pied et à cheval. Les prix ont été rassemblés grâce à de petites contributions des officiers. Tout s'est bien passé, sans aucun incident, et l'unanimité a jugé que c'était très divertissant.

C'était un spectacle singulier, compte tenu des circonstances, de voir ces gens sur le "veldt" festoyer et de bonne humeur, chacun essayant d'amuser l'autre, sous le "Vierkleur" palpitant - le seul que nous possédions - mais le regard ce qui a réjoui le cœur de nombreuses personnes assistant à cette célébration dans le désert. Comment aurions-nous pu être dans une ambiance vraiment festive sans la vue de cette bannière bien-aimée, qu'il avait fallu tant de sacrifices pour protéger et pour laquelle tant de sang Afrikander avait été versé.

Et chez beaucoup d'entre nous la pensée s'est imposée : « Ô Vierkleur de notre Transvaal, combien de temps encore pourrons-nous te voir déployé ? Combien de temps, ô Seigneur, un flot de larmes et de sang devra-t-il couler avant que nous soyons à nouveau les maîtres incontestés de notre petite République, à peine visibles sur la carte du monde ? Combien de temps encore notre adoré Vierkleur pourra-t-il flotter au-dessus des têtes de notre nation persécutée, dont le sang a taché et trempé vos couleurs depuis quelques générations ? J'ai confiance que, aussi sûr que le soleil se lèvera à l'est et se couchera à l'ouest, aussi sûrement notre drapeau, maintenant enveloppé dans un triste deuil, flottera bientôt à nouveau dans toute sa splendeur, sur le pays sur lequel la nature prodigue ses plus merveilleux trésors. »

Le caractère Afrikander peut être qualifié de particulier à bien des égards. Dans les moments de revers, lorsque l'avenir semble sombre, on peut facilement déceler ses tendances pessimistes. Mais une fois ses camarades enterrés, les blessés soignés et un moment de repos laissé par l' ennemi, la part joyeuse de la nature boer l'emporte, et il est plein de plaisir et de sport. Si quelqu'un, dans un sermon ou dans un discours, essaie de lui faire comprendre la gravité de la situation, en lui montrant combien nos ancêtres ont souffert et comment nous devons suivre leurs traces, notre héros d'hier, le joyeux garçon qui riait bruyamment et en plaisantant il y a une minute, on le voit fondre et les larmes lui montent aux yeux. Je fais maintenant référence au véritable Afrikander. Bien sûr, nombreux sont ceux qui se disent Afrikanders et qui, au cours de cette guerre, se sont révélés être la racaille de la nation. Je veux les distinguer des vrais, des hommes nobles appartenant à cette nationalité dont je serai fier toute ma vie, quelle que soit l'issue de la guerre.

Nos laagers n'étaient pas dans une situation très satisfaisante, plus pour notre sécurité que pour la santé, la maladie ne devant se faire sentir que plus tard dans l'année.

Nous décidons donc de « marcher » encore 10 milles, à l'est de Witpoort, en passant par Korfsnek, jusqu'au Steenkampsbergen, afin de planter ou camper à Windhoek. Windhoek (le coin du vent) était un nom approprié, les brises y soufflant parfois avec une fureur implacable.

Ici, nous avons célébré Noël 1900, mais nous avons cruellement manqué les nombreux cadeaux que nos amis et connaissances nous avaient envoyés de Johannesburg lors de la fête précédente et qui avaient fait le Noël de l'année dernière sur le Tugela un tel succès.

Pas de farine, pas de sucre ni de café, pas de spiritueux ni de cigares pour égayer notre planche de fête. Ce genre de choses faisait partie des produits de luxe qui n'étaient plus à notre disposition depuis longtemps, et nous devions avoir l'air agréables en mangeant de la bouillie de farine et de la viande, variées par de la viande et de la bouillie de farine.

On voyait pourtant de nombreux groupes de bourgeois s'amuser à toutes sortes de jeux ; ou bien vous avez trouvé un pasteur dirigeant le service divin et exhortant les bourgeois. Nous avons ainsi célébré notre deuxième Noël sur le terrain.

Vers cette époque, les commandos du district de Lydenburg (où nous nous trouvions maintenant) ainsi que ceux de la partie nord de Middelburg furent placés sous mon commandement, et je fus occupé pendant plusieurs jours à réorganiser les nouveaux arrivants. Le fait que le chemin de fer était presque sans cesse aux mains de l'ennemi, et que la route de Machadodorp à Lydenburg était également bloquée par eux (cette dernière étant occupée en plusieurs endroits par des garnisons grandes ou petites), nous obligea à placer un grand nombre d'avant-postes pour nous protéger. se prémunir contre des attaques continuelles et signaler chaque fois que certaines des colonnes, toujours en mouvement, approchaient.

L' endroit où se trouvaient maintenant nos laagers n'était qu'à 13 milles de Belfast et de Bergendal, entre deux endroits où était postée la forte force du général Smith-Dorrien ; tandis qu'à une petite distance derrière Lydenburg se trouvait le général Walter Kitchener avec une garnison tout aussi forte. Nous étions donc obligés d'être continuellement sur le qui-vive, sans relâcher notre vigilance un seul instant. Un ou deux bourgeois désertaient encore de temps en temps, aggravant leur comportement honteux en informant l'ennemi de nos mouvements, ce qui faisait souvent échouer un plan bien organisé. Nous savions que c'était simplement dû à ces traîtres très dangereux.

Les artilleurs de l'État, désormais privés de leurs canons, furent transformés en un corps à cheval de 85 hommes, dirigés par les majors Wolmarans et Pretorius, et placés sous mon commandement pour le moment.

Il était temps maintenant de passer à l'offensive, avant que l'ennemi ne nous attaque. Je partis donc en reconnaissance pendant quelques jours, avec plusieurs de mes officiers, afin de connaître les positions de l'ennemi et de découvrir son point le plus faible. Ma tâche devenait trop ardue et je décidai de promouvoir le commandant Muller au grade de général combattant. Il s'est avéré être un assistant actif et fiable.

CHAPITRE XXVIII.

CAPTURE DE "LADY ROBERTS".

Après avoir soigneusement reconnu les positions ennemies, je résolus, après avoir consulté mon général de combat Muller, d'attaquer la garnison Helvetia, une des fortifications ou camps ennemis entre Lydenburg et Machadodorp. Ces fortifications servaient à protéger la route ferroviaire reliant la gare de Machadodorp à Lydenburg, le long de laquelle leurs convois parcouraient deux fois par semaine pour approvisionner le village de Lydenburg. Helvetia est située à trois milles à l'est de Machadodorp, à quatre milles à l'ouest de la gare de Watervalboven, où était stationnée une garnison, et à environ trois milles au sud d'un camp près de Zwartkoppies. Elle n'était protégée que du côté nord. Bien qu'il fût difficile d'approcher de ce côté à cause d'un rand montagneux traversé par la rivière Crocodile, c'était pourtant la seule route à prendre. Elle traversait Witrand ou Bakenkop ; les commandos étaient donc obligés de le suivre, et ce de nuit, car s'ils avaient dépassé le Bakenkop de jour, ils se seraient exposés aux tirs d'artillerie ennemie des garnisons de Machadodorp et de Zwartkoppies.

Dans la nuit du 28 décembre 1900, nous avons marché depuis Windhoek, passé Dullstroom, jusqu'au quartier de Bakenkop, où nous nous sommes arrêtés et avons divisé les commandos pour l'attaque, qui devait se faire à peu près dans l'ordre suivant :

Le général de combat Muller devait marcher avec 150 hommes le long de la route de convoi entre Helvetia et Zwartkoppies jusqu'à Watervalboven, en gardant ses mouvements cachés à l'adversaire. Le commandant W. Viljoen (mon frère) s'approcherait des parties nord et sud de l'Helvétie en quelques centaines de pas, avec une partie des Johannesburgois et de la police de Johannesburg. Ce commando comptait 200 hommes.

Afin de pouvoir prendre d'assaut les différents forts presque simultanément, nous devions tous nous déplacer à 3 heures 30 du matin, et j'ai donné un mot de passe aux hommes, afin d'éviter toute confusion et la possibilité de nous heurter les uns les autres lors de la charge générale. Il y avait plusieurs forts et tranchées à prendre, les bourgeois devaient crier « Hourra ! ils prenaient chaque fort aussi fort qu'ils le pouvaient, ce qui nous montrerait qu'il était capturé, et en même temps encouragerait les autres. Deux de nos plus vaillants cornets de campagne, P. Myburgh et J. Cevonia, un Afrikander italien, furent envoyés à gauche, au-delà d'Helvetia, avec 120 hommes, pour attaquer Zwartkoppies au moment où nous devions prendre d'assaut Helvetia, pendant que je gardais en réserve. les artilleurs d'État et un groupe de Lydenburgers à droite de cette dernière place, près de Machadodorp, ce qui me permettrait d'arrêter tous les renforts envoyés de l'autre côté depuis cette place ou depuis Belfast. Car si les Britanniques envoyaient de la cavalerie à partir de là, ils seraient en mesure de tourner nos arrières, et en avançant dès qu'ils entendraient le premier rapport de tirs sur Helvetia, ils seraient en mesure de me couper en morceaux avec les troupes britanniques. tout mon commando. J'en suggère seulement la possibilité, et je ne parviens pas à comprendre pourquoi cela n'a pas été tenté. Je ne peux qu'être reconnaissant envers les officiers britanniques pour avoir omis de le faire.

J'avais pris position, avec quelques-uns de mes adjudants, entre les commandos, comme convenu, et j'attendais, la montre à la main, le moment où le premier coup de feu serait tiré. Mes hommes connaissaient tous leur place et leurs tâches, mais malheureusement un épais brouillard s'est levé vers 14 heures, ce qui a fait perdre le chemin aux deux cornets de campagne qui devaient attaquer les Zwartkoppies et leur chance d'atteindre leur destination avant le lever du jour.

J'ai reçu la nouvelle de cet échec à 15 heures 20, *soit* dix minutes avant l'heure fixée pour l'action. Un mauvais début, pensai-je, et ces dix dernières minutes me parurent plusieurs heures.

J'allumais une allumette à chaque instant, sous le couvert de mon macintosh, pour voir s'il était encore trois heures et demie. Encore une minute et on déciderait bientôt si je serai le vaincu ou le vainqueur. Combien de bourgeois, qui marchaient maintenant avec tant d'empressement pour charger l'ennemi dans ses tranchées, manqueraient-ils demain dans nos rangs ? Ce sont ces moments de tension qui font grisonner les cheveux d'un officier. La relation entre notre bourgeois et ses officiers est totalement différente de celle qui existe entre l'officier britannique et ses hommes ou entre ces rangs peut-être dans n'importe quelle autre armée permanente. Nous sommes tous amis. La vie de chaque bourgeois de notre armée est hautement appréciée par son officier et n'est sacrifiée qu'au prix le plus élevé. Nous regrettons autant la perte d'un simple bourgeois que celle du plus haut rang. Et c'est la détresse et l'inquiétude de voir ces vies perdues qui m'ont fait réfléchir avant la bataille.

Soudain, un de mes adjudants cria : « J'entends des cris. Qu'est-ce que cela peut être ?

J'ai jeté mon imperméable sur ma tête, j'ai allumé une allumette, puis j'ai crié : « Il est temps, mes gars ! Et en quelques secondes une chaîne de tirs s'enflamma autour des forts, aussitôt suivie par le cliquetis et le crépitement des Mauser des bourgeois. L'ennemi ne tarda pas à riposter.

Il n'est pas facile de restituer de manière adéquate l'impression que donne une bataille dans le noir. Chaque fois qu'un coup de feu est tiré, vous voyez un éclair de feu long de plusieurs mètres, et là où environ 500 ou 600 fusils sont tirés à une courte distance de vous, cela fait penser à un gigantesque feu d'artifice.

Même si c'était encore le crépuscule, je pouvais facilement suivre le déroulement du combat. Les tirs des défenseurs se ralentissaient en plusieurs endroits, pour s'apaiser complètement en d'autres, tandis que, du côté des autres détonations et éclairs, nos hommes se rapprochaient visiblement, resserrant l'anneau autour de l'ennemi.

Jusqu'à présent, d'après mes éclaireurs, aucun mouvement n'avait été fait depuis Belfast, ce qui m'a encouragé à informer les officiers que nous n'étions pas coupés. Au petit jour, quelques coups de feu tombaient seulement, et lorsque le brouillard se dissipa, je trouvai Helvetia entre nos mains.

Le général Muller rapporta que sa partie de l'attaque avait été accomplie avec succès et qu'un canon naval de 4,7 avait été trouvé dans la grande forteresse. J'ai donné l'ordre d'aller chercher sans délai ce canon hors du fort, d'emmener les prisonniers que nous avions faits et tout ce que nous pourrions emporter du commissariat, et de brûler le reste.

Vers le soir, deux canons nous tirèrent dessus à Zwartkoppies, ce qui rendit très difficile l'évacuation des provisions.

Une grande quantité de rhum et d'autres spiritueux fut trouvée parmi le commissariat ennemi, et aussitôt que les soldats britanniques faits prisonniers furent désarmés, ils accoururent, remplirent leurs flacons et burent si librement qu'une trentaine d'entre eux furent bientôt incapables de le faire. marcher. Leur mauvais exemple fut suivi par plusieurs bourgeois, et beaucoup d'hommes qui n'avaient pas l'habitude de boire profitèrent de cette occasion pour s'abreuver en bonne quantité, ce qui rendit très difficile pour nous le maintien de l'ordre.

Environ 60 hommes de la garnison avaient été tués ou blessés, et leur commandant avait reçu quelques blessures, mais heureusement il y avait là un médecin qui s'occupa immédiatement de ces cas. De notre côté, nous avions cinq hommes tués et sept blessés, parmi lesquels se trouvaient le courageux lieutenant Nortje et le caporal J. Coetzee.

Un petit fort, situé entre les autres, avait été oublié, par un malentendu, et une vingtaine de soldats qui y tenaient garnison avaient été oubliés et omis d'être désarmés.

Un commando indiscipliné n'est parfois pas facile à gérer. Il faut tout le tact et toute l'astuce des officiers pour faire transporter toutes les marchandises capturées, comme les armes, les munitions, les provisions, etc., surtout lorsqu'on trouve de la boisson dans un camp capturé.

Lorsque nous avons discuté de la victoire par la suite, il est devenu tout à fait clair que notre tactique consistant à prendre d'assaut les positions ennemies sur les côtés est et sud avait été riche d'excellents résultats, car les Anglais n'étaient pas du tout préparés sur ces points, bien qu'ils aient été sur leur chemin. garde au nord. En fait, il avait été très éprouvant de les forcer à se rendre là-bas. L'officier commandant, qui fut par la suite démis de ses fonctions de l'armée britannique, avait fait de son mieux, mais il fut blessé à la tête au début du combat et, autant que j'ai pu le savoir, il n'y avait aucun corps pour le remplacer. Trois lieutenants furent surpris dans leur lit et faits prisonniers de guerre. Dans le grand fort où nous trouvions le canon naval, un capitaine de l'artillerie de la garnison commandait. Cette forteresse avait été prise d'assaut, comme nous l'avons déjà dit, du côté où l'attaque n'était pas prévue et le capitaine n'avait pas eu l'occasion de tirer beaucoup de coups de revolver, lorsqu'il fut blessé au bras et contraint de se rendre aux troupes. des bourgeois qui se sont précipités. Deux cent cinquante prisonniers, dont quatre officiers, furent faits, la majorité appartenant au régiment de Liverpool et au 18e régiment de hussards. Ils ont tous été emmenés dans notre laager.

Nous avons réussi à ramener en parfait état le canon capturé, ainsi que quelques wagons. Malheureusement, le chariot avec les projectiles ou les obus s'est coincé dans le bourbier et a dû être laissé sur place.

J'ai donné l'ordre de faire remonter un canon que nous avions laissé aux bourgeois de réserve à Bakenkop, d'ouvrir le feu sur les deux pièces qui nous tiraient dessus depuis Zwartkoppies, et de couvrir nos mouvements pendant que nous emmenons les prisonniers de guerre. -la guerre et les magasins capturés. J'espérais avoir l'occasion de libérer les chariots coincés. Mais le destin était contre nous. Une forte tempête de grêle accompagnée de tonnerre et d'éclairs, plus violente que jamais auparavant en Afrique du Sud, s'est abattue sur nos têtes. Plusieurs fois, la foudre a frappé le sol autour de nous et le temps est devenu si alarmant que les « Tommies » ivres ont commencé à parler de leur âme, et de nouveaux efforts pour sauver les charrettes ont dû être abandonnés.

Quel que soit le commandant de Zwartkoppies, il méritait vraiment un DSO, qu'il a également obtenu.

Ce que signifie réellement cet ordre, je l'ignore, mais je sais qu'un soldat anglais est tout à fait prêt à risquer sa vie pour en mériter un, et comme la décoration elle-même ne peut pas être très coûteuse, il est avantageux pour le gouvernement britannique d'être très libéral à son égard. Un Boer ne se contenterait que d'une promotion en guise de récompense pour son héroïsme.

Quand la tempête s'est calmée, nous avons continué. C'était un spectacle remarquable : une longue procession de « Tommies », de bourgeois, de charrettes et du canon naval, long de 18 pieds, un éléphantin comparé à nos petits canons.

Cette fois encore, je fus frappé par le peu de ressentiment qui régnait réellement entre les Boers et les Britanniques, et par la façon dont ils se battaient tous les deux simplement pour accomplir leur devoir de soldats. Tandis que je longeais le flot d'hommes, j'ai remarqué plusieurs groupes de bourgeois et de soldats assis ensemble le long de la route, mangeant dans une boîte de confiture, partageant leur pain entre eux et buvant dans la même flasque.

Je me souviens de quelques bribes de conversation que j'ai entendus : -

TOMMY : Par Jupiter, mais vous nous avez donné du jip. Si tu étais venu un peu plus tard, tu ne nous aurais pas eu aussi facilement, tu sais.

BURGHER : C'est pas grave, Tommy, nous t'avons eu. Je suppose que la prochaine fois tu nous auras. Les fortunes de la guerre, vous savez. Bois-en encore, mon vieux. Oh, dis-je, voici le général qui arrive.

TOMMY : Qui est-il ? Du Wyte ou Viljohn ?

Et puis, lorsque je les dépassais, tout le groupe saluait très civilement.

Nous nous arrêtâmes cette nuit-là à Dullstroom, où nous trouvâmes quelques logements pour les officiers britanniques capturés. Nous regrettions qu'un des Anglais n'ait pas eu le temps de s'habiller convenablement, car nous avions un stock très restreint de vêtements et il était difficile de lui en trouver.

Le lendemain matin, je constatai qu'une demi-douzaine de prisonniers de guerre avaient subi de légères blessures corporelles pendant le combat, et je les envoyai sur un chariot à Belfast avec une dépêche au général Smith-Dorrien, l'informant que quatre de ses officiers et 250 hommes étaient entre nos mains, qu'ils seraient bien soignés et que je renvoyais maintenant les blessés légers qui avaient été emmenés par erreur.

Je vais essayer de donner la phrase finale de ma communication, autant que je m'en souvienne, ainsi que la réponse à celle-ci. Je peux ajouter que les mots « The Lady Roberts » avaient été gravés sur le canon naval et que de nombreuses personnes venaient d'être expulsées de Pretoria et d'autres endroits comme étant considérées comme « indésirables ».

Ma lettre se terminait ainsi :

"J'ai été obligé d'expulser "La Lady Roberts" d'Helvetia, cette dame étant une habitante "indésirable" de cet endroit. Je suis heureux de vous informer qu'elle semble tout à fait à l'aise dans son nouvel environnement et satisfaite du changement de entreprise."

Ce à quoi le général Smith-Dorrien a répondu :

"Comme la dame dont vous parlez n'a pas l'habitude de dormir en plein air, je vous recommande d'essayer la flanelle à même la peau."

J'avais reçu pour instruction de garder les officiers que nous avions faits prisonniers jusqu'à nouvel ordre, et ces quatre furent donc hébergés sous garde dans un bâtiment vide près de Roos Senekal. Les Boers avaient baptisé cet endroit « Ceylan », mais les officiers l'appelaient « la belle maison » en raison de son manque total d'attrait.

Ils étaient autorisés à écrire à leurs parents et amis, à recevoir des lettres, de la nourriture et des vêtements, qui étaient généralement envoyés via nos lignes sous le drapeau blanc. La compagnie fut bientôt complétée par l'arrivée de nombreux autres officiers britanniques qui furent faits prisonniers de temps en temps.

Les 250 soldats capturés furent remis aux autorités britanniques à Middelburg quelques jours plus tard, pour des raisons militaires.

"Le Lady Roberts" fut le premier et jusqu'à présent le dernier gros canon pris aux Anglais, et nous sommes fiers de dire que jamais pendant cette guerre, malgré toutes nos vicissitudes et revers, les Britanniques n'ont réussi à prendre un de nos gros canons. .

On pourrait appeler cela de la vantardise, mais ce n'est pas mon intention et je ne pense pas avoir l'habitude de me vanter. Nous ne le rapportons que comme un des incidents les plus remarquables de la guerre et comme un fait dont nous pouvons nous souvenir avec satisfaction.

Comme nous l'avons déjà dit, le chariot contenant les obus du "Lady Roberts" a dû être abandonné après la bataille. Rien ne nous aurait fait plus plaisir que d'envoyer quelques obus de « Her Ladyship » au camp de Belfast le dernier jour de 1900, avec les « Compliments de la saison ». Pas bien sûr pour provoquer une quelconque destruction, mais simplement pour souhaiter la nouvelle année. Nous les aurions envoyés à proximité comme les Américains dans le livre de Mark Twain : « Pas directement dedans, vous savez, mais à proximité ou à proximité ». Il ne manquait que les obus, car avec le canon étaient chargés 50 "hulzen" et une caisse de cordite "schokbuizen".

Nous avons essayé de fabriquer un obus à partir d'un "Long Tom" vide, en coupant ce dernier, car les obus "Long Toms" étaient de plus gros calibre, et après l'avoir rempli de quatre balles à pompons, de cordite, etc., nous l'avons rendu étanche avec du fil de cuivre et avons soudé le tout ensemble.

Mais lorsque l'obus fut tiré, il éclata à quelques pas de la bouche du canon, et nous dussions abandonner tout espoir d'entendre un jour un cri sortir de la gorge distinguée de la « Dame ».

Il était en sécurité dans les environs de Tautesberg et gardé par un groupe d'éleveurs de bétail, ou plutôt de « chasseurs de brousse », comme on les appelait plus tard, au cas où nous trouverions un jour ou l'autre les obus nécessaires.

A propos de l'attaque contre Helvetia, je voudrais citer les lignes suivantes, écrites par l'un de nos poètes, le secrétaire d'État MFW Reitz, sur le terrain, bien que la traduction ne donne guère une idée adéquate du traitement particulier réservé aux sujet:-

"Vive le général Muller, hourra pour Ben Viljoen. Ils sont allés chercher "Lady Roberts" et l'ont rattrapée très vite. Ils l'ont rattrapée à Helvetia, grande fut la chute d'Helvetia ! Venez voir "La Dame", vous tous, Ooms et Tantes.

C'était un cadeau de Noël (ils ont fait une superbe récolte), et ont envoyé « The Lady Roberts », un cadeau à Oom Paul. Cela a applaudi les pauvres Bush-lancers, cela a applaudi tous les « boers du trek », cela les a amenés à répondre avec joie à l'appel de la liberté.

Lord Roberts a renoncé à se battre, il s'en fiche, mais a quitté sa chère vieille « Lady », qui adore les farines de pap. De nos chères épouses et enfants il a brûlé les foyers heureux, Il aime inquiéter Tantès mais craint les robustes Ooms.

Mais sa vieille « Lady Roberts » (le pistolet crachant de la lyddite), il l'envoya en Helvétie pour encourager la garnison ; Il pensait qu'elle serait en sécurité là-bas, sous la garde du vieux Smith-Dorrien ; Les Boers n'oseraient jamais quitter l'abri des kopjes.

Bravo, habitants de Johannesburg, habitants de Boksburg et policiers, ne leur donnez pas de quartier, ne leur donnez pas de paix ; Avant que les "Tommies" endormis aient pu enfiler leurs bas, les forts furent pris d'assaut et pris, et tous les bourgeois partis.

Nous avons pris 300 soldats, des provisions et leurs fusils, et de leurs munitions nous avons capturé plusieurs tonnes. «C'est une guérilla», dit M. Chamberlain. Mais ceux que nous avons renversés ne se battront plus jamais.

Que Roberts de Kandahar et Kitchener de Khartoum, Que Buller de Colenso fassent exploser tous leurs canons. Ils peuvent faucher les cafres, avec bouclier et sagaies, mais le bourgeois peut compter sur son fidèle Mauser.

Pour l'instant le combat de l'homme blanc, ces héros n'osent pas rester, Lord Kitchener est à Pretoria, les autres se sont enfuis. Lord Roberts *ne peut pas* battre les bourgeois, bien qu'il *puisse* le dire, les seigneurs sont à distance, les généraux peu nombreux et loin !

Ils peuvent annexer et conquérir, avoir conquis et annexé. Pourtant, lorsque le Mauser fait rage, les Britanniques restent perplexes. Tenez donc bon, Afrikanders, prolongez le glorieux combat, Déployez le bon vieux « Vierkleur ». Tenez bon, car le droit est la force !

Et si le ciel était nuageux, et si la lumière disparaissait ? Le jour se lèvera demain, le soleil brillera bientôt ; Et même si dans les mauvais moments la main d'un héros peut échouer, les forts seront confondus et le droit l'emportera !

CHAPITRE XXIX.

UNE « BONNE ANNÉE » LAMENTABLE.

Nous sommes le 31 décembre 1900, deux jours après la victoire remportée par nos bourgeois sur les troupes anglaises à Helvétie, en même temps le dernier jour de l'année, ou, comme on l'appelle, le « réveillon du Nouvel An » ; qui est célébrée dans notre pays avec une grande joie. Les membres de chaque famille se réunissaient ce jour-là, venant parfois de toutes les régions du pays. Si cela ne pouvait être fait, ils inviteraient leurs amis les plus intimes à venir célébrer la vieille année – pour « faire sonner l'ancien et sonner le nouveau » pour « Auld Lang Syne ». Ce fut l'un des jours les plus festifs pour tout le monde en Afrique du Sud. Le 31 décembre 1899, nous avions dû abandonner notre coutume séculaire, n'ayant aucune chance de participer à la réunion amicale chez nous, la plupart d'entre nous étant au front depuis le début d'octobre 1899, tandis que nos commandos étaient toujours au centre même du Natal ou dans la partie nord de la colonie du Cap ; Ladysmith, Kimberley et Mafeking étaient toujours assiégés, et le 15 décembre la grande victoire de Colenso sur l'armée anglaise avait été remportée.

Il est vrai que même alors nous étions loin de nos amis bien-aimés, mais ceux qui n'avaient pas été faits prisonniers étaient encore en communication directe avec ceux qui leur étaient proches et chers. Et même si nous n'avons pas pu passer ce grand jour dans le cercle familial, nous avons néanmoins pu envoyer nos meilleurs vœux par lettre ou par télégramme. Nous avions alors espéré que ce serait la dernière fois que nous aurions à passer le dernier jour de l'année dans des circonstances aussi pénibles, espérant que la guerre serait bientôt terminée.

Maintenant, 365 jours s'étaient écoulés – des jours longs, mornes et fatigants de lutte incessante ; et encore une fois, nos attentes ne se sont pas réalisées et nos espoirs ont été différés. Nous n'aurons pas le privilège de célébrer "l'Ancien et le Nouveau" avec notre peuple comme nous l'avions si ardemment souhaité l'année précédente sur le Tugela.

La journée se déroulerait dans des circonstances bien plus déprimantes. Dans de nombreux foyers, les membres de la famille que nous laissions derrière nous ne pouvaient pas être d'humeur festive, pensant à la situation du pays, pleurant les morts et se préoccupant du sort des blessés, de ceux qui étaient en vie. disparus ou connus pour être des prisonniers de guerre.

Il faisait nuit et tout le monde était déprimé par la situation grave actuelle. Est-il nécessaire de dire que nous étions tous absorbés dans nos pensées, revenant sur les incidents de l'année écoulée ? Faut-il dire que chacun de nous pensait avec tristesse à nos nombreuses défaites, à la misère endurée sur les champs de bataille, à nos camarades morts, blessés et emprisonnés ; comment nous avions été contraints d'abandonner Ladysmith, Kimberley et Mafeking, et comment les principales villes de nos républiques, Bloemfontein et Pretoria, où notre drapeau bien-aimé flottait depuis tant d'années sur un peuple indépendant, étaient maintenant dans entre les mains de l'ennemi ? Inutile de dire que nous pensions cette nuit-là plus que jamais à nos nombreux parents qui avaient sacrifié leur sang et leurs trésors dans cette mélancolique guerre pour la bonne cause ; de nos femmes et de nos enfants, qui ne savaient pas ce que nous étions devenus et que la plupart d'entre nous n'avaient pas vu depuis huit mois. Étaient-ils encore en vie ? Devons-nous un jour les voir vivants ? Telles étaient les pensées terribles qui nous traversaient l'esprit tandis que nous étions assis en silence autour du feu ce soir-là.

Rien non plus ne parvenait à atténuer la sombre monotonie. Cette fois, nous ne devrions pas avoir la chance de recevoir quelques petites choses pour nous remonter le moral et nous rappeler que nos plus chers amis ont pensé à nous. Notre repas serait ce jour-là la viande et les farines éternelles – les farines et la viande.

Mais pourquoi évoquer tous ces sombres souvenirs du passé ? Suffisant jusqu'au jour où il semble y avoir du mal. Pourquoi résumer la misère d'une année entière de luttes ? Et c'est ainsi que nous avons « célébré » le réveillon du Nouvel An 1900, jusqu'à ce que nous trouvions notre consolation dans la plus grande des bénédictions pour un homme fatigué : un sommeil réparateur.

Mais à peine nous étions-nous levés le lendemain matin que les joyeux compliments : « Bonne année ! ou "Mes meilleurs vœux pour la nouvelle année" résonnaient à nos oreilles. Nous essayions tous évidemment de mettre l'accent sur les bénédictions possibles de l'avenir, afin de nous faire oublier le passé, mais je crains que nous ne nous attendions pas à la réalisation de la moitié de ce que nous souhaitions.

Car nous savions bien à quel point les choses allaient mal partout, combien de nuages sombres planaient au-dessus de nos têtes et combien très peu de points lumineux étaient visibles à l'horizon politique.

CHAPITRE XXX.

ATTAQUE GÉNÉRALE DES FORTS BRITANNIQUES.

Ma présence fut demandée le 3 janvier 1901 par le commandant général lors d'un conseil de guerre qui devait se tenir le surlendemain à Hoetspruit, à quelques milles à l'est de Middelburg. Le général Botha serait là avec son état-major, et une petite escorte l'emmènerait d'Ermelo par la voie ferrée à travers les lignes ennemies. Mes commandos devaient se tenir prêts. Il n'y avait aucun doute dans mon esprit que de grands projets étaient en cours et que le lendemain nous aurions beaucoup à faire, car le commandant général ne viendrait pas jusqu'ici à moins que quelque chose d'important ne soit en cours. Et pourquoi mes commandos devraient-ils se tenir prêts ?

Le 5 au matin, je me rendis au lieu de destination, que nous atteignîmes à 11 heures, et constatai que le commandant général et sa suite étaient déjà arrivés. Le général Botha avait roulé toute la nuit pour percer les lignes ennemies et s'était reposé à l'ombre d'un arbre à Hoetspruit. La réunion de ses adjudants et des miens fut plutôt bruyante et le réveilla, après quoi il se leva immédiatement et s'approcha de moi avec son sourire cordial habituel. Nous avions souvent été ensemble pendant de nombreux mois pendant la guerre et les relations entre nous avaient été très cordiales. Je n'hésite donc pas à le qualifier d'ami intime, avec le respect que je dois à Son Honneur en tant que mon chef.

"Bonjour, vieux frère, comment vas-tu ?" » fut le bienvenu de Botha.

"Bonjour, Général, merci, comment vas-tu ?" J'ai répondu.

Ma haute appréciation et mon respect pour sa position m'ont fait m'abstenir de l'appeler Louis, bien que nous ne différions pas beaucoup par l'âge et que nous soyons en bons termes.

"Je dois vous féliciter pour votre attaque réussie contre Helvetia. Vous avez fait du bon travail", a-t-il déclaré. « J'espère que vous avez passé un agréable réveillon du Nouvel An. Mais, poursuivit-il, je suis désolé d'une certaine manière, car l'ennemi sera désormais sur ses gardes et nous ne réussirons peut-être pas à exécuter les plans que nous envisageons. à discuter aujourd'hui, et qui concernent ces mêmes districts.

"Je suis désolé, Général," répondis-je, "mais bien sûr, je ne sais rien de ces projets."

"Eh bien," répondit le commandant général, "nous essaierons quand même et espérons le meilleur."

Une heure plus tard, nous nous sommes réunis en conseil. Louis Botha expliqua brièvement comment il s'était rendu avec le général Christian Botha et Tobias Smuts, avec 1 200 hommes, à Komatiboven, entre la Caroline et Belfast, où ils avaient laissé les commandos franchir la ligne afin d'aller à la rencontre des officiers qui se trouvaient au nord de Belfast. il avait pour but d'entrer dans les détails d'une attaque combinée contre les camps ennemis.

Tous furent d'accord et il fut donc décidé que l'attaque aurait lieu dans la nuit du 7 janvier, à minuit, les positions ennemies étant simultanément prises d'assaut.

L'attaque devait être menée de la manière suivante : le commandant général et le général C. Botha, accompagnés de F. Smuts, attaqueraient du côté sud des garnisons, aux endroits suivants : Pan Station, Wonderfontein Station, Belfast Camp et Station, Dalmanutha et Machadodorp, tandis que je devais attaquer ces lieux par le nord. Les commandos seraient répartis de manière à disposer à chaque endroit d'une charge de force d'un cornet de campagne.

Je dois dire que j'ai eu beaucoup de mal à essayer de diviser mes petites forces sur une si longue ligne de camps, mais la majorité était en faveur de cette politique de « dépérissement » et elle a donc dû être fait.

La force de l'ennemi en différents endroits n'était pas facile à déterminer. Je savais que la garnison la plus forte de Belfast comptait plus de 2 500 hommes, et que cet endroit devait devenir le principal point d'attaque, bien que la garnison de Machadodorp soit également assez forte. La distance sur laquelle l'attaque simultanée devait être menée était d'environ 22 milles et il y avait au moins sept points à prendre d'assaut, à savoir Pan Station, Wonderfontein, Belfast Village, Monument Hill (près de Belfast), les mines de charbon (près de Belfast).), la gare de Dalmanutha et Machadodorp. Un gros programme, sans doute.

Je ne peux bien sûr que donner une description des incidents survenus de mon côté de la voie ferrée, car les blockhaus et les forts munis de canons, qui avaient été construits le long de la voie ferrée, nous séparaient entièrement des commandos du sud. La communication entre les deux côtés du chemin de fer ne pouvait être assurée que la nuit et avec beaucoup de difficultés, au moyen d'expéditeurs. Nous ne savions donc même pas comment les attaquants du côté sud avaient été répartis. Tout ce que nous savions, c'est que tout endroit qui devait être attaqué par le nord serait également pris d'assaut par le sud en même temps, à l'exception de la mine de charbon à l'ouest de Belfast, occupée par le lieutenant Marshall avec une demi-section du régiment de Gloucester, qui nous devions attaquer séparément, car elle était située à une certaine distance au nord de la voie ferrée.

J'arrangeai mes plans comme suit : le commandant Trichardt, avec deux cornets de campagne de Middelburgers et un de Germiston burghers, devait attaquer Pan et Wonderfontein ; l'artillerie d'État s'en prendrait à la mine de charbon ; les Lydenburgers s'occupent de Dalmanutha et de Machadodorp ; tandis que le général Muller, les Johannesburgois et les Boksburgers consacreraient leur attention à Monument Hill.

Je devrais personnellement attaquer Belfast Village, avec un détachement de police, passant entre la mine de charbon et Monument Hill. Bien entendu, mon attaque ne pouvait être commencée qu'après que les deux derniers endroits eussent été couronnés de succès, sinon ma retraite aurait probablement été interrompue.

LE GÉNÉRAL VILJOEN RENCONTRE LE GÉNÉRAL BOTHA
À HOEDSPRUIT, PRÈS DE MIDDLEBURG.

Le 7 janvier au soir, tous les commandos ont marché, car l'ennemi aurait pu nous voir de loin sur ce terrain plat si nous étions partis de jour et nous aurait tiré dessus avec ses canons de 4,7. , dont nous savions qu'il se trouvait à Belfast. Nous avons dû parcourir une distance de 15 miles entre le crépuscule et minuit. Il n'y avait donc pas de temps à perdre, car un commando se déplace très lentement la nuit s'il y a un danger devant lui. Si le danger vient de l'arrière, les choses vont bien souvent plus vite que ce qui est bon pour les chevaux. Il faut ensuite garder les hommes ensemble et suivre de près les guides, car si des bourgeois restaient à la traîne et que la chaîne était brisée, 20 ou 30 d'entre eux pourraient s'égarer, ce qui nous priverait de leurs services.

C'était une de ces nuits, connues dans les monts Steenkamp sous le nom de « nuits sales », très sombres, avec un vent d'est perçant, qui nous soufflait une pluie incessante, fine et brumeuse, au visage. Vers neuf heures, la brume se transforma en fortes pluies, et nous fûmes bientôt trempés jusqu'aux os, car très peu d'entre nous portaient des manteaux imperméables.

A dix heures, la pluie cessa, mais un épais brouillard nous empêchait de voir quoi que ce soit devant nous, tandis que le vent froid de l'est engourdissait nos membres, les rendant presque raides. Certains bourgeois ont donc dû être évacués par l'ambulance afin de rétablir leur circulation au moyen de médicaments ou de traitements artificiels. L'obscurité impénétrable rendait la route très difficile, car nous étions obligés de maintenir le contact au moyen d'estafettes ; car, comme je l'ai déjà dit, j'ai dû attendre avec la police le résultat de l'attaque des deux positions à droite et à gauche de moi.

A minuit exactement, tous étaient arrivés à destination. Malheureusement, le vent rugissait si fort qu'on ne pouvait entendre aucun coup de feu, même à cent pas de distance.

Les positions proches de Monument Hill et de la mine de charbon furent attaquées simultanément, mais malheureusement nos artilleurs ne purent voir distinctement les tranchées à cause de l'obscurité, et ils chargèrent juste devant elles et durent faire demi-tour lorsqu'ils s'en rendirent compte, en A ce moment-là, l'ennemi avait compris ce qui se passait, avait laissé ses assaillants s'approcher d'eux (c'était un fort rond d'environ cinq pieds de haut, entouré d'une tranchée), et les avait reçus avec une formidable volée. Les artilleurs, cependant, chargèrent courageusement, et avant d'avoir atteint le mur, quatre furent tués et neuf blessés. L'ennemi tirait violemment et visait bien.

Nos courageux garçons sont partis en trombe, et bientôt certains d'entre eux ont sauté par-dessus le mur et un combat au corps à corps s'est ensuivi. Le commandant de la forteresse, le lieutenant Marshall, fut grièvement blessé à la jambe, ce qui dut avoir une grande influence sur le déroulement du combat, car il se rendit peu après. Certains soldats ont réussi à s'échapper, d'autres ont été tués, une dizaine d'autres ont été blessés et 25 ont été faits prisonniers.

Pas moins de cinq artilleurs furent tués et 13 blessés, parmi lesquels le vaillant lieutenant Coetsee qui fut ensuite cruellement assassiné par des cafres près de Roos Senekal. Les défenseurs ainsi que les assaillants s'étaient comportés à merveille.

Près de Monument Hill, à quelque distance de la position, les chevaux des bourgeois furent laissés en arrière, et les hommes marchèrent en ordre dispersé, en forme de croissant. Lorsque nous arrivâmes aux avant-postes ennemis, ils s'étaient groupés à 100 pas des forts, mais dans l'obscurité les soldats ne nous aperçurent que lorsque nous faillirent les heurter. Il n'y avait pas de temps à perdre. Heureusement, ils se rendirent sans se défendre, ce qui rendit notre tâche beaucoup plus légère, car si un coup de feu avait été tiré, la garnison des forts aurait été informée de notre approche. Seulement à 20 pas des forts proches du Monument (il y en avait quatre), nous fûmes accueillis par l'habituel « Halte, qui y va ». Après cela s'est répété trois fois sans que nous y prêtions attention, et à mesure que nous nous rapprochions, les soldats tiraient de tous les forts. Ce n'est que maintenant que nous pouvons voir où ils se trouvent. Nous les avons trouvés entourés d'une clôture en fil de fer barbelé si solide et si épaisse que certains bourgeois s'y sont rapidement pris, mais la plupart d'entre eux ont réussi à la surmonter.

Le premier fort fut pris après une défense courte mais vive, le « hourra » habituel des bourgeois sautant dans le fort était, comme un murmure d'espoir dans l'obscurité, un encouragement pour le reste des bourgeois d'assaut, qui prirent bientôt le dessus. d'autres forts, non sans avoir rencontré une vive résistance. De nombreux bourgeois furent tués, parmi lesquels le brave Field-Cornet John Ceronie, et beaucoup furent blessés.

Au début, il semblait que l'ennemi n'avait pas l'intention de céder, mais nous ne pouvions pas revenir en arrière et « en avant » était le mot d'ordre. Dans plusieurs cas, il y eut une lutte à quelques pas de distance, seul le mur du fort s'interposant entre les bourgeois et les soldats. Les bourgeois criaient : « Levez la main, diables », mais les soldats répondaient : « Hy kona », une expression cafre qui signifie « je ne le ferai pas ».

« Sautez par-dessus les murs, mes hommes ! crièrent mes officiers, et ils furent enfin dans les forts : non, bien sûr, sans perdre de nombreuses vies précieuses. Une «mêlée» s'ensuivit maintenant; les Anglais frappaient à coups de fusil et à coups de poing, et plusieurs bourgeois gisaient à terre, luttant avec les soldats. Un certain "Tommy" voulait enfoncer une baïonnette dans un Boer, mais il fut attrapé par derrière par l'un des camarades de ce dernier, et renversé et un combat général au corps à corps s'ensuivit, se retournant encore et encore, jusqu'à ce que l'un des deux partis était épuisé, désarmé, blessé ou tué. Un des capitaines anglais (Vosburry) et 40 soldats furent retrouvés morts ou blessés, plusieurs ayant été transpercés par leurs propres baïonnettes.

Certains bourgeois avaient perdu connaissance à coups de crosse de fusil au cours de la lutte contre l'ennemi.

Ce carnage avait duré vingt minutes, pendant lesquelles le résultat avait été décidé en notre faveur, et un « hourra », plein de gloire et de reconnaissance, sortait de la gorge de quelques centaines de bourgeois. Nous avions gagné la journée et 81 prisonniers de guerre avaient été faits, dont deux officiers, le capitaine Milner et le lieutenant Dease, tous deux vaillants défenseurs du drapeau anglais.

Ils appartenaient au Royal Irish Regiment, dont tous les Britanniques devraient être fiers.

Dans les forts capturés, nous trouvâmes un Maxim en parfait état, 20 caisses de munitions et d'autres choses, outre des provisions, également une quantité d'alcool, qui fut cependant aussitôt détruit, au grand désappointement de nombreux bourgeois.

Nous avons ensuite continué jusqu'au village de Belfast, mais nous avons trouvé toutes les falaises et tous les fossés occupés. Tous les efforts pour entrer en contact avec les commandos qui voulaient attaquer le village par le sud furent vains. D'ailleurs, nous n'entendîmes pas un seul coup de feu et ne savions pas ce qu'était devenue l'attaque venue du sud. Dans une obscurité intense, nous nous tirions dessus de temps en temps, de sorte qu'il n'était pas conseillé de poursuivre nos opérations dans ces circonstances, et au lever du jour, j'ai dit à tous mes commandos de s'abstenir.

Les attaques contre Wonderfontein, Pan Station, Dalmanutha et Machadodorp avaient échoué.

J'ai ensuite reçu un rapport des commandos de l'autre côté de la ligne, selon lequel, en raison de la nuit noire, leurs attaques, bien qu'elles aient été faites avec délibération et beaucoup de courage, avaient toutes échoué. Ils avaient manqué les forts à plusieurs reprises et s'étaient tirés dessus.

Le général Christian Botha avait réussi à capturer certains avant-postes ennemis et, en poussant, il avait rencontré un détachement de Gordon Highlanders et avait été obligé de se retirer avec une perte de 40 tués et blessés.

Nous trouvâmes donc ces forts entre les mains de soldats qui, à mon avis, appartenaient aux meilleurs régiments de l'armée anglaise.

Aux invités de notre gouvernement, à « la belle maison » près de Roos Senekal s'ajoutèrent ainsi deux messieurs, le capitaine Milner et le lieutenant Dease, et ils furent mes prisonniers de guerre pendant quatre mois, période pendant laquelle je trouvai le capitaine Milner un des officiers britanniques les plus dignes que j'ai eu le privilège de rencontrer au cours de cette guerre. Non seulement par son apparence virile, mais surtout par son caractère noble, il se démarquait de la tête et des épaules de ses collègues officiers.

Le lieutenant Dease avait un très bon caractère mais était jeune et inexpérimenté. Pour plusieurs raisons, je suis heureux de pouvoir faire publiquement ces déclarations.

Les soldats que nous avions faits prisonniers lors de ce combat, ainsi que ceux que nous avions faits à Helvetia, furent livrés aux officiers britanniques quelques jours après, car nous n'étions pas en mesure de les nourrir convenablement et ce ne serait pas humain. ou juste pour garder les soldats qui ont eu le malheur de tomber entre nos mains sans nourriture adéquate. Ceci, bien sûr, était une situation très insatisfaisante, car nous devions combattre avec acharnement, il fallait sacrifier des vies précieuses, il fallait mettre tous nos nerfs à rude épreuve pour forcer l'ennemi à se rendre et à prendre ses positions ; puis, lorsque nous les avions capturés, les soldats furent simplement désarmés et renvoyés vers les lignes anglaises au bout de peu de temps, pour ensuite les retrouver en train de se battre de nouveau contre nous au bout de quelques jours.

Les Boers demandèrent : « Pourquoi ces « Tommies » ne sont-ils pas tenus de prêter serment avant d'être libérés de ne plus se battre contre nous ? Je crois que cela aurait été contraire aux règles de la guerre civilisée, et nous n'avons pas trouvé chevaleresque de demander à un homme qui était prisonnier de prêter serment en échange de sa libération.

Un prisonnier de guerre n'a aucune liberté d'action et aurait pu promettre, dans ces circonstances, ce qu'il n'aurait pas fait s'il avait été un homme libre.

CHAPITRE XXXI.

UN "BLUFF" ET UNE BATAILLE.

Les derniers jours de février 1901 furent très éprouvants pour nos commandos du « Hoogeveld », au sud de la voie ferrée. Le général French, assisté d'une demi-douzaine d'autres généraux, avec une force de 60 000 hommes, traversa le « Hoogeveld », entre la frontière du Natal et le chemin de fer de Delagoa, chassant devant lui tous les bourgeois et le bétail, toujours plus près de la frontière swazie, en afin d'y porter un "coup final".

Les Anglais appelèrent ces opérations « The Great Sweep of February 1901 ».

Le commandant général Botha fit savoir qu'il se trouvait dans une mauvaise situation sur le « Hoogeveld », l'ennemi ayant concentré sur lui toutes ses troupes disponibles. On m'a demandé de détourner leur attention autant que possible par des attaques répétées sur la voie ferrée, et de les inquiéter partout.

Il n'aurait pas été judicieux d'attaquer les retranchements fortifiés de ces régions, où nous venions tout juste de prendre l'offensive et de mettre l'ennemi sur nos gardes. J'ai donc décidé de faire une feinte d'attaque sur Belfast.

Une nuit, nous nous sommes déplacés avec tous les bourgeois qui avaient des chevaux, une quinzaine de charrettes, chariots et autres véhicules, des fusils et des pompons, vers un haut "bult", près des "Pannetjes". Lorsque le soleil se leva le lendemain matin, nous étions en pleine vue de l'ennemi à Belfast, dont nous étions à environ dix milles.

Ici, notre commando était divisé en deux parties, et les hommes à cheval se répartissaient en groupes de cinquante hommes chacun, avec des charrettes dispersées partout dans les rangs. Nous nous approchâmes lentement de Belfast dans cet ordre. Notre commando comptait environ 800 hommes, et compte tenu de notre répartition, cela semblerait trois fois plus. Nous nous arrêtâmes plusieurs fois, et les héliographes, postés partout en vue de l'ennemi, firent tout le bruit possible. Les éclaireurs circulaient partout, faisant un grand spectacle en se précipitant partout, d'un groupe de bourgeois à l'autre. Après avoir attendu encore un peu de temps, nous partîmes, et ainsi la comédie dura jusqu'au coucher du soleil ; en fait, nous étions à portée des canons ennemis. Nous avions reçu des informations de Belfast selon lesquelles le général French avait emporté avec lui tous les canons à Belfast, n'en laissant que quelques-uns de petit calibre, qui ne pourraient nous atteindre que lorsque nous serions à environ 4 000 yards du fort. Nos pom-pom et nos 15 livres étaient répartis entre les deux divisions, et les officiers avaient ordre de tirer quelques coups de feu sur Belfast au coucher du soleil. Nous avons pu voir toute la journée comment les Anglais, près de Monument Hill, creusaient des fossés autour du village et installaient des clôtures en fil de fer barbelé.

Des trains faisaient la navette entre Belfast et les gares les plus proches, probablement pour amener des renforts.

Au crépuscule, nous marchions encore, et à la lueur des derniers rayons du soleil, nous tirâmes simultanément nos deux précieuses pièces de campagne, comme convenu. Je ne voyais pas où tombaient les obus, mais nous les entendions éclater et nous nous consolions en pensant qu'ils avaient dû frapper près de l'ennemi. Chaque pièce envoyait une demi-douzaine d'obus, et quelques volées étaient tirées à intervalles réguliers avec quelques fusils. Nous pensions que l'ennemi prendrait certainement ce dernier mouvement pour une attaque générale. Ce qu'il pensait vraiment, on ne peut pas le dire. Comme le disent les bourgeois : « Nous essayons de leur faire peur, mais la chose à savoir est : ont-ils eu peur ? Ceci conclut notre programme de la journée, et nous nous retirâmes pour la nuit, laissant l'ennemi dans le doute quant à savoir si nous avions l'intention de lui causer d'autres ennuis, mais sans aucune excuse d'avoir troublé son repos.

Le résultat de ce combat sans effusion de sang fut *nul* en blessés et en tués des deux côtés.

Le 12 février 1901, la première condamnation à mort d'un traître de notre côté était sur le point d'être exécutée, lorsque soudain nos avant-postes autour de Belfast furent attaqués par une forte colonne britannique dirigée par le général Walter Kitchener. Lorsque la nouvelle fut portée à notre laager, tous les bourgeois allèrent à son secours, afin de tenir l'ennemi le plus loin possible du laager et de le repousser. Pendant ce temps, les avant-postes se retiraient pour combattre. Nous avons pris les positions les plus favorables possibles et avons attendu. L'ennemi ne s'est pas approché de nous ce soir-là, mais a campé sur une colline ronde entre Dullstroom et Belfast et nous avons pu voir distinctement comment les soldats étaient tous occupés à creuser des fossés et des tranchées autour du camp et à ériger des enceintes de barbelés. Ils avaient très probablement peur d'une attaque nocturne et n'oubliaient pas le vieil adage selon lequel « être sage à temps ».

Près de l'endroit où était situé leur camp, il y avait plusieurs routes qui menaient dans des directions différentes, ce qui nous laissait dans le doute sur la direction qu'ils voulaient prendre et s'ils voulaient nous attaquer ou s'ils se dirigeaient vers Witpoort-Lydenburg.

Le lendemain matin, au coucher du soleil, l'ennemi dispersa son camp et fit du bruit. Vint d'abord une masse dense d'hommes à cheval qui, après avoir parcouru quelques centaines de pas, se divisèrent en deux divisions. Une partie se dirigeait vers l'ouest, l'autre vers le nord, lentement suivie par une longue file, ou comme on dit en Afrikander "gedermte" (intestin) de chariots et de charrettes qui, bien sûr, formaient le convoi. Des compagnies d'infanterie, munies de canons, défilaient entre les véhicules.

J'en suis arrivé à la conclusion qu'ils avaient l'intention d'attaquer des deux côtés et j'ai donc ordonné aux rangs de se disperser. Le général Muller, avec une partie des bourgeois, passa en avant du flanc gauche ennemi et, à mesure que les Anglais étendaient leurs rangs, nous fîmes de même.

Vers 9 heures du matin, nos avant-postes situés près du flanc droit des Anglais étaient déjà en contact avec l'ennemi, et des coups de fusil se faisaient entendre par intervalles.

J'avais toujours le vieux 15 livres, mais le stock de munitions avait considérablement diminué et on peut en dire autant du pompon du fameux Rhenosterkop. Nous avons tiré quelques coups de canon de 15 livres sur une division de cavalerie au pied d'un kopje. Notre digne sergent d'artillerie jurait qu'il les avait touchés en plein centre, mais même avec ma longue-vue, je ne pouvais pas voir les obus éclater, même si j'avoue que l'ennemi leur montrait un peu de respect, ce qui peut se conclure du fait que ils montèrent aussitôt à cheval et cherchèrent un abri.

Un soldat britannique est beaucoup plus impressionné par un obus qu'un Boer, et les mouvements de l'ennemi ne sont donc pas toujours un critère pour atteindre la portée. Il ne nous restait d'ailleurs que quelques grenades ordinaires, dont certaines n'éclataient pas, les "schokbuizen" étant défectueuses, et nous ne pouvions pas être sûrs qu'elles fassent du mal.

L'autre camp avait des obusiers qui se mirent à cracher sans discernement sur la lyddite. Ils disposaient également de quelques canons à tir rapide, de petit calibre, mais qui ne portaient pas particulièrement loin. Mais ils représentaient une grande nuisance, car ils s'en prenaient aux bourgeois isolés sans être du tout économes en munitions.

Pendant ce temps, la gauche de l'ennemi s'étendait jusqu'à Schoonpoort, où quelques bourgeois, qui occupaient de bonnes positions, purent les combattre. Cela provoquait des collisions continuelles avec nos avant-postes. Ici aussi, les assaillants disposaient de deux Armstrong de 15 livres, qui tiraient sur n'importe quelle cible en mouvement, et ne s'arrêtaient presque jamais, tantôt sur un ou deux bourgeois qui se montraient, tantôt sur un arbre, ou une fourmilière, ou un rocher saillant. Ils parvinrent ainsi à entretenir une canonnade assourdissante, qui eût fait croire à un combat épouvantable, au lieu d'un bombardement très inoffensif.

Cela ne fit pas plus de mal que lors des manœuvres anglaises, même s'il s'agissait sans doute d'une brillante démonstration, d'une sorte de performance pour montrer les prouesses du Lion britannique. Cependant, je n'en voyais pas l'utilité pratique.

Ce n'est que sur l'aile droite de l'ennemi que nous nous rapprochâmes suffisamment pour ressentir un peu l'effet des efforts gigantesques de l'artillerie, qui nous obligeaient ici à de petits combats vifs mais innocents entre les avant-postes. Vers 16 heures de l'après-midi, la cavalerie britannique prend d'assaut notre gauche, commandée par le général Muller. Mais nous les repoussâmes bientôt. Une demi-heure après, nous vîmes repartir les charrettes ennemies.

J'envoyai un message héliographique au général Muller, avec qui j'étais resté en contact étroit, l'informant qu'ils éloignaient leurs charrettes et que nous devions essayer de les charger sur tous les points du mieux que nous pouvions.

"Très bien", répondit-il; "Allons -nous commencer tout de suite ?" J'ai répondu "Oui" et j'ai ordonné une charge générale.

Les bourgeois apparaissaient désormais tout le long de la ligne de combat étendue.

Les canons ennemis, qui étaient sur le point d'être déplacés, se remirent en position et ouvrirent le feu, mais nos hommes chargèrent partout, sorte d'action qui ne parut pas apprécier le général Kitchener, car ses soldats commencèrent à fuir avec leurs canons. et une confusion générale s'ensuivit. Certains de ces canons continuaient à tirer sur les Boers, mais ces derniers s'enfuirent avec détermination. Les Britanniques ont perdu de nombreux morts et blessés.
La cavalerie s'enfuit si précipitamment qu'elle laissa l'infanterie comme seule protection des canons, et bien que ces hommes battirent également en retraite, ils le firent du moins en combattant.
Je ne pense pas exagérer les choses en déclarant que le général Walter Kitchener devait à la défense obstinée de son infanterie que ses charrettes n'aient pas été capturées par nous ce jour-là.
Leur ambulance, chargée du Dr Mathews et de quatre assistants, ainsi que quelques blessés tombèrent entre nos mains et furent ensuite renvoyés.

Nous avons poursuivi l'ennemi du mieux que nous pouvions, mais à environ neuf milles de Belfast, vers laquelle marchait l'ennemi en retraite, les forts ont ouvert le feu sur nous avec un canon naval de 4,7 et ils ont si bien atteint la portée que les obus lyddites ont rapidement été tirés. éclatant à nos oreilles.

Nous étions maintenant à découvert, bien exposés et en vue des forts de Belfast. Deux de nos bourgeois ont été blessés ici.

Le Field-Cornet Jaapie Kriege, qui fut ensuite tué, avec environ 35 bourgeois, essayait de couper l'ennemi d'une dérive "spruit" ; l'attaque fut très courageuse, mais nos hommes s'aventurèrent trop loin et auraient tous été capturés si l'autre camp n'avait pas été si pressé de s'éloigner de nous. Heureusement aussi, un autre cornet de campagne s'est rendu compte de la situation et a maintenu l'ennemi sous le feu, attirant ainsi l'attention de Kriege, qui s'est alors tiré d'affaire.

La nuit tombée, nous laissâmes l'ennemi tranquille et retournâmes à notre laager. Le lendemain matin, les avant-postes ont signalé que les assaillants potentiels avaient tous disparu.

Nous ne pouvions pas dire avec certitude combien cette farce avait coûté au général Kitchener. Un officier anglais m'a dit plus tard qu'il avait participé au combat et que leur perte là-bas avait été de 52 morts et blessés, dont quelques officiers. Il m'informa également que leur but, ce jour-là, avait été de nous déloger. Si tel est le cas, je plains les soldats à qui on a demandé de faire ce travail.

Nos pertes furent de deux bourgeois blessés, comme nous l'avons déjà dit.

CHAPITRE XXXII.

EXÉCUTION D'UN TRAÎTRE.

Comme je l'ai brièvement mentionné dans le dernier chapitre, il s'est produit au début de février 1901 ce que je considère toujours comme l'un des incidents les plus désagréables de toute la campagne, et que, même aujourd'hui, je ne peux enregistrer sans éveiller les souvenirs les plus douloureux. Je parle de l'exécution sommaire d'un traître dans nos rangs, et comme on a beaucoup écrit sur cet épisode tragique, j'ose en donner tous les détails. Les faits de l'affaire sont les suivants : -

A cette époque de la guerre, ainsi que par la suite, beaucoup de mal fut causé à notre cause par divers bourgeois qui se rendirent à l'ennemi et qui, poussés par les motifs les plus sordides, aidèrent les Britanniques de toutes les manières possibles contre nous. Quelques-uns de ces Boers perfides tombaient parfois entre nos mains et étaient jugés par une cour martiale pour haute trahison ; mais, aussi accablantes que soient les preuves portées contre eux, ils parvenaient généralement à s'en sortir avec une légère punition. Parfois, la peine de mort était prononcée contre eux, mais elle était invariablement commuée en prison à perpétuité, et comme nous avions beaucoup de peine à retenir de tels prisonniers, ils réussissaient généralement, tôt ou tard, à s'évader. Cette clémence erronée a été la cause d'un grand mécontentement dans nos rangs, qui étaient profondément mécontents de voir ces traîtres à leur pays échapper à toute responsabilité.

Vers cette époque, une société se forma à Pretoria, composée principalement de bourgeois capitulés, appelée « Comité de paix », mais mieux connue sous le nom de « Mains supérieures ». Ses membres ont fait circuler subrepticement des brochures et des circulaires parmi nos troupes, leur conseillant de se rendre et de rejoindre l'ennemi. Le lecteur impartial conviendra sans doute qu'un tel état de choses ne devait pas être toléré. Imaginez, par exemple, que des officiers et des soldats anglais fassent circuler des communications similaires parmi les troupes impériales ! De telles procédures auraient-elles été tolérées ?

Le président de cette société était un homme du nom de Meyer De Kock, qui avait appartenu à une force de cornet de campagne de Steenkampsberg et avait déserté vers l'ennemi. C'est lui qui, le premier, suggéra aux autorités britanniques le projet de placer les femmes et les enfants boers dans des camps de concentration – un système qui entraîna tant de misère et de souffrances – et il affirma que ce serait le moyen le plus efficace de contraindre les Boers à à se rendre, arguant qu'aucun bourgeois ne continuerait à se battre une fois que sa famille serait aux mains des Britanniques.

Un jour, un cafre, portant un drapeau blanc, apporta une lettre de la femme de cet homme adressée à l'un de mes cornets, l'informant que son mari, M. De Kock, désirait le rencontrer et discuter avec lui de l'opportunité de se rendre avec ses hommes à l' ennemi. Mon cornet de campagne, cependant, était assez sensé et loyal pour ne pas répondre.

C'est ainsi qu'un matin, M. De Kock, pensant sans doute qu'il échapperait au châtiment aussi facilement que d'autres avant lui, eut l'audace de rentrer tranquillement dans nos avant-postes. Il fut aussitôt arrêté et incarcéré à la prison de Roos Senekal, ce village étant alors en notre possession. Peu de temps après, il fut jugé par une cour martiale et, au vu des preuves les plus accablantes et après la lecture d'une multitude de documents incriminants trouvés en sa possession, il fut condamné à mort.

EXÉCUTION D'UN TRAÎTRE.

Environ quinze jours plus tard, un chariot arriva à notre laager à Windhoek, transportant le lieutenant De Hart, accompagné d'un membre de la garde du corps du président Burger, de quelques bourgeois armés et du condamné De Kock. Ils se sont arrêtés devant ma tente et l'officier m'a remis un ordre de notre gouvernement, portant la ratification par le Président de la condamnation à mort et m'ordonnant de l'exécuter dans les 24 heures. Inutile de dire que j'ai été très attristé de recevoir cet ordre, mais comme il fallait y obéir, j'ai pensé que plus tôt cela serait fait, mieux ce serait pour tous les intéressés. Alors, sur le terrain, je m'approchai du condamné et lui dis :

"Monsieur De Kock, le Gouvernement a confirmé la condamnation à mort prononcée contre vous et j'ai le pénible devoir de vous informer que cette sentence sera exécutée demain soir. Si vous avez des demandes à formuler ou si vous désirez pour écrire à votre famille, vous aurez désormais l'occasion de le faire.

À cela, il pâlit mortellement, et quelques minutes s'écoulèrent avant qu'il ne se remette de son émotion. Il a alors exprimé le souhait d'écrire à sa famille et a été conduit, sous escorte, jusqu'à une tente, où du matériel d'écriture a été placé devant lui. Il écrivit une longue communication à sa femme, que nous envoyâmes aux officiers britanniques les plus proches pour qu'ils la transmettent à destination. Il m'a également écrit une lettre me remerciant pour mon « bon traitement » et m'a demandé de transmettre la lettre à sa femme. Plus tard, une consolation spirituelle lui fut offerte et administrée par notre pasteur.

Le lendemain, comme nous l'avons raconté dans le chapitre précédent, nous fûmes attaqués par un détachement des forces du général Kitchener venant de Belfast. Cela m'a occupé toute la journée et j'ai délégué deux de mes officiers subalternes pour procéder à l'exécution. Au crépuscule, le condamné eut les yeux bandés et fut conduit près d'une tombe ouverte, où douze bourgeois tirèrent une volée, et la mort fut instantanée. On me dit que De Kock a affronté son sort avec un courage considérable.

Pour autant que je sache, il s'agissait de la première « exécution » de Boers dans notre histoire. J'ai ensuite lu des articles dans la presse anglaise, dans lesquels cet acte était qualifié de meurtre, mais je rejette catégoriquement cette description d'un acte tout à fait justifiable. Le crime était grave et la punition était bien méritée, et je suis convaincu que le même sort aurait été réservé à tout soldat anglais coupable d'un délit similaire. Il semble cependant bien dommage qu'aucune guerre ne puisse avoir lieu sans ces tristes incidents.

CHAPITRE XXXIII.

DANS UN COIN ÉTROIT.

Nous étions en mars 1901. Depuis quelque temps, nos bourgeois se plaignaient de l'inactivité, et l'existence lasse et monotone commençait peu à peu à les peser. Mais il devenait évident qu'avril serait un mois mouvementé, car l'ennemi était déterminé à ne plus tolérer notre présence dans ces régions. Un grand mouvement se déclenchait donc pour nous encercler et capturer tout le commando *en bloc*.

Cela commença par une attaque nocturne contre une force de cornet de campagne postée au poste de Kruger, au nord de Lydenburg, et ici l'ennemi réussit à capturer 35 hommes et une quantité d'« impedimenta » ; le cornet en question, bien qu'averti à temps, n'ayant pris aucune précaution convenable. À la mi-avril, l'avancée de l'ennemi battait son plein. Le général Plumer venait de Pietersburg, le général Walter Kitchener de Lydenburg et le général Barber de Middelburg. Ils nous approchèrent dans six directions différentes, formant au total une force de 25,000 hommes, et le tout sous le commandement suprême du général Sir Bindon Blood.

Aucune échappatoire ne nous était possible par le Secoekuniland, au nord, car les indigènes de cette région, depuis que les Britanniques occupaient leur territoire, nous étaient ouvertement hostiles. Pour s'échapper, il faudrait donc percer les lignes ennemies et aussi traverser la voie ferrée, qui était étroitement gardée.

L'ennemi avançait lentement dans diverses directions. Toutes nos routes étaient soigneusement gardées et le cordon se resserrait peu à peu autour de nous. Nous avons été attaqués à plusieurs reprises, tantôt d'un côté, tantôt de l'autre, les Britanniques étant manifestement soucieux de découvrir notre position et notre force. Dans une violente escarmouche avec une colonne de Lydenburg, mon fidèle général de combat Muller fut grièvement blessé à l'épaule, et un commando de Lydenburgers avait été isolé de moi et chassé par l'ennemi le long de la rivière Waterfal jusqu'à Steelpoort, où ils rencontrèrent des tribus hostiles de cafres. Le commandant du corps, après une courte défense, fut obligé de détruire ses canons, d'abandonner ses bagages et de s'enfuir avec ses bourgeois par petits groupes dans les montagnes.

Notre situation devenait de plus en plus critique, mais je résolus de prendre position avant d'abandonner nos charrettes et nos chariots, même s'il semblait y avoir peu d'espoir de pouvoir sauver quoi que ce soit. En fait, la situation était extrêmement périlleuse. D'après ce que je pouvais voir, nous étions entièrement encerclés, toutes les routes étaient bloquées, mon meilleur officier blessé, j'avais à peine 900 hommes avec moi et notre stock de munitions était très limité.

J'ai omis de mentionner qu'au début du mois d'avril, lorsque nous avons eu connaissance de cette décision, j'avais libéré tous les officiers britanniques que j'avais retenus prisonniers à Middelburg et j'avais ainsi épargné aux autorités britanniques bien des DSO qui autrement auraient été réclamés par leurs sauveteurs.

Les Britanniques autour de nous étaient désormais postés comme suit : à Diepkloof sur le Tautesberg au nord-ouest de nous ; à Roodekraal, entre Tautesberg et Bothasberg, à l'ouest de nous ; à Koebold, sous Roodehoogte ; à Windhoek, à l'est de nous ; à Oshoek, au nord-est ; et au nord de nous entre Magnetetshoogte et Klip Spruit. Nous étions positionnés sur Mapochsberg près de Roos Senekal, à mi-chemin entre Tautesberg et Steenkampsberg. Nous avions des charrettes, des chariots, deux pièces de campagne et un Colt-Maxim.

Nous avons vite compris que nous devions laisser nos bagages et nos fusils et compter principalement sur nos chevaux et nos fusils. Nous avions placé nos hôpitaux du mieux que nous pouvions, l'un dans un bâtiment scolaire vide à Mapochsberg avec 10 blessés, sous les soins du Dr Manning ; l'autre, notre seul hôpital de campagne, à Schoonpoort, sous la direction du Dr H. Neethling. La question de savoir si ces pauvres Boers blessés devraient être abandonnés à l'ennemi nous laissait considérablement perplexes. Si tel était le cas, nous aurions été réduits à un seul médecin, le Dr Leitz, un jeune Allemand qui pourrait peut-être s'en sortir avec un cheval de bât. Cependant, de nombreux officiers et soldats avaient perdu tout espoir de s'échapper.

C'était vers le 20 avril que les Britanniques se sont approchés si près que nous avons dû nous battre toute la journée pour maintenir nos positions. J'ai donné l'ordre, la nuit même, de brûler nos chariots, de détruire nos canons à la dynamite et de nous élancer à travers les lignes ennemies, ces bourgeois qui n'avaient pas de chevaux pour monter les mulets du convoi. Sur ce, une centaine de bourgeois et un officier m'informèrent froidement qu'ils en avaient assez des combats et préféraient se rendre. J'étais alors impuissant à les en empêcher, alors je leur enlevai tous leurs chevaux et leurs munitions, ce dont ils ne parurent pas très contents. Avant le crépuscule, notre camp était le théâtre d'une confusion sauvage. Les chariots et les charrettes brûlaient violemment, la dynamite explosait et des bourgeois sans chevaux tentaient de briser les mulets qui devaient leur servir de monture. Pendant ce temps, une escarmouche se déroulait entre nos avant-postes et ceux de l'ennemi.

C'est une étrange procession qui quitta Mapochsberg cette nuit-là lors de notre traversée des lignes britanniques. De nombreux Boers montaient à dos de mulet, tandis que beaucoup d'autres n'avaient pas de selle, et un grand nombre marchaient péniblement à pied, portant leurs fusils et leurs couvertures sur leurs épaules. Mes éclaireurs m'avaient signalé que le meilleur moyen de passer était du côté sud, le long de Steelpoort, à environ un quart de mile du camp ennemi de Bothasberg. Mais même si nous parvenions à briser le cordon qui nous entourait, il nous fallait encore franchir la ligne à Wondersfontein avant l'aube , pour ne pas nous retrouver pris entre les troupes ennemies et les blockhaus.

Une centaine d'éclaireurs qui formaient notre avant-garde rencontrèrent bientôt les sentinelles ennemies. Ils tournèrent à droite, puis à gauche ; mais partout les "Tommies" curieux n'arrêtaient pas de demander : "Qui va là-bas ?" Ne se souciant pas trop de satisfaire leur curiosité, ils nous firent immédiatement dire de nous coucher, et nous commençâmes à explorer les environs très attentivement. Mais il ne semblait pas y avoir d'issue à ce pétrin. Nous aurions pu attaquer quelque point faible et ainsi nous frayer un chemin, mais il restait encore quatre ou cinq heures de route jusqu'à la voie ferrée et, avec nos pauvres montures, nous aurions dû être attrapés et capturés. D'ailleurs, l'ennemi aurait pu avertir les garnisons des blockhaus, auquel cas nous aurions été pris entre deux feux.

Non; nous voulions passer sans être découverts, et voyant que cette nuit était désespérée, je consultai mes officiers et décidai de retourner à notre camp déserté, où nous pourrions reprendre nos positions initiales sans que l'ennemi s'aperçoive de notre excursion nocturne.

Le lendemain matin, le soleil levant nous retrouva à nos anciennes positions. Nous envoyâmes, comme d'habitude, des éclaireurs dans toutes les directions, afin de faire croire à l'ennemi que nous comptions y rester en permanence, et nous nous mettions sur nos gardes, prêts à repousser une attaque en tout point et dans les plus brefs délais.

Mais l'ennemi était beaucoup trop prudent et pensait évidemment nous tenir en sécurité entre ses mains. Ils s'amusaient à détruire tout ce qui vivait et brûlaient les maisons et les récoltes. Tout autour était noir, tout semblait en deuil, le seul soulagement à cette monotonie terne des couleurs étant celui qu'apportaient les innombrables taches kaki tout autour de nous. Je crois avoir dit qu'il y avait là 25 000 hommes, mais il me semblait maintenant qu'il y en avait presque le double.

Nous avons dû attendre la tombée de la nuit avant de tenter une seconde tentative de fuite. La journée semblait interminable. De nombreux bourgeois se plaignaient bruyamment et même certains officiers déclaraient ouvertement que tout cela avait été fait exprès. Bien entendu, ces propos offensants m'étaient adressés. Finalement, la situation devint trop grave. Je n'ai pu rassembler que quelques officiers pour m'opposer à une attaque de l'ennemi du côté est, et il fallait faire quelque chose pour empêcher une mutinerie générale. J'ai donc ordonné à un bourgeois qui semblait le plus bruyant dans ses plaintes de recevoir 15 coups de fouet avec un sjambok, et j'ai mis aux arrêts un cornet de campagne. Après cela, les râleurs restèrent sombrement silencieux.

La seule faille dans les lignes ennemies semblait se trouver en direction de Pietersburg sur la partie tenue par le général Plumer, qui semblait bien trop occupé à capturer les bovins et les moutons des « bush-lancers » pour nous encercler de près. Nous décidâmes donc d'y tenter notre chance et de nous éloigner le plus vite possible dans cette direction, puis de tourner à gauche, là où nous nous attendions à trouver l'ennemi le moins vigilant. Peu avant le coucher du soleil, j'envoyai 100 hommes à cheval chevaucher ouvertement dans la direction opposée à celle que nous avions l'intention de prendre, afin de détourner l'attention de l'ennemi de notre scène d'opérations, et je m'assis pour attendre la nuit.

CHAPITRE XXXIV.

Éluder le cordon britannique.

"Les ombres de la veille tombaient rapidement" alors que nous nous éloignions prudemment de Mapochsberg et traversions Landdrift, Steelpoort et le Tautesberg. A 3 heures du matin, nous nous arrêtâmes dans un endroit creux où nous ne serions pas aperçus, et pourtant nous étions encore à un mille et demi du cordon ennemi. Notre position était désormais plus critique que jamais ; car si l'ennemi découvrait notre départ et si le général Plumer se précipitait vers nous le matin même, nous aurions peu de chances de nous échapper.

Dans la journée, j'étais obligé de réunir tous les bourgeois et de leur parler sérieusement des événements de la veille. Je leur ai dit de me dire franchement s'ils avaient perdu confiance en moi ou s'ils avaient des raisons de ne pas me faire confiance implicitement, car je ne tolérerais pas la façon dont ils s'étaient comportés la veille. J'ai ajouté:-

"Si vous ne pouvez pas voir clairement comment obéir implicitement à mes commandements, être fidèle à moi et croire que je suis fidèle à vous, je vous quitterai immédiatement et vous pourrez nommer quelqu'un d'autre pour prendre soin de vous. Nous sommes Je ne suis en aucun cas encore tiré d'affaire, et il est maintenant plus que jamais nécessaire que nous puissions nous faire pleinement confiance les uns aux autres. C'est pourquoi je demande à ceux qui ont perdu confiance en moi ou qui ont des objections à ce que je dirige. eux, pour se démarquer.

Personne ne bougeait. D'autres officiers et bourgeois se levèrent ensuite et parlèrent, m'assurant que tous les rebelles avaient déserté la nuit précédente et que tous les hommes qui m'accompagnaient seraient vrais et fidèles. Ensuite, le pasteur J. Louw s'adressa très sérieusement aux bourgeois, leur faisant remarquer la manière offensante avec laquelle certains d'entre eux avaient parlé de leurs officiers supérieurs, et que dans les circonstances difficiles actuelles, il était absolument nécessaire qu'il n'y ait pas de désintégration ni de discorde parmi les bourgeois. nous-mêmes. Je pense que toutes ces péroraisons ont eu un effet très salutaire. Mais telles étaient les difficultés auxquelles nous, les officiers, avons dû faire face face à des hommes indisciplinés qui avaient des notions exagérées de liberté d'action et de parole, et je n'étais pas le seul officier boer à en souffrir.

Vers deux heures de l'après-midi, je donnai l'ordre de monter en selle, car il fallait partir avant le coucher du soleil pour pouvoir traverser la rivière Olifant avant le point du jour, afin que l'ennemi ne nous rattrape pas s'il nous apercevait. Nous descendîmes de cheval et conduisîmes nos chevaux, car nous avions découvert que les Anglais ne pouvaient distinguer entre un corps d'hommes conduisant leurs chevaux et une troupe de bétail, tant que les chevaux étaient tous serrés les uns contre les autres. Toutes les collines autour de nous étaient couvertes de bétail capturé à nos « chasseurs de brousse », et notre passage passait donc inaperçu.

Nous avons suivi une ancienne piste de charrette le long du Buffelskloof, où une route mène de Tautesberg à Blood River. Le ruisseau coule entre Botha et Tautesbergen et se jette dans la rivière Olifant près de Mazeppa Drift. On l'appelle Blood River en raison de l'horrible massacre qui a eu lieu là-bas de nombreuses années auparavant, lorsque les cafres swazis ont assassiné toute une tribu cafre sans distinction d'âge ou de sexe, rendant littéralement la rivière rouge de sang.

Vers le soir, nous atteignîmes le pied des montagnes et nous nous dirigâmes vers le nord-ouest en passant par Makleerewskop. Nous traversâmes sans difficulté les lignes anglaises par quelques sentiers, mais notre progression fut très lente, car nous devions avancer en file indienne, et nous devions nous arrêter fréquemment pour veiller à ce que personne ne soit laissé en arrière. Le pays était densément boisé, et fréquemment les bagages des chevaux de trait s'emmêlaient dans les branches des arbres et devaient être démêlés et arrachés du dos des chevaux, ce qui causait également des retards considérables.

Il était 3 heures du matin lorsque nous atteignîmes la rivière Olifant, à un endroit qui était autrefois une dérive de sentier, mais qui était maintenant emporté par les eaux et envahi par les arbres et les arbustes, ce qui rendait très difficile de trouver le bon endroit pour traverser. Notre seul guide connaissant le chemin n'était pas là depuis 15 ans, mais reconnaissait l'endroit à quelques grands arbres qui s'élevaient au-dessus des autres. Nous avions beaucoup de difficulté à traverser, l'eau arrivant jusqu'aux selles de nos chevaux et les berges étant très escarpées. Au moment où nous avons tous franchi le gué, le soleil s'était levé. Toutes les autres galeries du fleuve étaient occupées par l'ennemi, nos éclaireurs rapportant que Mazeppa Drift, à trois milles en aval, était retranché par une forte force anglaise, tout comme Kalkfontein Drift, un peu plus haut. Je suppose que cette dérive ne leur était pas connue et qu'elle avait donc été laissée sans surveillance.

TRAVERSÉE DE LA LIGNE DE CHEMIN DE FER VERS LE NORD
(ENTRE LES GARES DE BALMORAL ET BRUGSPRUIT).

Après avoir traversé, nous avons roulé en direction du nord jusqu'à environ 9 heures du matin, et ce n'est qu'à ce moment-là que nous avons été sûrs d'être à l'écart des griffes de l'ennemi. Mais il y avait un risque que les Anglais s'aperçoivent de notre absence et nous poursuivent. J'envoyai donc des éclaireurs sur les hauts kopjes des environs, et ce n'est que lorsque ceux-ci eurent signalé que tout était clair que nous risquâmes de dérailler. Vous pouvez imaginer à quel point nous étions reconnaissants après avoir été en selle pendant plus de 19 heures, et je crois que nos pauvres animaux n'étaient pas moins reconnaissants de se reposer.

Nous n'avions pas dormi depuis trois nuits consécutives, et bientôt tout le commando, à l'exception des sentinelles, s'endormit profondément. Peu d'entre nous pensaient à la nourriture, car notre fatigue et notre somnolence étaient plus grandes que notre faim. Mais nous ne pouvions dormir que deux heures, car nous étions beaucoup trop près de l'ennemi et nous voulions lui faire perdre complètement notre trace.

Les bourgeois grognent beaucoup lorsqu'on les réveille et leur ordonne de se mettre en selle, mais nous continuons néanmoins notre route. J'ai envoyé des hommes demander dans un kraal cafre le chemin de Pietersburg, et bien que je n'avais pas l'intention d'aller dans cette direction, je savais que les cafres, dès notre départ, rapporteraient au camp britannique le plus proche qu'ils avait rencontré un commando de Boers qui s'y rendait. Les Cafres le faisaient dans l'espoir d'une récompense, qu'ils recevaient souvent sous la forme de liqueurs spiritueuses. Nous avons continué toute la journée en direction de Pietersburg jusqu'à ce que, peu avant le coucher du soleil, nous arrivions à un petit ruisseau. Ici, nous nous sommes arrêtés pendant une heure, puis avons continué, cette fois cependant, vers la gauche en direction du sud à travers la brousse jusqu'à Poortjesnek près de Rhenosterkop, où avait eu lieu peu de temps avant le combat avec les forces du général Paget. Nous avons dû nous dépêcher à travers la brousse, car la peste des chevaux était répandue ici et nous avions encore un long chemin à parcourir. Il était minuit lorsque nous atteignîmes le pied du Poortjesnek.

Ici, mes officiers m'apprirent que deux jeunes bourgeois étaient devenus fous à cause de la fatigue et du manque de sommeil, et que plusieurs, endormis sur leurs selles, avaient été arrachés de leurs chevaux par des branches basses et grièvement blessés. Il nous fallut pourtant traverser le Nek et atteindre le plateau avant que je puisse me permettre un quelconque repos. Je suis allé voir les hommes déments. Ils semblaient ivres et étaient très violents. Tous nos hommes et nos chevaux étaient complètement épuisés, mais nous poursuivions notre route et atteignîmes enfin le plateau où, pour le plus grand plaisir de tous, nous nous reposâmes toute la journée. Les déments ne pouvaient pas dormir, mais j'avais heureusement quelques pilules d'opium avec moi et j'en ai donné une à chaque homme, afin qu'ils se calment et, s'endormant, se rétablissent ensuite.

Mes éclaireurs rapportèrent le lendemain qu'une forte patrouille anglaise nous avait suivis, mais que sinon tout était « serein ». Nous avons traversé Langkloof en passant par notre ancien terrain de combat près de Rhenosterkop, puis traversé la rivière Wilge près de Gousdenberg jusqu'au camp Blackwood, à environ neuf milles au nord de la gare de Balmoral. Nous y sommes restés quelques jours pour permettre à nos animaux de se reposer et de se remettre de leurs épreuves, puis nous avons traversé la voie ferrée jusqu'aux districts de Bethel et d'Ermelo. Ici, l'ennemi était beaucoup moins actif, et nous aurions l'occasion de rester tranquilles pendant un certain temps. Mais nous avons perdu 40 de nos chevaux, qui avaient attrapé le redoutable mal des chevaux en traversant la brousse.

Le deuxième jour de notre séjour au camp Blackwood, j'envoyai 150 hommes sous les commandements Groenwald et Viljoen à travers les rives, via Staghoek, pour attaquer le camp ennemi près de Wagendrift sur la rivière Olifant. C'était un détachement de la force qui nous entourait. Nous avons découvert qu'ils cherchaient toujours à nous retrouver et que la patrouille qui nous avait suivis ne s'était pas rendu compte de notre fuite. Il semble qu'ils ne s'en aperçurent que quelques jours plus tard, et la surprise du bon général dut être grande lorsqu'ils découvrirent que les oiseaux s'étaient envolés et que leurs grands projets avaient échoué.

Mes 150 hommes se sont approchés du camp ennemi tôt le matin et, à courte distance, ont commencé à tirer des tirs de fusil meurtriers sur le côté ouest. Les soldats britanniques, qui ne rêvaient pas d'une attaque, couraient çà et là dans un désordre sauvage. Nos bourgeois cessèrent cependant de tirer lorsqu'ils virent qu'il y avait beaucoup de femmes et d'enfants dans le camp, mais l'ennemi commença bientôt à tirer des coups de fusil et de canon, et nos hommes furent obligés de poursuivre le combat.

Après quelques jours d'absence, ils revinrent à notre camp et me rapportèrent qu'« ils avaient effrayé les Anglais jusqu'à la folie, car ils pensaient que nous étions à l'est à Roos Senekal, alors que nous venions de l'ouest ».

Bien sûr, les Britanniques découvrirent rapidement où nous étions et arrivèrent de Poortjesnek en grande force. Mais nous avons envoyé une patrouille à leur rencontre, et celle-ci, en les dépassant à l'ouest de Rhenosterkop, les a effectivement induits en erreur, et nous avons été laissés tranquilles au camp Blackwood.

Cela nous laissait le temps de nous préparer au passage de la voie ferrée ; j'envoyai donc des éclaireurs vers le sud pour voir où en étaient les choses, et je leur ordonnai de revenir le lendemain. Nous savions qu'un certain nombre de petits commandos se trouvaient du côté sud de la voie ferrée, mais effectuer une jonction était une tâche difficile et nous risquions de nous retrouver coincés entre les colonnes si nous nous déplacions au hasard. Le chemin de fer et toutes les routes étaient étroitement gardés, et l'on prenait grand soin d'empêcher toute communication entre les bourgeois des deux côtés de la ligne.

CHAPITRE XXXV.

L'ÉVASION ÉTROITE DU GOUVERNEMENT BOER.

Au cours de la première semaine de mai 1901, nous nous séparâmes en deux sections et quittions le camp de Blackwood tôt dans la soirée. Le général Muller a pris une section de la voie ferrée près de Brugspruit, tandis que j'ai pris l'autre section près de la gare de Balmoral. Nous nous tenions naturellement le plus loin possible des blockhaus, coupions tranquillement les barbelés qui s'étendaient tout le long de la ligne et parvenions à la franchir sans qu'un coup de feu ne soit tiré. Se diviser en deux sections était une précaution nécessaire, d'abord parce qu'il aurait fallu trop de temps à l'ensemble du commando pour franchir la ligne à un moment donné, et deuxièmement, nous faisions davantage attention à faire traverser au moins une section. De plus, si l'ennemi avait rencontré l'une des sections, il aurait probablement conclu qu'il s'agissait de l'ensemble de nos forces.

Nous nous arrêtâmes à environ six milles de la voie ferrée, car il était maintenant deux heures du matin. J'ordonnai un débarquement général, et nous pûmes enfin allumer nos canalisations, ce que nous avions eu peur de faire aux abords de la voie ferrée, de peur que les lumières ne fussent vues de l'ennemi. Les hommes étaient assis en groupes, fumaient et discutaient joyeusement. Nous passâmes ici le reste de la nuit, et, à l'exception des sentinelles de service, tous purent jouir d'un sommeil réparateur, couchés cependant, avec leurs chevaux non sellés à leurs côtés et les brides à la main, ce qui était le plus agréable. précaution nécessaire et utile. Avec mon adjudant Nel, je faisais le tour des sentinelles, m'asseyant quelques instants avec chacune pour les remonter le moral et les tenir éveillés ; car il n'y a rien à quoi je m'oppose plus que d'être surpris par l'ennemi pendant son sommeil.

Les quelques heures de repos que nous accordions passèrent très vite et, aux premières lueurs de l'aube, j'ordonnai d'appeler les hommes. Cela se fait simplement par les officiers qui appellent "Opzâal, opzâal" (en selle) à voix haute. Lorsqu'il faisait assez clair pour regarder autour de nous, nous avions la satisfaction de constater que tout était calme et qu'il n'y avait aucune troupe dans le voisinage immédiat. Nous nous dirigeâmes vers un endroit appelé Kroomdraai, à peu près à mi-chemin entre Heidelberg et Middelburg, où nous savions qu'il restait quelques farines ; et bien que nous serions là entre les camps ennemis, je sentais qu'il n'y aurait aucun danger d'être dérangé ou surpris.

J'ai également envoyé un rapport au commandant général, qui se trouvait alors au sein du gouvernement près d'Ermelo, et je lui ai décrit tout ce qui s'était passé. Je reçus quelques jours plus tard une réponse me priant de laisser mon commando à Kroomdraai et de me rendre chez lui, car un important conseil de guerre devait se tenir entre les différents généraux et le gouvernement.

Quatre jours plus tard, j'arrivais à Begin der Lijn (« début de la ligne ») sur la rivière Vaal, au sud-est d'Ermelo, accompagné de trois de mes adjudants, et me présentais au commandant général.

Simultanément à mon arrivée arrivèrent deux colonnes britanniques, commandées par notre vieil ami le colonel Bullock, dont nous avions fait la connaissance auparavant à Colenso. Ils sont apparemment venus avec l'idée de nous poursuivre, peut-être dans l'espoir de nous rattraper. C'était loin d'être agréable pour moi. Cela faisait quatre jours que je chevauchais en toute hâte, et moi et mon cheval étions très fatigués et épuisés. Cependant, il n'y avait aucune aide pour cela. J'eus à peine le temps de saluer les membres du gouvernement et d'échanger quelques mots avec le général Botha, qu'il fallut « démissionner ». Pendant huit jours, nous avons erré avec le colonel Bullock à nos trousses, restant cependant toujours dans le même quartier. La tactique de cet officier pour tenter de nous capturer était d'une simplicité enfantine. Pendant la journée, il y avait des escarmouches entre l'ennemi et les hommes du général Botha, mais chaque soir, les premiers, en se retirant, tentaient de nous endormir dans un sentiment de sécurité. Mais dès que le soleil se serait couché, ils feraient demi-tour à droite, reviendraient à toute vitesse là où ils nous avaient laissés, et là nous encerclerions soigneusement pendant la nuit, nous attaquant vaillamment le matin et espérant bien capturer l'ensemble des Boers. Gouvernement et au moins une demi-douzaine de généraux. C'était une véritable nuisance, mais la tactique de ce digne officier était si simple que nous la découvrîmes très vite. Ainsi, chaque soir, nous faisions semblant de dresser notre camp pour la nuit ; mais dès que la nuit serait tombée, nous prendrions la précaution de nous éloigner de 10 ou 15 milles plus loin. Le lendemain matin, le colonel Bullock, qui nous avait soigneusement « encerclés » toute la nuit, se rendrait compte que nous étions inexplicablement absents. Très ennuyé, il envoyait alors ses colonnes « volantes » courir après nous. Cela a duré plusieurs jours, jusqu'à ce que finalement, comme nous nous y attendions, ses chevaux soient fatigués, et je crois qu'il a ensuite été transféré dans une autre garnison, après avoir été considéré comme un raté en tant que « traqueur de Boers ». Sans doute a-t-il fait de son mieux, mais il a néanmoins géré ses affaires avec beaucoup de maladresse.

Ce n'est que neuf jours après mon arrivée à ce siège ambulant du gouvernement que nous avons eu l'occasion de prendre quelques heures de repos. Nous étions maintenant à un endroit appelé Immegratie, entre Ermelo et Wakkerstroom. Ici, une réunion a eu lieu par le Conseil exécutif, à laquelle ont participé le commandant général, le général Jan Smuts, le général C. Botha et moi-même. Le général T. Smuts ne pouvait pas être présent, car il était occupé à divertir le colonel Bullock.

Lors de cette réunion, nous avons discuté de la situation générale et avons décidé d'envoyer une lettre au président Steyn, mais notre communication est ensuite tombée entre les mains de l'ennemi. Conformément à cette lettre, le président Steyn et les généraux De Wet et De la Rey se sont joints à notre gouvernement et une réunion a eu lieu ultérieurement.

Le lendemain de cette rencontre à Immegratie, je pris congé de mes amis et commençai plus tranquillement le voyage de retour vers mon commando à Kroomdraai, via Ermelo et Bethel. Le Président par intérim m'avait fait cadeau d'une charrette et de quatre mules, car ils nous plaignaient d'avoir dû brûler tous nos véhicules pour fuir Roos Senekal. Nous étions ainsi de nouveau assis dans une charrette, ce qui ajoutait considérablement à la dignité de notre personnel. La durée pendant laquelle je continuerais à posséder ce moyen de transport dépendait évidemment entièrement de l'ennemi. Mon vieux palefrenier de couleur « Mooiroos », qui suivait derrière moi en menant mon cheval, pensait évidemment la même chose, car il remarqua naïvement : « Baas, les Anglais vont bientôt nous installer dans un autre coin ; ne ferions-nous pas mieux de jeter la charrette ?

Nous sommes arrivés à Ermelo cet après-midi. Le redoutable vent d'est soufflait fort et soulevait de gros nuages de poussière autour de nous. Le village avait été occupé une demi-douzaine de fois par l'ennemi et à chaque fois pillé, pillé et évacué, et était maintenant de nouveau en notre possession. Au moins, les Anglais l'avaient quitté la veille, et un Landdrost s'en était chargé ; un petit Hollandais au nez pointu et aux petits yeux brillants, qui, entre chaque phrase qu'il prononçait, roulait autour de ses petits yeux, scrutant attentivement les collines voisines à la recherche de tout signe des Anglais. Le seul autre personnage important de la ville était un digne prédicateur, qui visiblement ne s'était pas fait couper les cheveux depuis le début de la guerre, et qui avait beaucoup de peine à garder son petit noir bien éveillé sur sa tête. Il semblait très fier de ses abondantes mèches.

Il y avait aussi sur place quelques familles appartenant au personnel de la Croix-Rouge et responsables des hôpitaux locaux. Un de mes adjudants était gravement indisposé et c'est en cherchant un pharmacien pour me procurer des médicaments que j'entrai en contact avec la population clairsemée de la ville. Je trouvai le dispensaire fermé, le propriétaire étant parti avec les Anglais, et le Landdrost, craignant de s'attirer des ennuis, n'était pas enclin à l'ouvrir. Il était très excité lorsque nous nous servions généreusement des médicaments et se rendait désagréable. Nous lui avons donc clairement fait comprendre que sa présence n'était pas requise dans ce voisinage immédiat.

Notre charrette nous attendait dans la High Street, et pendant notre absence, une dame était apparue sur la véranda d'une maison et avait envoyé un domestique pour savoir qui nous étions. Lorsque nous reparurons chargés de notre butin, elle nous invita gracieusement à entrer. C'était Mme P. de Jager et elle appartenait à la Société de la Croix-Rouge. Elle nous a demandé de rester et de dîner, qui était alors en préparation. Imaginez quel luxe pour nous d'être de nouveau dans une maison, d'être adressé par une dame et d'être servi d'un repas copieux ! Nos vêtements étaient en lambeaux et délabrés et nous présentions une apparence très négligée, ce qui ne nous mettait pas tout à fait à l'aise. Cependant la bonne dame, avec beaucoup de tact, nous mit bientôt tout à fait à l'aise.

Nous avons pris un délicieux repas que nous n'oublierons pas de sitôt. Je ne me souviens pas du menu et je ne sais pas vraiment s'il serait comparable à un dîner dans un café de première classe, mais je n'ai jamais autant apprécié un repas de ma vie, et je ne le ferai peut-être jamais.

Après le dîner, la dame nous raconta que la veille, lorsque les Britanniques entrèrent dans le village, il y avait dans sa maison trois bourgeois en convalescence, qui ne pouvaient cependant ni monter à cheval ni marcher. Les larmes aux yeux, elle nous raconta qu'un médecin anglais et un officier étaient venus là et qu'ils avaient ouvert à coups de pied les portes de sa maison bien entretenue et qu'ils y étaient entrés, suivis d'une foule de soldats qui s'étaient servis pendant la majeure partie de la nuit. couteaux, fourchettes et autres ustensiles. Elle a essayé d'expliquer au médecin qu'elle avait blessé des hommes dans la maison, mais il était trop vaniteux et arrogant pour écouter ses protestations. Heureusement pour eux, les hommes ne furent pas découverts, car les Anglais, en quittant le village, emmenèrent avec eux tous nos blessés et même notre médecin. Avec un sourire fier, elle présenta alors ce trio qui, ne sachant pas si nous étions amis ou ennemis, fut d'abord très effrayé.

J'ai sympathisé avec la dame pour le mauvais traitement qu'elle avait subi la veille et, la remerciant de sa grande gentillesse, je l'ai mise en garde de ne pas garder de bourgeois armés dans sa maison, car cela était contraire à la Convention de Genève.

Nous lui avons dit quel grand plaisir nous avions de rencontrer une dame, car toutes nos femmes ayant été placées dans des Camps de Concentration, nous n'avions eu que la société de nos concitoyens. Avant de partir, elle nous saisit les mains et, les larmes aux yeux, nous souhaita bon courage : « Au revoir, mes amis ! Que Dieu récompense vos efforts en faveur de votre pays. Général, prenez courage ; car si sombre que soit l'avenir peut paraître, soyez sûr que le Tout-Puissant pourvoira à vos besoins !" Je peux difficilement être qualifié de sentimental, mais les expressions authentiques de cette bonne dame, associées peut-être à son excellent dîner, ont beaucoup contribué à nous mettre de meilleure humeur, et d'une manière ou d'une autre, l'avenir ne semblait plus aussi sombre et terrible que nous l'avions incliné auparavant. croire.

Nous reprenâmes bientôt notre route, et arrivâmes cette nuit-là dans une ferme appartenant à un certain Venter. Nous savions qu'ici quelques maisons avaient échappé à la destruction générale et nous avons constaté qu'une maison d'habitation était encore debout et que la famille Venter l'occupait. Ce n'était pas notre habitude de passer la nuit près des maisons habitées, car cela aurait pu causer des ennuis aux gens avec l'ennemi, mais étant descendu de selle, j'envoyai un adjudant à la maison pour voir s'il pouvait acheter quelques œufs et du lait pour nos compagnons malades. Il revint aussitôt suivi de la maîtresse de maison très excitée :

"Etes-vous le Général ?" elle a demandé.

"J'ai cet honneur", répondis-je. "Quel est le problème?"

"Il y a beaucoup de problèmes", rétorqua-t-elle bruyamment. "Je n'aurai rien à voir avec vous ou votre peuple. Vous n'êtes rien d'autre qu'une bande de brigands et de canailles, et vous devez quitter ma ferme immédiatement. Toutes les personnes respectables se sont depuis longtemps rendues, et ce ne sont que des gens comme vous qui continuent. la guerre, alors que vous êtes personnellement l'un des chefs de file de ces rebelles.

"Bah, tut," dis-je, "où est ton mari ?"

"Mon mari est là où devraient être toutes les personnes respectables ; avec les Anglais, bien sûr."

"'Hands-uppers', c'est ça ?" » répondirent mes hommes en chœur, même les indigènes Mooiroos se joignirent à eux. « Vous méritez le DSO, dis-je, et si nous rencontrons les Anglais, nous leur en parlerons. Maintenant, retournez chez vous avant que ces rebelles et ces brigands ne vous le donnent. vos mérites. »

Elle continua à déverser un flot d'insultes et d'imprécations contre moi, contre les autres généraux et contre le gouvernement, et finit par s'en aller en marmonnant pour elle-même. Je ne pouvais m'empêcher de comparer cette dame patriote à celle d'Ermelo qui nous avait si gentiment traités. J'ai rencontré bien d'autres incidents de ce genre, et je n'ai mentionné ces deux-là que pour montrer les différents points de vue qu'avaient alors nos femmes sur ces questions, mais pour rendre justice à nos femmes, je dois ajouter que celles-ci ne représentaient qu'une petite minorité.

C'était une nuit très froide. Nos couvertures étaient très minces et le vent dispersait continuellement notre feu et ne nous laissait guère l'occasion de nous réchauffer. Il n'y avait pas de nourriture pour les chevaux, sauf de l'herbe. Nous les lions serrés les uns contre les autres, et chacun de nous veillait à tour de rôle, car nous risquions à tout moment d'être surpris par l'ennemi, et comme beaucoup de gens dans ce district étaient devenus traîtres, il nous fallut redoubler de précautions. . Pendant toute la nuit froide, je dormis peu, et je souhaitais ardemment que le jour vienne, et je me sentais extrêmement reconnaissant lorsque le soleil se levait et qu'il devenait un peu plus chaud.

Poursuivant notre route, nous avons traversé les crêtes à l'est de Béthel et, alors que ce village était en vue, mon palefrenier Mooiroos s'est exclamé : « Il y a beaucoup de Khakis là-bas, Baas.

Je m'arrêtai et, avec mes jumelles, je pus distinguer distinctement les forces ennemies qui venaient de Béthel dans notre direction, leurs éclaireurs étant visibles partout à droite et à gauche des crêtes. Pendant que nous discutions encore de ce qu'il fallait faire, le cornet de campagne du district, un certain Jan Davel, s'est précipité avec une vingtaine de bourgeois entre nous et les Britanniques. Il m'apprit que les forces ennemies arrivaient de Brugspruit et qu'il avait dispersé ses bourgeois dans toutes les directions pour les empêcher d'organiser une quelconque résistance. Les canons ennemis tiraient maintenant sur nous, et bien que la portée fût longue, les crêtes sur lesquelles nous nous trouvions étaient tout à fait nues et ne nous offraient aucune couverture.

Nous fûmes donc obligés de tourner à droite et, nous dirigeant vers Klein Spionkop, nous contournâmes l'ennemi par Vaalkop et Wilmansrust.

A Steenkoolspruit, je rencontrai des bourgeois qui me dirent que l'ennemi était parti de Springs, près de Boksburg, et se dirigeait droit vers notre commando à Kroomdraai. Nous avons réussi à atteindre cet endroit dans la soirée juste à temps pour avertir nos hommes et repartir. J'ai laissé une partie de mes hommes en arrière pour gêner l'avancée de l'ennemi, qu'ils ont rencontré le lendemain, mais trouvant les forces trop fortes, ils ont été obligés de se retirer, et je ne sais pas exactement où ils sont arrivés. A cette époque, il n'y avait pas moins de neuf colonnes ennemies dans ce district, et elles faisaient toutes de leur mieux pour attraper les Boers, mais comme les Boers faisaient également de leur mieux pour ne pas se faire prendre, je crains que les Anglais ne soient souvent déçus. . Ici, le lecteur remarquera peut-être qu'il n'était pas très courageux de s'enfuir de cette façon, mais il faut aussi tenir compte de notre situation.

A peine attaquâmes-nous une colonne que nous fûmes attaqués à notre tour par deux autres colonnes et que nous eûmes alors beaucoup de difficulté à nous échapper. L'ennemi avait d'ailleurs tout l'avantage sur nous. Ils avaient beaucoup de canons et pouvaient réduire nos rangs en morceaux avant que nous puissions nous approcher suffisamment près pour faire des dégâts avec nos fusils ; ils nous surpassaient de loin en force numérique ; ils disposaient d'un approvisionnement constant en chevaux frais – certains d'entre nous n'avaient pas de chevaux du tout ; ils avaient des renforts continus ; leurs troupes étaient bien nourries, mieux équipées et globalement en meilleure condition. Il n'est donc pas étonnant que la guerre soit devenue une affaire à sens unique.

Le 20 mai 1901, je saisis l'occasion d'attaquer le général Plumer alors qu'il se rendait de Béthel à Standerton.

Nous avions effectué une jonction avec le commandant Mears et chargé l'ennemi, et sans leur présence avec eux un certain nombre de familles boers, nous aurions réussi à capturer tout leur laager. Nous avions déjà réussi à chasser leur infanterie des wagons contenant ces familles, lorsque leur infanterie s'est précipitée entre les deux et a ouvert le feu sur nous à 200 pas. Nous ne pouvions rien faire d'autre que de riposter, même s'il était fort possible que ce faisant, nous blessions une ou deux de nos propres femmes et enfants. Ceux-ci n'arrêtaient pas d'agiter leurs mouchoirs pour nous avertir de ne pas tirer, mais il était impossible de résister aux volées de l'infanterie sans tirer. Pendant ce temps, la cavalerie plaçait ses canons derrière les chariots des femmes et tirait sur nous depuis cette position avantageuse.

Ici, nous avons fait 25 prisonniers, 4 000 moutons et 10 chevaux. Nos pertes s'élèvent à deux tués et neuf blessés. L'ennemi a laissé sur le terrain plusieurs morts et blessés, ainsi que deux médecins et une ambulance appartenant aux Bushmen impériaux du Queensland, que nous avons renvoyés avec les prisonniers que nous avions faits.

A cette occasion, les Anglais évitèrent une grande défaite en ayant des femmes et des enfants dans leur laager, et sans doute pour des raisons de sécurité, ils les gardèrent avec eux le plus longtemps possible. Je n'insinue pas que tel était généralement le cas, et je suis sûr que Lord Kitchener ou tout autre commandant responsable aurait condamné haut et fort de telles tactiques ; mais il n'en reste pas moins que ces incidents désagréables se produisaient occasionnellement.

Vers le début de juin 1901 (il m'est difficile d'être précis sans l'aide de mes notes), un autre effort violent fut fait pour capturer les membres du gouvernement et le commandant général. Le colonel Benson apparaissait maintenant comme le nouveau « traqueur des Boers » et, après avoir fait plusieurs tentatives infructueuses pour les encercler, il faillit capturer le gouvernement dans les montagnes entre Piet Retief et Spitskop. Au moment où le colonel Benson croyait les avoir en sécurité et tissait lentement mais sûrement son filet autour d'eux - je crois que c'était à Halhangapase - les membres du gouvernement quittèrent leurs voitures et emballant sur leurs chevaux les objets et les documents les plus nécessaires s'enfuirent dans le nuit par un sentier que l'ennemi avait aimablement laissé sans surveillance et traversait les lignes britanniques en direction d'Ermelo. Le lendemain, les Anglais, en fermant leur cordon, ne trouvèrent, comme d'habitude, que les restes calcinés de quelques véhicules et quelques mulets boiteux.

Avec feu le général Spruit, qui se trouvait par hasard dans ce quartier, on m'avait demandé de marcher avec un petit commando au secours du gouvernement et du commandant général et nous étions partis immédiatement, n'apprenant que lorsque nous étions en bonne voie. qu'ils avaient réussi à s'enfuir.

Nous allâmes jusqu'au Bankop, ne sachant où les trouver, et il n'était pas facile de les chercher parmi les colonnes britanniques.

CHAPITRE XXXVI.

UN GOUVERNEMENT À CHEVAL.

Pendant dix jours, nous avons fouillé les environs et avons finalement rencontré un des estafettes du commandant général, qui m'a informé de l'endroit où ils se trouvaient, qu'ils étaient obligés de garder secrets par crainte de trahison. Nous avons rencontré tout le groupe dans la ferme de William Smeet, près de la rivière Vaal, chaque homme à cheval ou sur une mule, sans charrette ni chariot solitaire. C'était un spectacle très étrange de voir tout le gouvernement du Transvaal à cheval. Certains ne s'étaient pas encore habitués à ce mode de gouvernement et avaient de grandes difficultés avec leurs bagages, qu'on déposait continuellement sur la route.

Le général Spruit et moi-même avons entrepris d'escorter le Conseil exécutif à travers le district d'Ermelo, en passant par Bethel jusqu'à Standerton, où ils devaient rencontrer les membres du gouvernement de l'État libre d'Orange. Je n'avais plus avec moi que 100 hommes, sous les ordres de Field-Cornet RD Young ; le reste, j'avais laissé près de Béthel, sous la direction du général Muller et des commandants Viljoen et Groenwald, avec instruction de rester en alerte et de tomber sur toute colonne qui s'aventurerait un peu en avance sur les autres.

C'est sur le chemin de mon retour vers eux qu'un bourgeois m'apporta un rapport du général Muller, m'informant que la nuit précédente, assisté des commandants W. Viljoen et Groenwald, il avait pris d'assaut avec 130 hommes un des camps ennemis à Wilmansrust, capturant le tout après une courte résistance de la part de l'ennemi, mais subissant une perte de six tués et quelques blessés. Le camp était sous le commandement du colonel Morris et sa garnison comptait 450 hommes appartenant au 5th Victorian Mounted Rifles. Environ 60 d'entre eux ont été tués et blessés, et les autres ont été désarmés et relâchés. Notre transport se composait de deux pompons, de charrettes et de chariots avec des attelages attelés, et d'environ 300 chevaux, la collection d'animaux la plus misérable que j'aie jamais vue. Ici, nous avons également capturé un bourgeois bien connu, dont le nom, je crois, était Trotsky, et qui combattait contre nous aux côtés de l'ennemi. Il fut traduit devant une cour martiale, jugé pour haute trahison et condamné à mort, sentence qui fut ensuite exécutée.

Notre gouvernement reçut à peu près à cette époque une communication du général Brits, indiquant que les membres du gouvernement de l'État libre d'Orange avaient atteint Blankop, au nord de Standerton, et nous attendraient à Waterval. Nous nous y précipitâmes et y arrivâmes dans la soirée du 20 juin 1901. Nous y trouvâmes le président Steyn et les généraux De Wet, De la Rey et Hertzog, avec une escorte de 150 hommes. Il fut très agréable de revoir ces grands chefs, et plus agréable encore fut la cordialité avec laquelle ils nous reçurent. Nous sommes restés assis autour de nos feux toute la nuit, racontant nos diverses aventures. Certaines provoquaient beaucoup de plaisir et d'amusement, et d'autres faisaient monter les larmes aux yeux même du guerrier endurci. Le général De Wet souffrait alors de rhumatismes aigus, mais il ne portait presque aucune trace de sa maladie et était aussi joyeux que nous tous.

Le lendemain, nous nous séparâmes, chacun partant séparément pour notre chemin. Nous avions décidé ce que chacun de nous devait faire et, aux termes de cet accord, je devais retourner dans les districts de Lydenburg et de Middelburg, où nous avions déjà échappé de si peu. J'avoue que cela ne m'intéressait pas beaucoup, mais il fallut obéir au commandant général, et ce fut fini. Pendant ce temps, on apprenait que de l'autre côté de la voie ferrée, les bourgeois restés en arrière se rendaient de jour en jour, et qu'un cornet de campagne était engagé dans des négociations avec l'ennemi en vue d'un dépôt général des armes. J'y envoyai aussitôt le général Muller pour mettre fin à cette affaire.

Nous nous préparâmes alors une fois de plus à traverser la voie ferrée, qui était gardée plus soigneusement que jamais, et personne n'osait la traverser avec un véhicule d'aucune sorte. Nous étions cependant devenus en possession d'un laager - une vingtaine de chariots et deux pompons - et je résolus d'emmener ces charrettes et ces fusils avec moi, car mes hommes les appréciaient d'autant plus qu'ils avaient été capturés. En fait, ils nous étaient aussi doux que des baisers volés, même si je n'ai pas eu une très grande expérience de ce dernier produit.

CHAPITRE XXXVII.

Faire sauter un train blindé.

Nous nous sommes approchés de la ligne entre Balmoral et Brugspruit, en nous en rapprochant le plus possible du point de vue de la sécurité, et nous nous sommes arrêtés dans un "dunk" (endroit creux) avec l'intention d'y rester jusqu'au crépuscule avant de tenter de traverser. Les blockhaus n'étaient qu'à 1 000 mètres les uns des autres, et pour faire traverser nos chariots, il n'y avait qu'une chose à faire, c'est-à-dire prendre d'assaut deux blockhaus, vaincre leurs garnisons et faire passer notre convoi entre ces deux-là. Heureusement, il n'y avait ici aucun obstacle sous forme de remblais ou d'excavations, la ligne étant au niveau du veld. Nous partîmes dans la soirée (le 27 juin), la lune brillait vivement, ce qui était bien malheureux pour nous, car l'ennemi nous verrait et nous entendrait bien avant que nous arrivions à sa portée. J'avais prévu que le commandant Groenwald prendrait d'assaut le blockhaus à droite et le commandant W. Viljoen celui à gauche, chacun avec 75 hommes. Nous nous arrêtâmes à environ 1 000 pas de la ligne, et ici les sections laissèrent leurs chevaux derrière elles et marchèrent en ordre dispersé vers les blockhaus. L'ennemi avait été prévenu par téléphone le matin même de notre proximité, et tous les piquets et avant-postes le long de la ligne étaient sur le « qui vive ». À 150 mètres des blockhaus, la garnison a ouvert le feu sur nos hommes, et une pluie de balles Lee-Metford s'est propagée sur une distance d'environ quatre miles, les soldats britanniques tirant depuis l'intérieur des blockhaus et derrière des monticules de terre. Le blockhaus attaqué par le commandant Viljoen a offert la résistance la plus déterminée pendant une vingtaine de minutes, mais nos hommes ont enfoncé leurs fusils à travers les meurtrières des blockhaus et ont tiré à l'intérieur en criant "les mains en l'air", tandis que les "Tommies" à l'intérieur répliquaient. , "Vous n'avez pas de VMR à gérer cette fois-ci !" Cependant, nous avons vite rendu la situation trop chaude pour eux et leurs vantardises ont été échangées contre des cris de miséricorde, mais pas avant que trois de nos hommes aient été tués et plusieurs blessés. Les "Tommies" crièrent alors : "Nous nous rendons, Monsieur ; pour l'amour de Dieu, arrêtez de tirer." Mon brave cornet de campagne, G. Mybergh, qui était le plus proche des blockhaus, répondit : « Très bien, sortez. Les « Tommies » ont répondu : « Bien, nous arrivons » et nous avons cessé de tirer.

Field-Cornet Mybergh s'approcha alors de l'entrée du fort, mais lorsqu'il l'atteignit, un coup de feu fut tiré de l'intérieur et il tomba mortellement blessé au ventre. Au même moment, les soldats sont sortis en courant en levant les mains. Nos bourgeois étaient furieux au-delà de toute mesure de cet acte de trahison, mais le sergent et les hommes juraient par tout ce qui était sacré qu'il s'agissait d'un accident et qu'un coup de feu était parti spontanément en étant renversé. Le soldat qui a reconnu avoir tiré le coup fatal pleurait comme un bébé et embrassait les mains de sa victime. Nous avons tenu une brève consultation entre les officiers et avons décidé d'accepter son explication de l'affaire. J'ai été cependant très bouleversé par cette perte d'un des officiers les plus courageux que j'aie jamais connu.

Pendant ce temps, le combat se poursuivait à l'autre blockhaus. Le commandant Groenwald m'apprit ensuite qu'il s'était approché du blockhaus et qu'il l'avait trouvé construit en roc ; il s'agissait en fait d'une maison fortifiée de ganger construite par la Compagnie des chemins de fer néerlandais et sud-africains. Il ne voyait aucun moyen de prendre la place ; beaucoup de ses hommes étaient tombés et un train blindé équipé d'un projecteur approchait de Brugspruit. De l'autre côté du blockhaus, nous trouvâmes un fossé d'environ trois pieds de profondeur et deux pieds de largeur. En remplissant cela à la hâte, nous laissons passer les charrettes. Alors que le cinquième avait traversé et que le sixième se tenait sur les lignes, le train blindé s'est précipité à toute vitesse au milieu de nous. Nous n'avions pas eu de dynamite pour faire sauter la voie et, bien que nous ayons tiré sur le train, celui-ci s'est précipité jusqu'à l'endroit où nous traversions, brisant un attelage de mules et nous divisant en deux sections. Tournant sur nous le projecteur, l'ennemi a ouvert le feu sur nous avec des fusils, des Maxim et des fusils à mitraille. Le commandant Groenwald dut se retirer le long du blockhaus non conquis et réussit tant bien que mal à passer. La majorité des bourgeois avaient déjà traversé et s'enfuyaient, tandis que le reste revenait précipitamment avec un pompon et les autres charrettes. Je ne m'attendais pas à ce que le train s'approche si près de nous, et j'étais assis sur mon cheval près du blockhaus rendu lorsqu'il s'est arrêté brusquement à moins de quatre pas de moi. Le projecteur rendait les environs clairs comme le jour et révélait l'étrange spectacle des bourgeois, à pied et à cheval, fuyant dans toutes les directions, accompagnés de bétail et de chariots, tandis que de nombreux morts gisaient sur le veld. Cependant nous avons tout sauvé, à l'exception d'un chariot et de deux charrettes, dont malheureusement une était la mienne. Ainsi, pour la quatrième fois dans la guerre, j'ai perdu tous mes biens matériels, mes vêtements, mes tapis, ma nourriture, mon argent.

Mes deux commandants étaient désormais au sud de la ligne avec la moitié des hommes, tandis que j'étais au nord avec l'autre moitié. Nous avons enterré nos morts le lendemain matin et ce soir-là, j'ai envoyé un message au reste des commandos, leur disant de franchir la ligne à la gare d'Uitkijk, au sud-ouest de Middelburg, tandis que le capitaine Hindon devait poser une mine sous la ligne près de la gare. pour faire exploser n'importe quel train blindé qui descendait. Ici, nous avons réussi à récupérer le reste de notre bière sans trop de problèmes. Les "Tommies" tiraient furieusement depuis les blockhaus et notre ami le train blindé approchait de Middelburg, nous sifflant un avertissement amical. Il arriva à toute vitesse comme auparavant, mais n'atteignit que l'endroit où la mine avait été posée pour lui. Il y a eu une forte explosion ; quelque chose s'est élevé dans l'air, puis le sifflement aigu s'est arrêté et tout est devenu silencieux.

Le lendemain matin, nous étions de nouveau tous campés ensemble à Rooihoogte.

CHAPITRE XXXVIII.

PIÉGER LES BOERS PRO-BRITANNIQUES.

Au mois de juillet 1901, nous nous retrouvâmes sur les lieux de nos luttes antérieures, et y fûmes rejoints par le général Muller, qui avait accompli sa mission au sud de la voie ferrée. Ce quartier ayant été parcouru pendant trois semaines par trente mille soldats anglais, qui avaient soigneusement enlevé et détruit tout ce qui était vivant ou mort, on peut imaginer les conditions dans lesquelles nous devions exister. Sans doute, d'un point de vue stratégique, on ne pouvait pas s'attendre à ce que l'ennemi fasse autre chose que dévaster le pays, mais ce qui nous affligeait le plus était l'ampleur des souffrances que cela impliquait pour nos femmes et nos enfants. Souvent, les wagons dans lesquels ils étaient transportés en prison dans les camps de concentration étaient renversés par la conduite maladroite des soldats ou de leurs serviteurs cafres, et de nombreuses femmes et enfants étaient ainsi blessés.

Par ailleurs, une certaine Mme Lindeque a été tuée par une balle anglaise près de Roos Senekal, les militaires affirmant qu'elle avait traversé les avant-postes contre les instructions. Il n'est donc pas étonnant que beaucoup de nos femmes aient fui avec leurs enfants à l'approche de l'ennemi, abandonnant derrière elles tous leurs biens matériels pour devenir la proie de la destruction générale. Nous rencontrions souvent de telles familles dans la plus grande détresse, certaines s'étant réfugiées dans des grottes, et d'autres vivant dans des huttes grossièrement construites en tôle ondulée à moitié calcinée, au milieu des ruines calcinées de leurs anciennes demeures heureuses. Les souffrances de nos bourgeois à moitié vêtus et affamés étaient minimes comparées à la misère et aux privations de ces pauvres créatures. Cependant, leurs maris et leurs autres parents prenaient soin d'elles du mieux qu'ils pouvaient, et ces familles étaient, malgré tout, relativement heureuses, tant qu'elles pouvaient rester parmi les leurs.

Nos commandos étaient maintenant assez épuisés, et nos chevaux avaient grand besoin de repos, les errances des semaines précédentes les ayant réduits à un état misérable. Je laissai donc le général Muller près des mines de cobalt sur la rivière Upper Olifant, juste à côté de la dérive des wagons, tandis que je partais avec 100 hommes et un pompon vers Witpoort et Windhoek, là pour rassembler mes bourgeois dispersés et réorganiser mon commando diminué, comme ainsi que de veiller à nos approvisionnements alimentaires. A Witpoort, les bourgeois qui avaient été sous les ordres de feu Field-Cornet Kruge et avaient échappé aux vastes mouvements de l'ennemi, avaient réparé le moulin que les Anglais avaient fait sauter, et celui-ci fonctionnait maintenant aussi bien qu'avant. Un bon stock de farines y avait été enterré et n'avait pas été découvert, et nous étions très reconnaissants envers les "bush-lancers" pour cette générosité.

Pourtant, les choses n'étaient pas tout à fait « chéries ». Les choses étaient plutôt dans un état critique, car la trahison était endémique et de nombreux bourgeois allaient et venaient vers l'ennemi et s'arrangeaient pour se rendre, la division fidèle étant impuissante à les empêcher. Nous avons dû agir avec beaucoup de fermeté et de détermination pour mettre un terme à ces tendances et, une semaine après notre arrivée, une demi-douzaine de personnes avaient été incarcérées dans la prison de Roos Senekal sous l'accusation de haute trahison. En outre, nous avons procédé à un changement radical dans la direction, en licenciant les officiers âgés et malades de guerre et en plaçant aux commandes des hommes plus jeunes et plus énergiques.

Plusieurs familles ici causaient des problèmes considérables. Lorsque l'ennemi avait traversé pour la première fois leur district, ils n'avaient eu aucune possibilité de se rendre avec leur bétail. Mais à leur retour, les Anglais avaient tenté de se rendre au camp ennemi de Belfast, emportant avec eux tout leur bétail et leurs biens mobiliers. Les bourgeois fidèles furent furieux et menacèrent de confisquer tout leur bétail et leurs biens. Voyant cela, ces familles, que j'appellerai les Steenkamp, avaient renoncé à leur tentative de passer à l'ennemi et avaient élu domicile dans une église de Dullstroom, le seul édifice qui n'avait pas été détruit, bien que les fenêtres, les portes et la chaire avait disparu depuis longtemps. Ici, ils attendaient tranquillement une occasion de se rendre à l'ennemi, dont le camp de Belfast n'était qu'à 10 ou 12 milles de distance. Nous tenions beaucoup à ce que leurs bovins et leurs moutons, dont ils possédaient un grand nombre, n'aillent pas à l'ennemi, mais nous ne pouvions pas les accuser de trahison, car c'étaient des scélérats à la langue très douce et qui juraient toujours fidélité à nous.

J'ai mentionné cela comme un exemple des éléments dangereux contre lesquels nous avons dû lutter parmi notre propre peuple, et pour montrer à quel point un Boer peut sombrer lorsqu'une fois qu'il a décidé de renoncer à ses devoirs les plus sacrés et de retourner l'arme contre ses propres compatriotes. il avait récemment utilisé pour leur défense. Ces hommes étaient heureusement en minorité. Pourtant, j'ai souvent rencontré des cas où des pères se battaient contre leurs propres fils, et des frères contre des frères. Je ne peux m'empêcher de penser qu'il était loin d'être noble de la part de notre ennemi d'employer de tels traîtres à leur pays et de former des corps de scélérats tels que les scouts nationaux.

Au milieu de tout ce souci de réorganiser nos commandos et d'éliminer les traîtres, l'ennemi ne nous laissait que peu de repos, et un jour nous les trouvâmes soudain venant d'Helvétie dans notre direction. Un corps d'hommes élégant, composé principalement d'hommes de Lydenburg et de Middelburg, et sous le commandement d'un officier nouvellement nommé, le capitaine Du Toit, alla à la rencontre de l'ennemi entre Bakendorp et Dullstroom. S'ensuit alors un combat acharné, au cours duquel nous perdons quelques hommes, mais réussissons à arrêter la progression de l'ennemi. Le combat reprit cependant le lendemain, et les Britanniques ayant reçu de forts renforts, nos bourgeois furent forcés de se retirer, l'ennemi restant près des « Pannetjes », à trois milles de Dullstroom.

Le camp anglais était désormais proche de nos amis, les Steenkamp, qui attendaient avec impatience l'occasion de prendre la main. Bien entendu, ils avaient cessé de se battre depuis longtemps, l'un se plaignant d'une maladie des reins, l'autre d'une autre affection. Ils s'asseyaient sur les kopjes et regardaient les combats et les différentes manœuvres, se félicitant lorsque l'ennemi s'approchait un peu plus d'eux.

Je vais maintenant demander l'indulgence du lecteur pour décrire l'une de nos petites plaisanteries pratiques jouées à l'église de Dullstroom, qui était caractéristique de nombreux autres incidents similaires au cours de la campagne. On verra comment ces prétendus « mains supérieures » furent prises dans un petit piège tendu par certains officiers de mon état-major.

Mes trois adjudants, Bester, Redelinghuisen et J. Viljoen, soigneusement vêtus d'autant de « kaki » qu'ils pouvaient en rassembler, et défilant respectivement sous les noms des colonels Bullock, « Jack » et « Cooper », tous des forces de Sa Majesté, ont procédé un belle soirée à l'église de Dullstroom, pour vérifier si les Steenkamp accepteraient de se rendre et de combattre sous le drapeau britannique. Ils sont arrivés vers 21 heures et, constatant que tous les détenus s'étaient endormis, ils ont frappé bruyamment à la porte. Celle-ci fut ouverte par un certain jeune M. Van der Nest, qui passait la nuit dans l'église avec son frère. J. Viljoen, alias « Cooper », et faisant office d'interprète entre les pseudo-Anglais et les Boers renégats, s'adressa ainsi au jeune homme :

"Bonsoir ! Est-ce que M. Steenkamp est là ? Voici un officier britannique qui souhaite le voir ainsi que son beau-frère."

Van der Nest est devenu pâle et s'est précipité à l'intérieur, et en balbutiant : « Oom Jan, il y a du monde à la porte », a réveillé son frère et tous deux ont décampé par la porte arrière. Mais le beau-frère de Steenkamp, que j'appellerai Roux, apparut bientôt et, s'inclinant en grimaçant, dit en souriant :

"Bonsoir, messieurs; bonsoir."

Le soi-disant colonel Bullock, s'adressant à « Cooper », l'interprète, a déclaré : « Dites à M. Roux que nous avons des informations selon lesquelles lui et son frère souhaitent se rendre.

Dès que « Cooper » commença à interpréter, Roux répondit dans un anglais approximatif : « Oui, monsieur, vous avez tout à fait raison ; mon beau-frère et moi-même avons attendu douze mois l'occasion de nous rendre, et nous sommes très reconnaissants. maintenant que nous en sommes capables. »

« Colonel Bullock » : « Très bien, alors ; appelez vos gens ! »

Roux s'inclina profondément et courut dans l'église, sortant bientôt avec trois camarades, qui jetèrent tous les armes et s'arrêtèrent.

Le « Colonel » : « Ces hommes sont-ils capables de parler anglais ?

Roux : "Non, monsieur."

Le « Colonel » : « Demandez-leur s'ils sont prêts à se rendre volontairement à Sa Majesté le Roi de Grande-Bretagne ?

Les bourgeois, en chœur : "Oui, monsieur, merci beaucoup. Nous sommes si heureux que vous soyez enfin là. Nous souhaitions nous rendre depuis longtemps, mais les Boers ne nous ont pas laissé passer. Nous n'avons pas réussi à nous rendre." combattu contre vous, monsieur.

Le « Colonel » : « Très bien ; maintenant, rendez toutes vos armes. »

Et tandis que le pseudo-colonel feignait d'être occupé à prendre des notes, les bourgeois sortaient leurs Mauser et leurs cartouchières et les remettaient aux « Tommies » masqués.

Roux dit ensuite au colonel : « S'il vous plaît, monsieur, puis-je garder ce revolver ? Il y a quelques Hollandais dans la cabane là-bas qui ont dit qu'ils me tueraient si je me rendais ; et vous savez, monsieur, que ce sont ces Hollandais. qui poussent les Boers à combattre et à prolonger la guerre. Pourquoi n'allez-vous pas les attraper ? Je vais vous montrer où ils sont.

Résistant à l'envie de tirer une balle dans la tête du traître, le « Colonel » répondit brièvement : « Très bien, gardez votre revolver. J'attraperai les Hollandais tôt demain.

Roux : "Attention monsieur, Ben Viljoen est là-bas avec un commando et un pompon."

Le « Colonel » (hautement) : « Soyez tranquille, ma colonne va bientôt l'entourer et il n'échappera pas cette fois.

Les femmes sont maintenant sorties pour se joindre à la fête. Ils applaudirent dans leurs mains de joie et invitèrent le « Colonel » et ses hommes à venir prendre un café.

Le « colonel » lui rendit gracieusement ses remerciements. Entre-temps, une femme avait murmuré à Roux : "J'espère que ce ne sont pas les gens de Ben Viljoen qui se moquent de nous."

"C'est absurde", répondit-il, "Ne voyez-vous pas qu'il s'agit d'un officier britannique très supérieur ?" Alors toute la compagnie exprima en outre sa joie de les voir.

Le « Colonel » parla alors : « Monsieur Roux, nous emmènerons avec nous votre bétail et vos moutons pour des raisons de sécurité. Veuillez nous prêter un domestique pour nous aider à les conduire. Voulez-vous nous montrer demain où sont les Boers ?

M. Roux : "Certainement, monsieur, mais vous ne devez pas m'emmener dans des endroits dangereux, s'il vous plaît."

Le « colonel » : « Très bien ; j'enverrai les chariots chercher vos femmes demain matin. »

Roux rassembla son bétail et dit : « J'espère que vous et moi prendrons un whisky ensemble dans votre camp demain.

Le « colonel » répondit : « Je serai heureux de vous voir » et leur demanda s'ils avaient de l'argent ou des objets de valeur dont ils souhaiteraient qu'on s'occupe. Mais les Boers, fidèles au dicton : « Touchez le cœur d'un Boer plutôt que sa bourse », répondirent en chœur : « Merci, mais nous avons soigneusement rangé tout cela là où aucun Boer ne le trouvera.

Ils dirent tous au revoir au "Colonel", les "Tommies" échangeant quelques familiarités avec les femmes jusqu'à ce que celles-ci hurlent de rire, puis le "Colonel" et son commando de deux hommes remontèrent sur leurs gros chevaux anglais maladroits et s'éloignèrent fièrement. Mais l'orgueil précède la chute, et ils n'avaient pas fait beaucoup de mètres lorsque le cheval du « Colonel », trébuchant sur un paquet de barbelés, tomba et jeta son cavalier à terre. Alors qu'il avait presque épuisé le vocabulaire hollandais des imprécations, les Steenkamp, qui heureusement ne l'avaient pas entendu, vinrent à son secours et, avec de nombreuses expressions de sympathie, l'aidèrent à monter à cheval, Roux essuyant soigneusement ses jambières avec son mouchoir. Après avoir avancé un peu plus loin, les "Tommies" ont demandé à leur "Colonel" ce qu'il entendait par cette performance acrobatique. A quoi le « Colonel » répondit : « C'était un accident très heureux ; les Steenkamp sont maintenant convaincus que nous sommes Anglais par la manière maladroite avec laquelle je chevauchais. »

Le lendemain matin, mes trois adjudants arrivèrent au camp avec quatre Mauser neufs et 100 cartouches chacun, et conduisant environ 300 moutons et un joli poney. Le matin même, j'envoyai Field-Cornet Young arrêter le brave quatuor de bourgeois. Il trouva tout emballé, prêt à partir pour le camp anglais, et ils attendirent avec impatience les chariots promis par le colonel Bullock.

Ce fut bien sûr un beau « tableau » lorsque le rideau se leva sur la farce, révélant à la place des sauveteurs anglais attendus un officier bourgeois au large sourire. Bien entendu, ils étaient abondants dans leurs excuses et leurs excuses. Ils ont déclaré qu'ils avaient été encerclés par des centaines d'ennemis qui avaient placé leurs fusils sur leur poitrine, les obligeant à se rendre. L'un d'eux était maintenant dans un état de peur si pitoyable qu'il montra au cornet une vingtaine de certificats de médecins et de charlatans de toutes sortes, déclarant qu'il souffrait de toutes les maladies imaginables, et le cornet fut poussé à partir. lui derrière. Les trois autres ont été arrêtés, traduits en cour martiale et condamnés à trois mois de travaux forcés et à la confiscation de tous leurs biens.

Deux jours plus tard, les Anglais occupèrent Dullstroom, et les pseudo-invalides et les femmes, sans leurs effets personnels, furent pris en charge par l'ennemi, comme ils l'avaient souhaité.

CHAPITRE XXXIX.

LA PISTE DES MEURTRES DES CAFAIRS BRUTAUX.

A Windhoek, nous fûmes de nouveau attaqués par une colonne anglaise. Le lecteur commencera probablement à se lasser de ces attaques continuelles, et je m'empresse de lui assurer que nous étions bien plus las qu'il ne pourra jamais grandir. Le premier jour du combat, nous avons réussi à repousser l'ennemi, mais le deuxième jour, le sort de la guerre a changé et après un combat acharné, au cours duquel j'ai eu le malheur de perdre un brave jeune bourgeois nommé Botha, nous avons donné discuter de la question avec nos ennemis et prendre sa retraite.

L'ennemi nous suivit de très près, et bien que j'utilisais librement le sjambok parmi mes hommes, je ne pouvais pas les persuader, même par cette méthode peu douce, de prendre position contre leurs ennemis, et alors que nous dépassions Witpoort, la cavalerie ennemie avec deux canons était sur nos talons.

Ce n'est que lorsque les bourgeois eurent atteint Maagschuur, entre les Bothas et Tautesbergen, qu'ils daignèrent prendre position et arrêter l'avancée de l'ennemi. Ici, après un engagement court mais vif, nous les avons forcés à retourner à Witpoort, où ils ont établi leur camp.

Notre moulin, que j'ai déjà mentionné comme étant une source importante de notre approvisionnement alimentaire, a de nouveau été entièrement incendié.

Nos commandos retournèrent à la rivière Olifant et, à la mine de cobalt voisine, rejoignirent ceux qui étaient restés sur place sous les ordres du général Muller. Cependant, l'ennemi, qui semblait déterminé, si possible, à nous effacer de la surface de la terre, découvrit où nous nous trouvions vers la mi-juillet et nous attaqua en nombre écrasant. Nous avions pris position sur les « Randt » et avions opposé autant de résistance que possible. L'ennemi déversait sur nous un feu nourri d'obus de ses obusiers et de ses canons de 15 livres, tandis que son infanterie chargeait nos deux flancs extrêmes. Après avoir perdu beaucoup d'hommes, un bataillon de Highlanders réussit à tourner notre flanc gauche, et une fois cet avantage obtenu, et aidé par leur supériorité numérique, l'ennemi put prendre position après position, et rendit finalement impossible toute offre supplémentaire. résistance. Tard dans l'après-midi, avec une perte de cinq blessés et un homme tué - un Irlandais-Américain nommé Wilson - nous nous retirons par la rivière Olifant, près de Mazeppa Drift, l'ennemi passant la nuit à Wagendrift, environ trois milles plus en amont du ruisseau. . Le lendemain matin, ils franchirent la rivière à gué et traversèrent Poortjesnek et Donkerhoek jusqu'à Pretoria, nous laissant ainsi un peu de répit. J'envoyai alors quelques bourgeois fiables pour rendre compte de nos différents mouvements au commandant général et donner des nouvelles des autres commandos. Il fallut attendre trois semaines pour que ces hommes reviennent, car ils avaient été empêchés à plusieurs reprises de traverser la voie ferrée, et ils n'y parvinrent finalement qu'au prix de grandes difficultés. Ils rapportèrent que les Anglais sur le Haut-Veldt étaient très actifs et nombreux.

Vers la mi-juillet, je quittai le général Muller pour me reposer avec le commando, et accompagné d'une demi-douzaine d'adjudants et de cavaliers, je me rendis à Pilgrimsrust dans le district de Lydenburg pour y rendre visite aux commandos et apaiser autant que je pouvais le insatisfaction provoquée par ma réorganisation.

À Zwagerhoek, un kloof à environ 12 milles au sud de Lydenburg, à travers lequel la voie ferrée mène de Lydenburg à Dullstroom, j'ai trouvé un cornet de campagne avec environ 57 hommes. Après avoir discuté de la situation avec eux et expliqué les choses, ils étaient tous satisfaits.

Ici, j'ai nommé comme cornet de campagne un jeune homme de 23 ans, un certain JS Schoenman, qui s'est distingué par la suite par sa vaillance.

A peine avions-nous terminé nos dispositions que nous fûmes de nouveau attaqués par une des colonnes ennemies venues de Lydenburg. Au début, nous nous défendîmes avec succès, mais finalement nous fûmes obligés de céder.

Je ne crois pas que nous ayons causé de pertes considérables à l'ennemi, mais nous n'avons eu aucune victime. La même nuit, nous avons traversé la ligne ennemie jusqu'à Houtboschloop, à cinq milles à l'est de Lydenburg, où se trouvait un petit commando, et devant procéder par un chemin très détourné, nous avons parcouru cette nuit-là pas moins de 40 milles.

Une autre réunion de tous les bourgeois au nord de Lydenburg était maintenant convoquée, qui se tiendrait dans un hôtel en ruine à environ 19 kilomètres à l'ouest de la gare de Nelspruit, qui aurait pu être considéré comme le centre de tous les commandos de ce district. Je constatai que ceux-ci étaient divisés en deux partis, l'un n'étant pas satisfait du nouvel ordre de choses que j'avais arrangé et désirant réintégrer leurs anciens officiers, tandis que l'autre était très satisfait de mes dispositions. Ce dernier parti était commandé par M. Piet Moll, que j'avais nommé commandant à la place de M. D. Schoeman, qui occupait autrefois cette position. Lors de cette réunion, je leur ai expliqué les choses et j'ai essayé de persuader les bourgeois de se contenter de leurs nouveaux commandants. Il était évident, cependant, que beaucoup ne devaient pas être satisfaits et qu'il ne fallait pas s'attendre à ce qu'ils travaillent ensemble harmonieusement. Je décidai donc de laisser les deux commandants garder leurs positions et de laisser les hommes suivre celui de leur choix, et je profitai de la première occasion pour attaquer l'ennemi afin de tester l'efficacité de ces deux corps.

Emmenant les deux commandos avec leurs deux commandants respectifs en direction de l'est jusqu'à Wit River, nous y campâmes pendant quelques jours et recherchâmes l'ennemi sur le chemin de fer de Delagoa Bay, afin de trouver le meilleur endroit pour attaquer. Nous venions de décider d'attaquer la station Crocodilpoort, dans la soirée du 1er août, lorsque nos éclaireurs rapportèrent que les Anglais, qui tenaient le fort de M'pisana's Stad, entre notre laager de Wit River et Leydsdorp, se dirigeaient vers de Komati Poort avec une grande quantité de bétail capturé.

Notre premier plan fut donc abandonné et j'ordonnai à 50 bourgeois de chaque commando d'attaquer immédiatement cette colonne au fort de M'pisana, car ils avaient fait beaucoup trop de mal pour pouvoir s'en sortir sans être inquiétés. Il s'agissait d'un groupe d'hommes appelé « le Cheval de Steinacker », un corps formé de tous les desperados et des vagabonds à rassembler dans des endroits isolés du nord, y compris des commerçants cafres, des contrebandiers, des espions et des canailles de toutes sortes, le tout commandé par un caractère du nom de ——. Je n'ai jamais pu découvrir qui ou quoi était ce monsieur, mais à en juger par son travail et par les hommes sous ses ordres, il devait être un second Musolino. Ce corps avait son quartier général à Komati Poort, sous les ordres du major Steinacker, à qui fut probablement confiée la tâche de garder la frontière portugaise, et qui devait avoir *carte blanche* quant à son mode d'opération.

De tous les témoignages, l'occupation principale de ce corps semblait être le pillage, et les cafres qui y étaient attachés étaient utilisés pour le reconnaissance, les combats et pire encore. De nombreuses familles dans la partie nord de Lydenburg avaient été attaquées dans des endroits isolés, et à une occasion, les hommes blancs lors d'une de ces expéditions de maraude avaient permis aux cafres d'assassiner dix personnes sans défense avec leurs sagaies et leurs haches, capturant leur bétail et d'autres biens. De même furent massacrés les parents des commandants Lombard, Vermaak, Rudolf et Stoltz, et sans doute bien d'autres qui ne m'ont pas été signalés. Le lecteur comprendra maintenant mon souci de mettre un frein à ces brigands sans foi ni loi. Les instructions au commando que j'avais envoyé, et qui arriverait chez M'pisana dans deux jours, étaient de prendre brièvement le fort et de faire ensuite ce que les circonstances dicteraient. Si mes hommes échouaient, les desperados les poursuivraient sur leurs chevaux rapides, et toutes les tribus cafres conspireraient contre nous, afin qu'aucun ne puisse s'échapper de notre côté. Un cafre était généralement considéré comme une personne neutre dans cette guerre, et à moins qu'il ne soit trouvé armé dans nos lignes, sans aucune excuse raisonnable pour sa présence, nous le laissions généralement tranquille. Ils étaient cependant largement utilisés comme espions contre nous, restant dans leurs kraals le jour et sortant la nuit pour vérifier notre position et nos forces. Ils faisaient aussi de bons guides pour les troupes anglaises, qui souvent n'avaient pas la moindre idée du pays dans lequel elles se trouvaient. Il ne faut pas oublier que lorsqu'un cafre reçoit un fusil, il devient aussitôt la proie de ses instincts brutaux, et son seul amusement devient désormais de tuer sans distinction d'âge, de couleur ou de sexe. Plusieurs centaines d'indigènes, conduits par des hommes blancs, erraient dans ce district, et tout ce qui était capturé, pillé ou volé était partagé également entre eux, 25 pour cent. étant déduite d'abord pour le gouvernement britannique.

Je me suis livré à cette digression pour décrire une autre phase à laquelle nous avons dû faire face dans notre lutte pour l'existence. J'ai cependant des raisons de croire que le commandant en chef britannique, pour lequel j'ai toujours eu le plus grand respect, n'était pas alors conscient du caractère remarquable de ces opérations, menées dans les régions les plus reculées. certaines parties du pays ; et il ne fait aucun doute que s'il avait eu connaissance de leur véritable nature, il aurait rapidement traduit ces mécréants en justice.

CHAPITRE XL.

CAPTURER LE REPAIRE D'UN FREEBOOTER.

Tôt le matin du 6 août, alors que l'aube se levait teintait les sommets des monts Lebombo de sa teinture pourpre et que les premiers rayons du soleil levant répandaient leurs rayons dorés sur le sombre bushveldt, le commando dirigé par les commandants Moll et Schoeman s'approchaient lentement du redoutable fort de M'pisana. Arrivés à quelques centaines de pas, ils laissèrent les chevaux derrière eux et s'y approchèrent lentement en ordre dispersé ; car comme aucun de nous ne connaissait la disposition ou la construction de la place, il avait été prévu d'avancer avec beaucoup de prudence et de charger brusquement au coup de sifflet. Rien ne bougeait dans le fort à notre approche, et nous commencions à croire que la garnison était partie ; mais à peine à 70 mètres de là, les officiers remarquèrent des formes circulant dans les tranchées qui l'entouraient. Le coup de sifflet retentit et les bourgeois chargeèrent, des acclamations s'élevant d'une centaine de gorges. Des volées après volées sortaient des tranchées, mais nos bourgeois se précipitaient régulièrement, sautaient eux-mêmes dans les tranchées et poussaient les défenseurs dans le fort par des passages secrets. Les Anglais commencèrent alors à nous tirer dessus à travers les meurtrières des murs et plusieurs de nos hommes étaient tombés lorsque le commandant Moll cria : « Sautez par-dessus le mur ! Un groupe de bourgeois s'est précipité sur le mur de 12 pieds et a tenté de l'escalader ; mais un feu nourri fut dirigé contre eux et sept bourgeois, dont le vaillant commandant Moll, tombèrent grièvement blessés. Rien ne se laissa décourager, le capitaine Malan, qui commandait ensuite la division, poussa ses hommes à continuer, et la plupart d'entre eux réussirent à sauter dans le fort, où, après une résistance désespérée, dans laquelle le capitaine..., leur chef, tomba. mortellement blessé, toute la bande se rendit à nous. Nos pertes furent de six bourgeois tués, tandis que le commandant Moll et 12 autres furent grièvement blessés. Les bourgeois trouvèrent un homme blanc tué dans le fort et deux blessés, tandis qu'une vingtaine de cafres gisaient blessés et morts. Nous avons fait 24 prisonniers blancs et environ 50 cafres. Je répète que les Blancs étaient les spécimens les plus bas de l'humanité qu'on puisse imaginer.

A peine le combat était-il terminé et nos prisonniers désarmés qu'une sentinelle que nous avions postée sur le mur cria :

"Attention, un commando cafre arrive !"

Il s'agissait en fait d'un fort commando cafre, dirigé par le chef M'pisana lui-même, venu au secours de ses amis du Cheval de Steinacker. Ils ont ouvert le feu sur nous à environ 100 mètres, et les bourgeois nous ont immédiatement répondu en retournant leur salut, renversant un bon nombre d'entre eux, après quoi les autres se sont retirés.

A côté du fort se trouvaient une vingtaine de petites huttes dans lesquelles nous trouvâmes un certain nombre de filles cafres. Lorsqu'on leur a demandé qui ils étaient, ils ont répété qu'ils étaient les « femmes » des soldats blancs. A l'intérieur du fort capturé, nous trouvâmes de nombreux articles utiles et les livres officiels de cette bande. Ils contenaient des notes systématiques sur ce qui avait été pillé, pillé et volé au cours de leurs expéditions de maraude et montraient comment ils avaient été répartis entre eux, en déduisant 25 pour cent. pour le gouvernement britannique.

Une correspondance longue et approfondie eut lieu à ce sujet entre moi et Lord Kitchener. Je souhaitais d'abord savoir si cette bande faisait partie intégrante de l'armée britannique, sinon je devrais les traiter comme de simples brigands. Après un certain délai, Lord Kitchener répondit qu'ils faisaient partie de l'armée de Sa Majesté. Je voulus alors savoir s'il entreprendrait de juger les hommes pour leurs méfaits, mais cela fut refusé. Cette correspondance a finalement conduit à une réunion entre le général Bindon Blood et moi-même, qui a eu lieu à Lydenburg le 27 août 1901.

Les cafres capturés furent jugés par une cour martiale et chacun puni selon ses mérites. Les 24 Anglais furent livrés à l'ennemi, après avoir donné leur parole d'honneur de ne pas retourner à leur vie barbare. Dans quelle mesure cette promesse a-t-elle été tenue, je ne le sais pas ; mais d'après l'impression qu'ils m'ont faite, je ne pense pas qu'ils aient eu une grande idée de ce que signifiait l'honneur. Le bétail capturé que nous avions espéré trouver au fort avait été envoyé à Komati Poort quelques jours avant notre attaque et, selon leurs « livres », il devait compter environ 4 000 têtes. Une autre section de ce corps notoire connut le même sort à cette époque à Bremersdorp au Swaziland. Ils n'y opposèrent pas une résistance aussi déterminée, et les bourgeois d'Ermelo capturèrent deux bons Colt-Maxim et deux chargements de munitions probablement destinés aux indigènes du Swaziland.

CHAPITRE XLI.

Embuscade aux hussards.

Le 10 août, peu après notre arrivée avec les prisonniers de guerre à Sabi, et pendant que je discutais encore avec Lord Kitchener de l'incident relaté dans le chapitre précédent, le général Muller m'envoya un message de la rivière Olifant, où je l'avais laissé. avec mes hommes, qu'il avait été attaqué par le général W. Kitchener trois jours après que je l'avais quitté. Il semble que ses sentinelles aient été surprises et coupées des commandos, ceux-ci étant répartis en différents camps.

Les bourgeois les plus éloignés, les hommes de Middelburg et de Johannesburg, avaient, contrairement à mes instructions, établi leur camp sur la rivière Blood, près de Rooikraal, et furent soudainement et inopinément attaqués par l'ennemi vers deux heures de l'après-midi, tandis que leurs chevaux paissaient dans le veld. Quelques chevaux furent rattrapés à temps et quelques bourgeois opposèrent un peu de résistance, tirant à courte distance, plusieurs hommes étant tués des deux côtés. Mais la confusion était indescriptible, chevaux, bétail, bourgeois et soldats étant mêlés. Un pompon, avec son attelage de mules et son harnais, ainsi que la plupart des charrettes et des selles, furent capturés par l'ennemi. Nos officiers ne purent inciter les hommes à prendre une position déterminée avant qu'ils ne se soient retirés dans le Mazeppa Drift, sur la rivière Olifant. Ici, le général Muller est arrivé de nuit avec quelques renforts et a attendu l'ennemi, qui est dûment apparu le lendemain matin avec une division des 18e et 19e Hussards et, encouragé par le succès de la veille, a chargé nos hommes d'un feu bien dirigé qui a provoqué chaos dans leurs rangs. Les vaillants hussards furent repoussés à un endroit et, à un autre, le major Davies (ou Davis) et 20 hommes furent faits prisonniers. Enfin quelques canons et renforts atteignirent l'ennemi, et nos bourgeois se retirèrent sagement, allant jusqu'à Eland's River, près des « Double Drifts », où ils se reposèrent.

Le troisième jour, le général W. Kitchener avait découvert où nous nous trouvions, et nos sentinelles nous avertirent que l'ennemi approchait à travers les buissons, soulevant de gros nuages de poussière. Pendant que les wagons étaient préparés, les bourgeois sortirent et attendirent les Anglais dans un endroit commode entre deux kopjes. Ces derniers sont partis sans méfiance, deux par deux, et lorsqu'une centaine d'entre eux ont été autorisés à passer, nos hommes se sont précipités dehors en criant : « Levez les mains ! » et, saisissant les brides de leurs chevaux, désarmèrent environ 30 hommes. Cela provoqua une panique immédiate et la plupart des hussards s'enfuirent (poursuivis de près par nos bourgeois qui en abattirent 10 ou 12). Les Hussards ont laissé derrière eux un Colt-Maxim et un héliographe pour notre usage. Le sol était ici envahi par un buisson épineux et épineux, ce qui rendait difficile la fuite de nos ennemis, et environ 20 autres furent rattrapés et attrapés, plusieurs ayant été arrachés de leurs chevaux par des branches saillantes, et avec leur visage et leurs mains gravement blessés. blessés par des épines, tandis que leurs vêtements étaient à moitié arrachés de leur corps.

Pendant ce temps, l'ennemi continuait à tirer sur nous tout en battant en retraite, et réussissait ainsi à blesser plusieurs des siens. Ce combat continu dura jusqu'à tard dans la soirée, lorsque les bourgeois relâchèrent leur poursuite et revinrent, leurs pertes étant d'un seul tué, le lieutenant. D. Smit, de la police de Johannesburg. Les pertes de l'ennemi furent considérables, même s'il était impossible d'en estimer le nombre exact, car les morts étaient dispersés sur une vaste étendue de terrain et cachés parmi les buissons, ce qui rendait difficile leur localisation. Des semaines plus tard, lorsque nous sommes revenus sur le même terrain, nous avons encore trouvé des corps gisant dans la brousse et leur avons donné un enterrement décent.

Nos bourgeois étaient désormais à nouveau en possession de 100 chevaux et selles frais, tandis que leur pompon était remplacé par un Colt-Maxim. Le général W. Kitchener nous laissa alors seuls pendant un moment, ce dont nous étions très reconnaissants, et se replia sur la voie ferrée. Le répit, cependant, fut de courte durée ; bientôt de nouvelles colonnes apparurent en provenance de Middelburg et de Pretoria, et nous fûmes de nouveau attaqués, certains combats ayant lieu principalement sur nos anciens champs de bataille. Le général Muller réussit à plusieurs reprises à démolir la voie ferrée et à détruire des trains chargés de provisions, tandis que j'eus le bonheur de capturer un train de l'intendance, près de Modelane, sur la ligne de la baie de Delagoa ; mais comme je ne pouvais pas emporter la marchandise, j'ai été obligé de brûler le tout. Un train, apparemment avec des renforts, a également explosé, la locomotive et les wagons s'envolant avec un bel effet.

CHAPITRE XLII.

JE PARLE AVEC LE SANG GÉNÉRAL.

Vers la fin du mois d'août 1901, j'ai rencontré le général Sir Bindon Blood à Lydenburg sur rendez-vous. Nous avions prévu d'y discuter plusieurs questions capitales, car nous avancions peu par correspondance. En premier lieu, nous accusions les Anglais d'employer contre nous des tribus barbares de cafres ; en second lieu, d'abuser de l'usage du drapeau blanc en envoyant à plusieurs reprises des officiers à travers nos lignes avec des proclamations séditieuses que nous ne reconnaîtrions pas, et que nous ne pouvions qu'obéir à notre propre gouvernement et non au leur ; en troisième lieu, nous nous plaignions de ce qu'ils nous envoyaient nos femmes des camps de concentration avec des proclamations similaires et leur faisaient promettre solennellement de faire tout ce qu'elles pourraient pour amener leurs maris à se rendre et à recouvrer ainsi leur liberté. Nous considérions qu'il s'agissait là d'un stratagème plutôt mesquin de la part de notre puissant ennemi. Il y avait aussi d'autres questions mineures à discuter concernant la Croix-Rouge.

Je suis entré dans la ligne anglaise accompagné de mes adjudants, Nel et Bedeluighuis, et de mon secrétaire, le lieutenant W. Malan. A Potloodspruit, à quatre milles de Lydenburg, je rencontrai le chef d'état-major du général Blood, qui nous conduisit jusqu'à lui. A l'entrée du village, une garde d'honneur avait été placée et nous reçut avec les honneurs militaires. Je ne comprenais pas le sens de tout ce bruit, d'autant plus que les rues que nous traversions étaient bordées de spectateurs de toutes sortes, et, à mon grand inconfort, je me trouvais l'objet principal de cet intérêt. De tous côtés, j'entendais la question : « Qui est Viljoen ? et, lorsqu'on me faisait remarquer, j'entendais souvent la réponse déçue : « Est-ce lui ? "Par Jupiter, il ressemble aux autres." Ils s'attendaient évidemment à voir un nouveau spécimen de l'humanité.

Au milieu du village, nous nous arrêtâmes devant une petite maison soignée, qui, m'a-t-on dit, était le quartier général du général Blood. Le général lui-même nous rencontra sur le seuil ; un homme bien proportionné et d'apparence gentille, âgé d'environ 50 ans, de toute évidence un véritable soldat et un Irlandais, comme je l'ai vite détecté par son discours. Il nous reçut très courtoisement, et comme j'avais peu de temps à ma disposition, nous entamâmes aussitôt notre discussion. Il ne servirait à rien de relater tous les détails de notre entretien, d'autant plus que rien de définitif n'était décidé, puisque tout ce que disait le général était soumis à l'approbation de Lord Kitchener, tandis que je devais moi-même tout soumettre à mon commandant général. Le général Blood promit cependant de cesser d'envoyer les femmes avec leurs proclamations, ainsi que les officiers chargés de missions similaires, et la question de la Croix-Rouge fut également réglée de manière satisfaisante. La question cafre resta cependant en suspens, bien que le général Blood ait promis d'avertir les tribus cafres autour de Lydenburg de ne pas s'immiscer dans la guerre et de ne pas quitter le voisinage immédiat de leurs kraals. (La veille seulement, deux bourgeois nommés Swart avaient été assassinés à Doorukoek par des cafres, qui prétendaient l'avoir fait sur ordre des Anglais). L'entretien dura environ une heure et, à côté de nous deux, le colonel Curran et mon secrétaire, le lieutenant Malan, étaient présents. Le général Blood et son état-major nous conduisirent jusqu'à Potloodspruit, où nous prenons congé. Le drapeau blanc fut remplacé par le fusil, et nous retournâmes à nos fonctions respectives.

CHAPITRE XLIII.

MME. LE BÉBÉ DE BOTHA ET LE "TOMMY".

En septembre 1901, après avoir organisé les commandos au nord de Lydenburg, je retournai avec ma suite rejoindre mes bourgeois à la rivière Olifant, que j'atteignis au début de septembre. L'ennemi avait laissé le général Muller tranquille après l'affaire des hussards. Des rapports arrivaient de l'autre côté du chemin de fer nous informant que de nombreux combats se déroulaient dans l'État libre d'Orange et dans la colonie du Cap, et que les bourgeois tenaient bon. C'était pour nous une nouvelle très satisfaisante, d'autant plus que nous n'avions reçu aucune nouvelle depuis plus d'un mois. J'envoyai de nouveau un rapport à notre commandant général racontant mes aventures.

Nous avons eu beaucoup de peine à obtenir les vivres nécessaires aux commandos, l'ennemi ayant traversé à plusieurs reprises le pays entre Roos Senekal, Middelburg et Rhenosterkop, détruisant et ravageant tout. Je résolus donc de diviser mes forces, le corps connu sous le nom de « Rond Commando » en prenant une partie à travers les lignes ennemies jusqu'à Pilgrimsrust, au nord de Lydenburg, où la nourriture était encore abondante. Le général de combat Muller fut laissé sur place avec la police de Boksburg et le commando de Middelburg, le corps de Johannesburg m'accompagnant à Pilgrim's Rest, où j'avais mon quartier général temporaire. Nous avions beaucoup de farine dans cette région et aussi assez de bétail à tuer, pour que nous puissions vivre de ces provisions. Nous avions depuis longtemps renoncé aux tentes, mais les pluies dans les régions montagneuses du Repos du Pèlerin et du Sabi nous avaient obligés à trouver refuge chez les bourgeois. Lors des fouilles alluviales de Pilgrim's Rest, nous avons trouvé une grande quantité de plaques et de planches de fer galvanisées qui, une fois coupées en morceaux plus petits, pouvaient être utilisées pour la construction. Nous trouvâmes un endroit commode dans les montagnes entre Pilgrim's Rest et Kruger's Post, où quelques centaines de huttes en fer ou en zinc furent bientôt érigées, offrant un excellent abri aux bourgeois.

Des patrouilles étaient continuellement envoyées autour de Lydenburg et, chaque fois que cela était possible, nous attaquions l'ennemi, le gardant bien occupé. Nous réussissions à nous approcher de temps en temps de ses avant-postes et à capturer occasionnellement du bétail. Cela parut très exaspérant pour les Anglais, et vers la fin de septembre nous apprîmes qu'ils recevaient des renforts à Lydenburg. Cette force devint bientôt considérable : en fait, en novembre, ils traversèrent en grand nombre la rivière Spekboom et, au poste de Kruger, tombèrent sur nos avant-postes, au moment où il y avait des combats. L'ennemi n'est pas allé plus loin cette nuit-là. Le lendemain, nous avons dû quitter ces positions et l'autre camp les a prises et y a campé. Le lendemain, ils avancèrent le long de la rivière Ohrigstad avec une forte force montée et un bon nombre de chariots vides, évidemment pour rassembler les femmes à cet endroit. J'ai dû procéder par un chemin détourné pour devancer l'ennemi. La route traversait une montagne escarpée et des collines touffues, ce qui nous empêchait d'atteindre l'ennemi jusqu'à ce qu'il ait brûlé toutes les maisons, détruit les plants de graines et chargé les familles sur leurs charrettes, après quoi ils se sont retirés au camp de Kruger. Poste. Nous chargâmes aussitôt l'arrière-garde ennemie, et un combat violent s'ensuivit, mais qui fut de courte durée. Les Anglais s'enfuirent, laissant derrière eux quelques morts et blessés, ainsi que quelques dizaines de casques et de "putties" emmêlés dans les arbres. Nous avons également capturé un chariot chargé de provisions et d'objets qui avaient été pillés, tels que des vêtements et des tapis pour femmes, une caisse de munitions Lee-Metford et un certain nombre d'uniformes. Quelques jours après, l'ennemi essaya de pénétrer jusqu'à Pilgrim's Rest, mais dut se retirer devant nos tirs de fusils. Ils réussirent cependant à atteindre Roosenkrans, où un combat de quelques minutes seulement s'ensuivit, lorsqu'ils se retirèrent au poste de Kruger. Ils ne s'y sont arrêtés que quelques jours, retournant la nuit vers Lydenburg, juste au moment où nous avions soigneusement planifié une attaque nocturne. Nous avons détruit le pont de la rivière Spekboom peu de temps après, empêchant ainsi le retour de l'ennemi de Lydenburg au poste de Kruger en une seule nuit. Bien qu'il y ait une dérive sur la rivière, on ne peut la franchir dans l'obscurité sans danger, surtout avec des canons et des charrettes, sans lesquels aucune colonne anglaise ne marchera. Tous les quinze jours, je parcourais personnellement avec mes adjudants les lignes ennemies près de Lydenburg pour voir comment se portait le commando du Sud et arranger les choses.

Le mois de novembre 1901 se passa sans incidents notables. Nous organisâmes quelques expéditions sur le chemin de fer de Delagoa Bay, mais sans grand succès, et au cours de l'une d'entre elles, les bourgeois réussirent à poser une mine près de la gare de Hector's Spruit pendant la nuit. Ils étaient en embuscade le lendemain en attendant l'arrivée d'un train lorsqu'un "Tommy" descendit la ligne et remarqua des traces de sol perturbé qui éveillèrent ses soupçons. Il a vu la mine et a sorti la dynamite. Deux bourgeois allongés dans les hautes herbes ont crié « Lève la main ». Tommy jeta son fusil et, les mains en l'air, courut vers les bourgeois en leur disant, avant qu'ils puissent parler : « Dis, avez-vous entendu la nouvelle que Mme Botha a donné naissance à un fils en Europe ?

Ils ne purent s'empêcher de rire, et le "Tommy", l'air très innocent, répondit :

"Je ne vous raconte pas un mensonge."

Un des bourgeois l'a cajolé en lui disant qu'ils ne doutaient pas de sa parole, mais que la nouvelle familiale était arrivée si prématurément.

"Eh bien," répondit "Tommy", "Oi, je pensais que vous seriez intéressés par la famille de votre patron, c'est pourquoi j'ai parlé."

Le soldat courtois fut renvoyé avec pour instruction de se procurer de meilleurs vêtements, car ceux qu'il portait sur le dos étaient tous déchirés et sales et ne valaient pas la peine d'être emportés.

L'expédition est désormais un échec, car l'ennemi est prévenu et les sentinelles sont doublées le long de la ligne.

En décembre 1901, nous avons tenté une attaque contre un convoi britannique entre Lydenburg et Machadodorp. J'ai pris un commando à cheval et suis arrivé à Schvemones Cleft après quatre jours de marche à travers le Sabinek via Cham Sham, tâche ardue, car il fallait traverser des montagnes et traverser quelques rivières. Certains de mes officiers partirent en reconnaissance afin de trouver le meilleur endroit pour attaquer le convoi. Les blockhaus ennemis se trouvèrent si rapprochés sur la route que devait suivre le convoi, qu'il était très difficile d'y accéder. Mais après un si long chemin, personne n'aimait revenir en arrière sans avoir au moins fait un effort. Nous avons donc marché pendant la nuit et avons trouvé quelques cachettes le long de la route où nous attendions, prêts à charger tout ce qui se présenterait. Le lendemain, à l'aube, je trouvai que la localité était très peu adaptée au but que nous avions en vue, mais si nous devions nous déplacer maintenant, l'ennemi remarquerait notre présence depuis les blockhaus. Il nous faudrait donc soit rester discret jusqu'au crépuscule, soit lancer une attaque. Nous avions déjà capturé plusieurs espions ennemis, que nous gardions prisonniers pour ne pas être trahis. Vers l'après-midi, le convoi est arrivé et nous avons chargé à cheval. Les Anglais, qui ont dû nous voir arriver, étaient prêts à recevoir notre charge et nous ont lancé un feu nourri depuis les fossés, les tranchées et les trous creusés dans le sol. Nous parvenons à déloger les flancs extérieurs de l'ennemi et à faire plusieurs prisonniers, mais nous ne pouvons atteindre les charrettes à cause du feu nourri d'un régiment d'infanterie qui escorte les chariots. Je pensais que la prise du convoi coûterait plus de vies que cela n'en valait la peine, et j'ai donné l'ordre de cesser le feu. Nous avons perdu mon brave adjudant, Jaapie Oliver, tandis que le capitaine Giel Joubert et un autre bourgeois ont été blessés. De l'autre côté, le capitaine Merriman et dix hommes furent blessés. Je ne sais pas combien il a tué.

Nous sommes retournés à Schoeman's Kloof le même jour, où nous avons enterré nos camarades et soigné les blessés. Les blockhaus et les garnisons le long de la route des convois étaient désormais fortifiés par des retranchements et des canons, et nous avons dû abandonner notre projet de nouvelles attaques. Il pleuvait beaucoup tout le temps de cette expédition, ce qui nous causait un sérieux inconfort. Nous avions très peu d'imperméabilisants et, toutes les maisons du quartier ayant été incendiées, il n'y avait aucun abri pour les hommes ni pour les bêtes. Nous nous retirons lentement sur Pilgrim's Rest, devant traverser plusieurs rivières en crue.

A notre arrivée à Sabi, j'appris la triste nouvelle que quatre bourgeois nommés Stoltz avaient été cruellement assassinés par des cafres à Witriver. Le commandant Du Toit s'y était rendu avec une patrouille et avait trouvé les corps dans un état effroyable, pillés et découpés à coups de sagaies, et, d'après la trace, les meurtriers étaient venus de la gare de Nelspruit.

Un autre rapport est venu du général Muller à Steenkampsberg. Il m'informa qu'il avait pris d'assaut un camp dans la nuit du 16 décembre, mais qu'il avait été contraint de se retirer après un combat acharné, perdant 25 tués et blessés, parmi lesquels se trouvait le vaillant Field-Cornet JJ Kriege. Les pertes de l'ennemi furent également très lourdes, avec 31 tués et blessés, dont le major Hudson.

Il ne faut pas croire que nous ayons dû nous contenter de dispositions très primitives à tous égards. Là où nous étions maintenant stationnés, au nord de Lydenburg, nous avions même une communication téléphonique entre Spitskop et Doornhoek, avec des bureaux d'appel à Sabi et à Pilgrim's Rest. Ce dernier endroit est ici le centre de la population des creuseurs et un village de taille moyenne. Il y a quelques centaines de maisons et il est situé à 30 milles au nord-est de Lydenburg. Voici les plus anciens gisements aurifères connus en Afrique du Sud, découverts en 1876. Ce village était jusqu'alors en permanence en notre possession. Le général Buller s'y était rendu avec ses forces en 1900 mais n'y avait causé aucun dégât et l'ennemi n'était pas revenu depuis. Les mines et les grosses batteries de tampons étaient protégées par nos soins et entretenues par des personnes neutres sous la direction de M. Alex. Maréchal. Nous y avons établi un hôpital sous la direction du Dr A. Neethling. Une quarantaine de familles résidaient encore et il y avait suffisamment de nourriture, même si ce n'était que des plats simples et peu variés. Pourtant, les gens semblaient très heureux et satisfaits tant qu'ils étaient autorisés à vivre parmi les leurs.

CHAPITRE XLIV.

LE DERNIER NOËL DE LA GUERRE.

Le mois de décembre 1901 se passa sans incident important. Nous n'avons eu que quelques escarmouches insignifiantes à l'avant-poste avec la garnison britannique de Witklip, au sud de Lydenburg. Les deux belligérants de cette région ont tenté de se gêner mutuellement autant que possible en faisant exploser leurs moulins et leurs entrepôts respectifs. Deux des esprits les plus aventureux parmi mes éclaireurs, nommés Jordaan et Mellema, ont réussi à faire sauter un moulin dans le district de Lydenburg utilisé par les Britanniques pour moudre le maïs, et l'ennemi a très vite riposté en faisant sauter l'un de nos moulins à Pilgrim's Rest. . Comme disent les Allemands : « *Alle gute dingen sind drei* ». Plusieurs expériences de ce type et la capture occasionnelle de petits troupeaux de bovins britanniques étaient autant d'incidents dignes de mention. C'est de cette manière relativement calme que se termina la troisième année de notre campagne. La guerre faisait toujours rage et notre sort était dur, mais nous ne murmurions pas. Nous décidâmes plutôt de tirer des festivités de Noël autant de plaisir et d'amusement que les circonstances extraordinaires dans lesquelles nous nous trouvions le permettaient.

Les Britanniques renoncèrent pour le moment à nous déranger, et nos troupeaux et nos chevaux étant en excellent état, nous nous arrangâmes pour organiser une sorte de gymkhana le jour de Noël. Durant les festivités sportives de la journée, de nombreux événements intéressants ont eu lieu. Les plus remarquables d'entre elles étaient peut-être une course de mulets, à laquelle participaient neuf concurrents, et une course de dames, à laquelle participaient six piétons. Le spectacle de neuf Boers costauds et barbus poussant leurs stupides coursiers à toute vitesse par des cris et des éperons provoqua autant de rires honnêtes que n'importe quelle farce théâtrale jamais excitée. Nous, dans la grande tribune, n'étions qu'un public hirsute et miteux, mais nous étions de bonne humeur et acclamions avec un enthousiasme formidable le jockey entreprenant qui a remporté ce remarquable « Derby ». Aussi minables que nous étions, nous avons souscrit 115 £ de prix. Après les sports que je viens de décrire, la compagnie se retira dans une petite église en fer blanc à Pilgrim's Rest, et s'y réjouit en chantant des hymnes et des chants autour d'un petit arbre de Noël.

Plus tard dans la soirée, une lanterne magique que nous avions capturée aux Britanniques a été mise en jeu et nous avons régalé 90 de nos jeunes invités. Le bâtiment était bondé et le plus grand enthousiasme régnait. La cérémonie a été ouverte par le chant d'hymnes et les discours, un harmonium ajoutant largement au plaisir de la soirée. Je me sentais quelque peu nerveux lorsqu'on m'appelait à prendre la parole, car les enfants étaient accompagnés de leurs mères, et celles-ci me regardaient avec des yeux impatients comme si elles voulaient dire : « Voyez, le général est sur le point de parler ; ses paroles sont sûres de sois plein de sagesse. » Je me suis efforcé de faire preuve d'un grand sang-froid, et je ne crois pas avoir échoué de manière très marquée en tant qu'orateur improvisé. Mes bons amis, le révérend Neethling et M. W. Barter, de Lydenburg, m'ont beaucoup aidé dans la partie discours du programme. Je n'ai pas la moindre idée de ce dont j'ai parlé, si ce n'est que j'ai félicité les petits et leurs mères d'avoir été préservés des camps de concentration, où tant de leurs amis étaient enfermés.

J'ai mentionné qu'il y avait avec nous des jeunes filles qui participaient aux courses. C'étaient quelques-uns que les Britanniques avaient gentiment omis de placer dans les camps de concentration, et il était remarquable de voir avec quelle rapidité certains jeunes et beaux bourgeois entrèrent dans des relations amoureuses avec ces jeunes dames, et les choses évoluèrent si vite que je fus bientôt confronté à un problème très curieux. Nous n'avions pas d'officier de mariage à portée de main et moi, en tant que général, je n'avais été doté d'aucune autorité spéciale pour agir en tant que tel. Deux héros rougissants vinrent me trouver un matin, accompagnés de jeunes filles collantes et craintives, et me déclarèrent qu'ils avaient décidé que, puisque j'étais leur général, j'avais toute autorité pour les épouser. J'ai été surpris par cette demande et j'ai demandé : « Ne pensez-vous pas, jeunes gens, que dans les circonstances, vous feriez mieux d'attendre un peu jusqu'à la fin de la guerre ? "Oui", avouèrent-ils, "ce serait peut-être plus prudent, Général, mais nous attendons déjà trois ans !"

Dans le commando du général De la Rey, qui comprenait des bourgeois de huit grands districts, on avait jugé nécessaire de nommer des officiers matrimoniaux, et un assez grand nombre de mariages furent contractés. Je mentionne cela pour montrer combien sont diversifiées les fonctions du général boer en temps de guerre, et quelles sortes de fonctions étranges il est parfois appelé à remplir.

Il ressort de ce que j'ai dit que, parfois, l'horizon sombre de notre vie veldt était éclairé par le soleil éclatant des éléments les plus légers de la vie. La plupart du temps, nos perspectives étaient assez sombres et nos cœurs étaient lourdement accablés par les soucis. J'ai souvent constaté que mes pensées se tournaient involontairement vers ceux qui avaient été si longtemps et si fidèlement à mes côtés à travers toutes les vicissitudes de la guerre, luttant pour ce que nous considérions comme notre droit sacré, pour lequel nous étions prêts à sacrifier nos vies et notre tout. Inconsciemment, je me souvenais, en ce jour de Noël, des paroles que le général Joubert nous avait adressées devant Ladysmith en 1899 : « Heureux l'Africain qui ne survivra pas à la fin de cette guerre. Le temps montrera, s'il ne l'a pas déjà montré, la sagesse des paroles du général Joubert.

À peu près à cette époque, des rumeurs de toutes sortes se répandirent à l'étranger. De plusieurs sources, nous apprenions quotidiennement que la guerre était sur le point de se terminer, que les Anglais avaient évacué le pays parce que leurs fonds étaient épuisés, que la Russie et la France étaient intervenues et que Lord Kitchener avait été capturé par De Wet et libéré à condition qu'il et ses troupes quittèrent immédiatement l'Afrique du Sud. On disait même que le général Botha avait reçu une invitation du gouvernement britannique à venir conclure une paix sur la base de « l'indépendance ».

Personne ne doutera que nous, dans le Veld, étions désespérément impatients d'entendre la bonne nouvelle de la paix. Nous étions las de cette lutte acharnée et nous attendions avec impatience le moment où le commandant général et le gouvernement nous ordonneraient de remettre l'épée au fourreau.

Mais la nuit de la Vieille Année nous a laissés engagés dans un conflit féroce d'hostilités, et l'aube de la Nouvelle Année nous a trouvés encore enveloppés dans les nuages de la guerre – des nuages dont la noirceur n'était atténuée par aucune lueur d'espoir.

CHAPITRE XLV.

MES DERNIERS JOURS SUR LE VELDT.

Le premier mois de 1902 vit la tempête de mort et de destruction toujours aussi intense, et les perspectives paraissaient aussi sombres qu'au début de l'année précédente. Mais nous avions la main sur la charrue et nous ne pouvions pas regarder en arrière. Mes instructions étaient : « Allez de l'avant et persévérez ».

Au sud de Lydenburg, où opérait une section de mon commando dirigée par le général Muller, l'ennemi nous tenait très occupés, car il avait une ou plusieurs colonnes engagées. Nous, au nord de Lydenburg, avons connu une période beaucoup plus calme que nos frères du sud de cet endroit, car là les Britanniques poursuivaient leur politique d'épuisement de notre peuple d'une main impitoyable. J'attribue le fait que nous, dans le nord, avons été relativement tranquilles à la nature montagneuse du pays. Il aurait été impossible aux Britanniques de nous capturer ou d'envahir nos montagnes avec succès sans une force considérable et, évidemment, les Britanniques ne disposaient pas d'une telle force. Les Britanniques avaient probablement aussi un certain respect pour les prouesses de mon commando. Un officier anglais me dit ensuite très sérieusement que le service de renseignement britannique possédait des informations selon lesquelles je rôdais au nord de Lydenburg avec 4 000 hommes et deux canons, et que mes hommes étaient si magnifiquement fortifiés que notre position était invincible. Bien entendu, je n'avais pas intérêt à l'éclairer sur ce point. J'étais prisonnier de guerre lorsque cette information amusante m'a été donnée, et j'ai simplement répondu : « Oui, vos agents de renseignement sont des gars très intelligents. L'officier demanda alors, avec une présomption de franchise et d'innocence, si c'était vraiment un fait que nous avions encore des canons en campagne. A quoi je rétorquai : « Que penseriez-vous si je posais une question semblable à un officier britannique tombé entre mes mains ? Là-dessus, il se mordit le pouce et balbutia : « Je vous demande pardon, je ne voulais pas… euh… vous insulter. C'était un tout jeune type, un chiot vaniteux, affectant le « haw-haw », qui semble être une épidémie dans l'armée britannique. Ses cheveux étaient séparés au centre, de la manière si populaire parmi certains officiers britanniques, et ce style de coiffure fut décrit par les Boers comme « middel-paadje » (voie du milieu). En fait, mes hommes ne comptaient que des centaines d'hommes, autant que les milliers que les Britanniques m'attribuaient. Quant aux canons, ils existaient tout simplement dans l'imagination du département de renseignement britannique.

Les affaires devenaient chaque jour plus critiques. Depuis le début de l'année, nous avions fait plusieurs tentatives pour détruire le chemin de fer de

Delagoa Bay, mais les Britanniques avaient construit un réseau de barbelés si formidable et leurs blockhaus étaient si rapprochés et si fortement garnisons que nos tentatives avaient jusqu'ici avorté. La ligne était également protégée par un grand nombre de trains blindés.

En raison de notre mauvais succès dans cette entreprise, nous tournâmes notre attention vers d'autres directions. Nous avons reconnu les garnisons britanniques dans le district de Lydenburg dans le but de frapper leur point le plus faible. Un certain nombre de mes officiers et hommes ont progressé à la faveur de l'obscurité à travers les avant-postes britanniques et ont atteint le village de Lydenburg en rampant à quatre pattes. Au cours du voyage de retour, ils furent interpellés et visés à plusieurs reprises et réussirent difficilement à regagner le camp indemnes. Le but de la reconnaissance était cependant atteint. Ils m'ont rapporté que le village était entouré de barbelés et qu'un certain nombre de blockhaus avaient été construits autour, et aussi que plusieurs grandes maisons du village avaient été barricadées et fortement occupées. Mes deux éclaireurs professionnels, Jordaan et Mellema, avaient également reconnu le village depuis une autre direction et avaient rapporté des informations confirmatives et la nouvelle que Lydenburg était occupée par environ 2 000 soldats britanniques, composés du Manchester Regiment et du First Royal Irish, ainsi que de un corps de « mains supérieures » sous le commandement du célèbre Harber. Trois autres espions boers en reconnaissance des forts des Crocodile Heights ont également rapporté des rapports décourageants.

Au conseil de guerre qui eut alors lieu et que je présidai, ces rapports furent discutés, et nous décidâmes d'attaquer les deux blockhaus les plus proches du village, puis de prendre d'assaut le village lui-même. Je dois mentionner qu'il nous fallait capturer les blockhaus avant de tenter de prendre le village lui-même, car si nous les avions laissés intacts, nous aurions couru le danger de voir notre retraite coupée.

L'attaque devait avoir lieu la nuit suivante, et tandis que nous approchions à cheval des lignes britanniques, entre la rivière Spekboom et Potloodspruit, nous descendîmes de cheval et avançâmes prudemment à pied. L'un des blockhaus objectifs se trouvait sur le chemin des wagons au nord du village et l'autre à 1 000 mètres à l'est de Potloodspruit. Field-Cornet Young, accompagné de Jordaan et Mellema, se glissa jusqu'à moins de 10 pieds d'un de ces blockhaus et m'apporta un rapport selon lequel le réseau de barbelés qui l'entourait rendait un assaut impossible dans l'obscurité. Séparant mon commando de 150 hommes en deux corps, je les plaçai de part et d'autre du blockhaus, envoyant, entre-temps, quatre hommes abattre les grillages. Ces hommes avaient pour instruction de nous donner un signal lorsqu'ils auraient atteint ce but, afin que nous puissions alors procéder à l'assaut du fort. C'eût été sacrifier beaucoup en vain que d'avoir tenté de procéder sans procéder à l'opération préalable de coupe des clôtures, car si nous avions pris d'assaut un blockhaus sans ôter au préalable les grillages, nous nous serions pris dans les clôtures et aurions offert de splendides cibles aux tirs. l' ennemi à très courte portée, et nos pertes auraient sans doute été considérables.

Mes coupeurs de clôture s'accrochèrent obstinément à leur tâche malgré les tirs des sentinelles qui montaient la garde. Ce fut une tâche longue et fatigante, mais nous attendîmes patiemment, allongés par terre. Vers 2 heures du matin, l'officier qui commandait les coupe-fils revint vers nous, nous déclarant qu'ils avaient atteint leur objectif en coupant la première barrière métallique, mais qu'ils en avaient rencontré une autre qu'il faudrait plusieurs heures pour couper. Entre-temps, les sentinelles étaient devenues d'une vigilance désagréable et tiraient désormais fréquemment sur nos hommes. Ils étaient souvent si proches qu'à un moment donné, dans l'obscurité, ils auraient pu se heurter aux Boers qui coupaient leurs clôtures.

Il était presque trois heures, il me parut que la tentative serait inefficace à cause de l'approche du jour, et nous fûmes obligés de nous retirer avant que les rayons du soleil levant n'éclairent le ciel et ne nous exposent au tir bien dirigé. feu des Britanniques. Je résolus donc, après avoir consulté mes officiers, de me retirer tranquillement et de renouveler ma tentative une semaine plus tard sur un autre point. Nous sommes rentrés au camp très déçus, mais nous nous sommes consolés avec l'espoir que le succès accompagnerait nos prochains efforts.

CHAPITRE XLVI.

JE SUIS PRIS EN EMBUSCADE ET CAPTURÉ.

Je puis dire que les barbelés qui entouraient les blockhaus constituaient des obstacles très redoutables à nos attaques. Nos hommes étaient relativement peu nombreux et nous ne pouvions nous permettre d'en perdre aucun dans de vaines tentatives de capture de forts britanniques dotés d'une forte garnison. En outre, il existait bien d'autres moyens d'infliger des dégâts à l'ennemi, qui ne nous exposaient pas à un tel danger.

Des pluies fortes et continues tombaient depuis un certain temps, et les rivières et les rivières étaient considérablement gonflées. Toute la région de Lydenburg, dans laquelle nous opérions, était d'ailleurs enveloppée d'un épais brouillard, et ces deux causes rendaient les reconnaissances très difficiles et périlleuses, car on ne savait jamais à quelle proximité pouvaient se trouver les patrouilles ennemies.

Vers le 15 janvier 1902, j'appris que notre gouvernement était pourchassé dans tout le pays et qu'il avait maintenant campé à Windhoek, près de Dullstroom, au sud de Lydenburg. Au même moment, je reçus un ordre du président par intérim Schalk Burger me disant qu'il souhaitait me voir. Cette dernière nouvelle était très acceptable, car j'avais hâte de renouer connaissance avec le président et avec un de mes amis personnels, MJC Krojk, qui était attaché au gouvernement local. C'est pourquoi, après avoir reçu cette instruction, je partis du Repos du Pèlerin accompagné des adjudants Nel, Coetzee, Bester et Potgieter, vers l'endroit où le gouvernement campait. En chemin, je ne m'attendais pas à ce que ce soit ma dernière et la plus fatidique expédition.

Je calculai que je serais absent huit jours, et, désirant être présent aux opérations actives qui pourraient être conduites, j'ordonnai à mon frère, que je laissais à la tête de mes forces, de ne faire aucune attaque pendant mon absence. Après avoir quitté Pilgrim's Rest, mes compagnons et moi avons parcouru à grands pas le chemin qui longe Dornbock, Roodekrans et Kruger's Post. Nous campâmes à ce dernier endroit à la tombée de la nuit. Le lendemain, nous repartîmes, et après avoir réussi à dépasser les forts et blockhaus britanniques au nord de Lydenburg, nous arrivâmes à la rivière Spekboom. Cette rivière était tellement grossie par les pluies récentes qu'aucun passage à gué n'était possible, et nous ne pouvions la traverser qu'en faisant nager nos chevaux. À une heure, nous atteignîmes Koodekraus et y descendîmes de selle. Cet endroit est à environ 15 miles à l'ouest de Lydenburg. Le lendemain, à l'aube, après avoir reconnu le pays dans les environs, nous nous dirigeâmes prudemment vers Steenkampsberg jusqu'à ce que nous fûmes accueillis par des messagers qui nous dirent précisément où se trouvait notre gouvernement. Ce soir-là, nous trouvâmes notre administration locomotive campée à Mopochsburgen, où elle s'était retirée devant une colonne ennemie qui opérait depuis Belfast.

Les salutations échangées furent des plus cordiales et nous restâmes assis à discuter autour des feux de camp jusque tard dans la nuit. Il est inutile de dire que nous avions beaucoup à dire et de nombreuses histoires à raconter sur les vicissitudes de la guerre. J'ai personnellement reçu la très lamentable nouvelle que ma sœur, son mari et trois de leurs enfants étaient morts dans le camp de concentration de Pietersburg.

Deux jours après notre arrivée, le gouvernement reçut un rapport du général Muller annonçant l'approche de deux colonnes ennemies. Nous n'avons pas eu longtemps à attendre. L'ennemi nous a attaqués dans l'après-midi, mais n'a pas réussi à nous chasser de notre position. Cependant, nous n'étions pas en mesure de soutenir une longue bataille, à cause du manque de munitions. Beaucoup de nos bourgeois n'avaient plus que cinq cartouches et certains n'en avaient même pas une. C'est pourquoi, cette même nuit — je crois que c'était le 21 janvier, quoique j'avais perdu le compte des dates — le gouvernement, que j'accompagnais, partit et se dirigea vers le Kloof Oshoek, entre Dullstroom et Lydenburg. Le temps était très défavorable, la pluie tombait à torrents, et, comme on peut le comprendre, nous étions dans une triste situation. Nous n'étions protégés que par nos imperméables et enviions beaucoup un membre du groupe qui possédait fièrement un petit morceau de toile.

Il avait été décidé que le gouvernement se rendrait le 25 janvier d'Oshoek à Pilgrim's Rest, mais l'information selon laquelle les Britanniques n'insistaient pas dans leur poursuite les fit abandonner ce projet, car il fut jugé opportun d'attendre le prochain signal de l'ennemi. se déplacer. Je dois mentionner ici que plus le gouvernement était pourchassé, plus il lui était difficile de maintenir les communications avec le commandant général et le gouvernement de l'État libre d'Orange. Cependant, avec ces derniers, des dépêches s'échangeaient sur des sujets très importants que je considère comme encore inappropriés à divulguer. Le gouvernement ayant décidé de ne pas continuer, j'ai décidé de faire mes adieux et de poursuivre avec mes serviteurs le chemin du Repos du Pèlerin.

En conséquence, le 25 janvier, nous avons quitté le gouvernement à Oshoek et sommes allés à Zwagerhoek, où nous sommes restés jusqu'au coucher du soleil. Nous approchions maintenant du pays ennemi et, après avoir soigneusement reconnu le terrain, nous partîmes prudemment au crépuscule. Entre-temps, deux jeunes Boers, qui étaient également en route vers le Repos du Pèlerin, nous avaient rejoints et, y compris mon serviteur cafre, notre groupe comprenait huit personnes. Nous avons rapidement dépassé l'endroit fatidique où le commandant Schoenman avait été capturé au début de la guerre et avons traversé à gué la rivière Spekboom.

Je ne suis pas superstitieux, mais je dois avouer que, d'une manière ou d'une autre, j'ai éprouvé une inquiétude considérable à cette époque et que des frissons froids me parcouraient le dos. Nous approchions justement de Bloomplaats, qui se trouve à environ deux milles et demi à l'ouest de Lydenburg, lorsque nous avons observé quelque chose bouger. Un silence de mort enveloppait le pays, et la lune brillante donnait une apparence étrange aux objets en mouvement au loin qui avaient attiré notre attention. Nos soupçons furent éveillés et nous nous lançâmes à sa poursuite, mais perdîmes bientôt de vue l'objet de notre quête. Nous avons découvert par la suite que nos soupçons étaient fondés et que les objets en mouvement étaient des espions cafres, qui sont revenus sur les lignes britanniques et ont signalé notre approche. Ayant échoué dans cette entreprise, nous reprenâmes la route, moi chevauchant en tête avec l'adjudant Bester, les autres suivant. Bientôt, nous approchâmes d'un profond spruit, et après avoir mis pied à terre, nous conduisions prudemment nos chevaux le long de la berge escarpée, quand tout à coup nous nous trouvâmes au centre d'une parfaite tempête de balles. Nous avons été complètement surpris, et presque avant de réaliser ce qui s'était passé, nous nous sommes retrouvés confrontés à deux rangées de soldats britanniques, qui ont crié « Lève les mains » et ont tiré simultanément. Les balles sifflaient dans toutes les directions. La première volée a fait tomber mon cheval et je me suis retrouvé à terre à moitié abasourdi. Lorsque j'ai récupéré un peu et que j'ai levé la tête, je me suis retrouvé encerclé, mais la poussière et l'éclair des tirs m'ont empêché de voir une grande partie de ce qui se passait. Il semblait impossible de tenter de s'échapper et j'ai crié avec enthousiasme que j'étais prêt à me rendre. Cependant, le bruit des cris était si fort que mes cris étaient noyés. Un soldat a vicieusement pressé son arme contre ma poitrine comme s'il était sur le point de me tirer dessus, mais en repoussant le canon, j'ai dit en anglais que je ne voyais aucune chance de m'échapper, que je ne me défendais pas et qu'il n'y avait donc aucune raison pour qu'il le fasse. tue-moi. Pendant que je parlais, il dirigea de nouveau son fusil contre moi, et moi, l'ayant fermement saisi, une discussion très animée eut lieu, car il était fortement irrité par le fait que je saisisse son fusil. En tendant la main, j'ai demandé à "Tommy" de m'aider à me relever, et c'est ce qu'il a fait. J'ai appris par la suite que le nom de mon agresseur était Patrick et qu'il appartenait aux Irish Rifles.

MA CAPTURE.

Quatre ou cinq soldats me prirent alors en charge, et, sur ma demande, consentirent à me conduire chez un officier. Cependant, au moment où ils étaient sur le point de m'emmener, ils tombèrent tous à plat ventre et dirigèrent leur feu sur un objet qui s'avéra plus tard être un buisson. J'ai très vite découvert que les "Tommies" n'étaient pas très prudents dans leur tir, et j'ai cherché ma sécurité en m'allongeant sur le sol. Ayant découvert le caractère innocent de leur cible, mes gardes me conduisirent devant l'un de leurs officiers, un jeune homme nommé Walsh, qui semblait appartenir au département de renseignement britannique. Cet officier a demandé : « Eh bien, qu'est-ce qu'il y a ? Je lui répondis dans sa langue : « Je m'appelle Viljoen, et ne souhaitant pas être pillé par vos soldats, je désire me placer sous la protection d'un officier. C'était un officier plutôt mineur, ce M. Walsh, mais il dit gentiment : « Très bien, c'est plutôt une chance, monsieur ; vous avez l'air plutôt cool, êtes-vous blessé ? Je répondis que je n'étais pas blessé, mais que c'était un miracle que j'étais encore en vie, car une balle m'avait touché la poitrine et aurait pénétré si mon portefeuille ne l'avait arrêtée. Le fait était que mon portefeuille avait servi le service providentiel de la proverbiale bible ou du jeu de cartes. Bester était avec moi, et ne voyant pas mes autres adjudants, je demandai ce qu'ils étaient devenus. Walsh ne répondit pas immédiatement, et l'un des "Tommies" qui se trouvaient à proximité dit : "Tous deux tués, monsieur." Cette information a été un coup terrible pour moi.

Le major Orr, du Royal Irish Regiment, était à la tête des forces qui m'avaient capturé, et bientôt je fus emmené devant lui. Il me salua très courtoisement et me dit : « Je crois que nous sommes de vieux amis, général Viljoen ; au moins vous avez capturé certains de mes camarades dans cette regrettable affaire de Belfast. J'ai été très touché par la gentillesse du major Orr et j'ai demandé à pouvoir voir ceux de mes hommes qui avaient été tués. Il y consentit aussitôt et m'éloigna de quelques pas. Mon regard fut bientôt arrêté par un spectacle déchirant. Là, sur le sol, gisaient les deux formes sans vie de mes courageux et fidèles adjudants, Jacobus Nel et L. Jordaan. Tandis que je me penchais sur leurs corps prostrés, mes yeux s'assombrirent à cause des tristes larmes de mon grand deuil. Le major Orr se tenait découvert à mes côtés, touché par ma profonde émotion et rendant hommage aux braves morts. "Ces hommes étaient des héros", lui dis-je d'une voix brisée. "Ils m'ont suivi parce qu'ils m'aimaient et ils ont risqué leur vie pour moi sans crainte à plusieurs reprises." Le bon major était plein de sympathie et pourvoyait à l'enterrement décent de mes pauvres camarades à Lydenburg.

Bester et moi fûmes maintenant conduits sous une escorte de 150 soldats, baïonnette au canon, jusqu'au village, situé à deux milles et demi de là. Nous arrivâmes à Lydenburg très humides et sombres, après avoir pataugé dans une congère dont les eaux atteignaient nos aisselles. Le major Orr a fait de son mieux pour nous consoler tous deux avec des rafraîchissements et des paroles aimables.

Notre cortège fut bientôt rejoint par un officier du Département des renseignements britanniques, et ce monsieur me dit qu'il était au courant de l'approche de mon groupe et que le principal objectif des Britanniques en nous attaquant était de capturer notre gouvernement itinérant, dont ils apprirent que devaient nous accompagner. Il désire beaucoup savoir où se trouve le gouvernement et s'il est prévu qu'il passe par là. Mais je répondis à ses questions en lui disant qu'il était tout à fait indigne d'un gentleman de me poser de telles questions et de tenter d'exploiter ma position la plus malheureuse.

En arrivant au village, j'ai été traité avec une grande courtoisie et j'ai été présenté par le major Orr au colonel Guinness, le commandant. Le colonel Guinness déclara qu'il considérait comme un honneur d'avoir un homme de mon rang comme prisonnier de guerre et que nous avions combattu si souvent que nous étions de vieux amis. Je l'ai remercié de son compliment, en lui exprimant cependant mon regret que nous ayons renoué connaissance dans des circonstances aussi malheureuses.

"C'est la chance de la guerre", dit le colonel. "Vous n'avez aucune raison d'avoir honte, Général." Nous avons été très bien traités par nos ravisseurs et avons été hébergés dans les appartements de mon vieil ami le capitaine Milner, qui occupait désormais la charge de grand prévôt. Ma rencontre avec ce monsieur fut très cordiale, et nous restâmes assis jusqu'au petit jour, racontant nos différentes aventures depuis notre dernière rencontre à Roos Senekal, où le digne capitaine fut fait prisonnier par moi. Il m'a assuré que son régiment avait le plus grand respect pour moi et mes bourgeois, et qu'ils appréciaient le fait que nous avions combattu équitablement et vaillamment et que nous avions bien traité nos prisonniers de guerre. Bester et moi sommes restés sous la garde de Milner tout au long de notre séjour à Lydenburg, et je me souviendrai toujours avec gratitude de la gentillesse que m'ont témoignée les officiers du Royal Irish Regiment.

CHAPITRE XLVII.

EXPÉDIÉ À ST. HÉLÈNE.

Nous restâmes à Lydenburg jusqu'au 30 janvier 1902 environ, et pendant notre séjour là-bas, j'obtins l'autorisation d'écrire une lettre à mes bourgeois. En cela, je les informai, eux et mon frère, de ce qui s'était passé et les exhortai à garder leur cœur et à persévérer. Bien que bien traité à Lydenberg, je ne peux pas décrire de manière adéquate le sentiment de déception et de chagrin que m'a causé mon inaction forcée. J'aurais tout donné pour pouvoir rejoindre mon commando et je sentais que j'aurais préféré être tué plutôt que de tomber aux mains de l'ennemi. Étant ainsi rendu impuissant, je ne pouvais que maudire mon sort.

Les amitiés qui se nouent sur le Veld sont vraiment fortes, et les hommes qui ont vécu ensemble pendant vingt-huit mois toutes les vicissitudes de la guerre – à travers le soleil et la pluie, le bonheur et le chagrin, la prospérité et l'adversité – s'attachent les uns aux autres avec une relation durable. affections. Mes souffrances m'ont frappé très vivement. Outre la tristesse que me causait la séparation d'avec mes compagnons, je ressentais intensément ma situation car, ayant eu auparavant l'habitude de commander et d'être obéi par les autres, j'étais maintenant soumis à l'humiliation de devoir obéir aux ordres des soldats britanniques.

Nous, prisonniers, fûmes transportés de Lydenburg à Machadodorp sous la direction du colonel Urenston, des Argyll and Sutherland Highlanders, avec une escorte de 2 000 hommes. Je ne savais pas pourquoi une force aussi nombreuse aurait dû être envoyée pour me garder, mais cette précaution apparemment exagérée fut bientôt expliquée lorsqu'on m'apprit que Lord Kitchener avait donné des ordres spéciaux selon lesquels il fallait prendre le plus grand soin pour empêcher mon commando de me sauver. Je dois dire qu'il n'y avait pas beaucoup de chance que cela se produise. Le colonel Urenston était un soldat très courtois et me traita aussi bien qu'on pouvait s'y attendre.

Arrivé à Machadodorp quatre jours plus tard, j'ai été remis à la gare de Dalmanutha au capitaine Pearson, un officier d'état-major, qui m'a ensuite conduit, moi et mes codétenus, à Pretoria. Quelques jours après mon arrivée là-bas, je fus conduit devant Lord Kitchener et reçu par lui très courtoisement à son bureau. Mon entretien avec ce grand général dura environ une demi-heure. Le commandant en chef de l'armée britannique en Afrique du Sud m'a fait l'impression qu'il était un vrai soldat, un homme doté d'une forte volonté et non gâché par l'arrogance.

Je ne savais pas ce que les autorités militaires britanniques se proposaient de faire de moi et j'étais assez indifférent à cette question. A l'aube du troisième jour après mon arrivée, j'ai été réveillé par un soldat et m'a informé que je devais être conduit au poste. Le train était prêt à mon arrivée et l'officier responsable m'a invité à prendre place dans son compartiment. On m'a alors dit que nous devions nous rendre à Durban, mais aucune information ne m'a été donnée quant à ma destination finale.

Dans le train, nous, les prisonniers, étions traités avec une grande courtoisie, mais en arrivant à Durban, une expérience différente nous attendait. Ici, je fus placé sous la garde du colonel Ellet, un personnage très irascible. Ce colonel m'a accueilli en me disant qu'il était très heureux que j'aie été capturé. Il répéta trois fois cette injure gratuite, et, ma patience étant à bout, je lui demandai de bien vouloir me dire où il était chargé de me conduire, et de ne pas me faire de peine inutile par ses railleries. Il s'est excusé sans réfléchir et m'a dit que je devais monter à bord du navire. Cela m'a beaucoup surpris et j'ai remarqué que j'avais déjà été emmené de chez moi et de mon foyer à 500 milles. Cet être de mauvaise humeur se pencha alors avec arrogance dans son fauteuil, tirant sur son cigare, et dit : "Eh bien, ah, tu es banni, tu ne sais pas. Tu vas être envoyé à Sainte-Hélène, ou comme on appelle c'est "Le Rocher". Vous allez bientôt embarquer. C'est un grand navire dans lequel vous allez ; il s'appelle — ah, laissez-moi voir, oh, oui, le *Britannica* ... je vais me rendre à la gare et commander votre kit, et en attendant vous devez signer. cette libération conditionnelle et présentez-vous immédiatement aux quais. J'ai dit en néerlandais, que le colonel n'a pas compris : « Seigneur, délivre-moi de cette méchante personne.

En arrivant à bord du navire, je trouvai plusieurs autres prisonniers de guerre boers, parmi lesquels mon vieil ami Erasmus, qui se faisait passer pour un général au début de la guerre. N'ayant jamais été en mer auparavant, je fus bientôt en proie au *mal de mer* , et la perspective n'était certainement pas encourageante. Cependant, il n'y avait aucune aide pour cela. Le colonel Curtis, de la Royal Artillery, qui commandait les troupes à bord, était une personne très polie et agréable, et très apprécié après cette créature extraordinaire, Ellet. On nous a fourni de bonnes cabines et la nourriture était excellente. Avant de quitter la Baie, le général Lyttelton me rendit visite et se montra très amical. J'ai vite découvert que Mme Lyttelton embarquait sur le même bateau pour l'Angleterre. Ma compagnie devait être plutôt peu attrayante, vu que je n'étais bien qu'un jour pendant tout le voyage.

Le paquebot reçut l'ordre de faire escale au Cap, et lorsque nous approchâmes de ce port, la garde qui nous surveillait fut renforcée. Un officier restait continuellement avec nous et nous comptait toutes les deux heures pour s'assurer qu'aucun de nous ne s'était échappé. Un jour, deux jeunes Boers conspirèrent pour ridiculiser l'officier et se cachèrent dans les toilettes. Leur absence fut constatée la prochaine fois que nous fûmes comptés, et l'officier responsable, très perturbé, nous demanda ce qu'ils étaient devenus. Nous avons immédiatement repris la plaisanterie et répondu qu'ils étaient allés à terre pour se faire raser et qu'ils reviendraient à 7 heures. Cela lui a complètement coupé le souffle. Mais l'absurdité de la situation nous a tellement pris le dessus que nous avons éclaté de rire ironique et avons finalement mis notre gardien à l'aise en produisant les deux fuyards. Nous avons cependant été punis pour notre petite plaisanterie en nous faisant retirer nos paroles.

Le 19 février, le navire, avec son triste chargement, quitta Cape Town. Nous, prisonniers, rassemblés sur le pont supérieur, avons fait de très tristes adieux aux rivages de notre chère Patrie. Longtemps et tristement, nous avons contemplé cette terre en rapide recul dont nous pensions être à jamais éloignés. Cependant, malgré nos circonstances déprimantes, nous avons essayé courageusement de garder le moral et de nous encourager mutuellement avec des rires et de la frivolité. La plupart d'entre nous n'étaient jamais montés à bord d'un navire auparavant, et un seul d'entre nous avait déjà quitté l'Afrique du Sud. Notre perspective était très sombre, car, même si nous ne connaissions pas exactement notre sort, le bannissement à vie nous menaçait. Les officiers du navire étaient l'urbanité même et faisaient tout ce qui était en leur pouvoir pour notre confort. Je me souviendrai toujours de leur gentillesse, mais il aurait fallu bien plus que des efforts humains pour rendre notre voyage agréable, tant nous souffrions intensément du mal de mer.

Après un voyage très triste et inconfortable, nous avons jeté l'ancre le 24 février dans le port de Sainte-Hélène. "Le Rocher" surgissait de l'océan, nu et accidenté, et l'emprisonnement là-dessus offrait une sombre perspective. Aucun animal n'était visible et le feuillage manquait. Je n'ai jamais vu d'endroit moins attrayant que Jamestown, le port où nous avons débarqué. Les maisons semblaient s'effondrer les unes sur les autres en un « kloof ». Nous avons tous été sombrement impressionnés et quelqu'un près de moi a dit : « Ce seront nos tombes vivantes. » J'ai répondu : "Pas étonnant que Napoléon ait brisé son cœur sur ce rocher abandonné de Dieu." Je dois avouer que nous avons eu le sentiment que nous devions être traités comme des criminels ordinaires, puisque seuls les meurtriers et les personnes dangereuses sont bannis dans de tels endroits pour être oubliés de l'humanité.

Un officier anglais est venu me voir et m'a demandé ce que je pensais de l'île. Mes sentiments ont pris le dessus sur moi et j'ai répondu : « Cela semble être un endroit approprié pour les criminels d'Angleterre, mais il est très méchant de la part de l'Angleterre de déporter ici des hommes dont le seul crime a été de se battre pour leur pays. miséricordieux de nous avoir tués sur-le-champ que de nous faire traîner une existence d'une manière aussi morne.

Nous fûmes bientôt emmenés à terre par bateaux à Jamestown, et là, à notre grand dégoût, nous apprîmes que nous allions tous être mis en quarantaine pour la peste bubonique et isolés à Lemon Valley, une vallée dans laquelle j'ai découvert par la suite que les citrons étaient bien visibles. leur absence. Aucune verdure n'était visible dans cet endroit désolé. Pendant que nous débarquions, un des bateaux chavira, mais, heureusement, tout le monde s'en sortit sans rien de pire qu'un esquive.

Les règles de quarantaine ont été appliquées pendant six jours à Lemon Valley. Le logement était très inadéquat et nos ustensiles de cuisine, bien que non primitifs, étaient très mauvais, la nourriture étant celle qui aurait pu être celle des criminels.

Heureusement pour nous, un censeur britannique nommé baron von Ahlenfeldt et un médecin nommé Casey nous avaient accompagnés et, grâce à leur intervention, nous avons pu bénéficier d'une meilleure nourriture et d'un meilleur traitement. À la fin de notre détention dans le camp de quarantaine, certains d'entre nous ont été transférés au camp de Broadbottom, tandis que les autres ont été cantonnés au camp de Deadwood. Le lieutenant Bathurst, qui assumait désormais le poste de notre gardien, était un bon prototype de son ami Ellet à Durban, et il s'efforçait de nous traiter comme des criminels plutôt que comme des prisonniers de guerre.

CHAPITRE XLVIII.

LA VIE DANS LA PRISON DE BONAPARTE.

Pour atteindre le camp Broadbottom, nous devions gravir une falaise rocheuse remarquablement appelée « l'échelle de Jacob », dont la face était découpée en une innombrable série de marches. Arrivés au sommet, nous trouvâmes une vue agréable sur l'île ouverte devant nous. Nous découvrîmes alors que Sainte-Hélène n'était pas le rocher totalement stérile que nous avions été amenés à supposer au début. Des parcelles d'arbres et de verdure rencontrèrent notre regard, et au milieu d'une plantation soigneusement cultivée nous aperçûmes une belle maison, habitation du gouverneur de l'île. Sur notre chemin, nous rencontrâmes un groupe de nos codétenus qui, coupables d'insubordination, étaient emmenés au morne fort de High Knoll pour y être punis. Parmi ces malheureux, nous avons reconnu plusieurs amis, mais nous n'avons pas eu la permission de leur parler.

Au coucher du soleil, notre destination fut atteinte au camp Broadbottom, situé sous High Peak. Devant nous s'étendait un grand espace entouré de quatre enceintes de barbelés contenant les tentes et les maisons qui formaient les habitations temporaires des prisonniers de guerre. Des sentinelles étaient postées tous les cent pas. Il y avait 2 000 prisonniers stationnés ici et, alors qu'ils erraient sans but, ils me faisaient penser aux Israélites en exil.

En entrant dans le camp, je fus reçu par le commandant, le colonel Wright, un Britannique typique, qui ne me fit pas une impression agréable. Je ne serai pas grincheux, bien que le colonel m'ait fait savoir très crûment qu'il n'avait d'autre instruction que de me traiter de la même manière que les prisonniers ordinaires, et il a ajouté que, comme mon nom figurait sur la liste des officiers boers condamnés à bannissement, il doutait que j'aie même droit au traitement accordé aux prisonniers de guerre ordinaires. Cependant, une tente a été érigée pour moi et moi et mes compagnons d'adversité avons reçu des lits et des ustensiles de cuisine. Mon lit était composé de deux couvertures kaki et d'un drap imperméable, et mes ustensiles de cuisine comprenaient une marmite, une bassine, un seau, deux assiettes émaillées, deux grandes chopes et une cuillère. Ceci est un inventaire complet des articles qui m'ont été fournis. Moi et les prisonniers qui m'accompagnaient n'avions pas goûté de nourriture de toute la journée, et nous serions allés nous coucher sans souper si certains frères prisonniers compatissants n'avaient pas répondu à nos besoins intérieurs en nous fournissant du bœuf et du pain, ce qui , mais un repas frugal, était le bienvenu pour nous.

La vie de camp telle que je la connaissais maintenant était vraiment pénible. Il n'y avait rien à faire et nous essayions de passer le temps en chantant des psaumes et des chants. La nuit, le camp et ses environs étaient rendus presque aussi lumineux que le jour par la lumière éblouissante d'immenses torches de naphta et par de grands projecteurs qui tournaient en rond, rendant les tentatives d'évasion désespérées. Il me semblait que les projecteurs étaient continuellement tournés dans ma direction, et je puis vous assurer que je souhaitais ces abominations éclatantes à Hadès. Le bourdonnement et le rugissement émis par les lampes à naphta, les chants monotones des prisonniers, le perpétuel « Tout va bien » des sentinelles et les notes entremêlées des clairons imprégnaient l'air de leurs sons distrayants et me donnaient l'impression que j'avais la tête dans un tourbillon. Le clairon était une personne si aimable qu'il se faisait toujours un devoir de se tenir près de ma tente lorsqu'il lançait au monde ses cris hurlants. Heureusement, je me suis acclimaté à mon environnement déplaisant, sinon je crains d'avoir rapidement obtenu mon diplôme de patient dans un asile d'aliénés.

Malheureusement, je fis de bonne heure la connaissance du colonel Price, commandant les troupes de l'île. Je n'oublierai jamais son attitude à mon égard, car dès le début son attitude était arrogante, cruelle et généralement insupportable. Il m'a refusé la libération conditionnelle et a refusé de me donner un laissez-passer hors des limites du camp. Le caractère déraisonnable de ce traitement dur apparaîtra lorsqu'on se rappellera qu'il n'existait pas la moindre possibilité de s'échapper de l'île. Le confinement a commencé à nuire à ma santé et j'étais sur le chemin de l'hôpital lorsqu'un médecin amical est intervenu et m'a redonné la santé. La discipline rigide et les règles sévères qui étaient appliquées ne peuvent être comparées qu'à ce que l'on expérimente dans la vie monastique. La malédiction de la « bureaucratie » prévalait partout.

Par la suite, le colonel Price a modifié son ton à mon égard et m'a accordé une libération conditionnelle. Il eut aussi la gentillesse de nous permettre, ainsi qu'à quelques compagnons, d'occuper une petite maison à 400 pas du camp. C'était un changement très agréable, car désormais nous n'étions plus soumis au traitement dur des « Tommies ». Notre petite résidence portait le nom agréablement floral de « Myrtle Grove », et nous l'avions louée à une vieille dame de couleur qui insistait vigoureusement sur le paiement ponctuel du loyer et attirait particulièrement notre attention sur le fait que la cueillette des poires dans le jardin était strictement interdit.

On nous avait dit que le « Myrtle Grove » était hanté par des fantômes, mais les fantômes, s'il y en avait, devaient être pro-Boers, puisqu'ils ne nous dérangaient jamais. Mais même si nous n'avions pas de visiteurs fantomatiques, nous en avions certainement d'un autre genre. La maison était parfaitement infestée de rats particulièrement gros et audacieux. Ces rongeurs voleurs, non contents de piller notre garde-manger, ont eu l'audace de nous manger les doigts et les oreilles pendant que nous dormions. Nous avons mené une guerre vigoureuse contre la vermine et, après des difficultés considérables, nous sommes parvenus à nous réserver la résidence exclusivement pour nous. Avec l'ajout de quelques meubles, que le colonel Wright a bien voulu nous fournir, nous avons rendu notre maison si confortable que nous nous sommes sentis presque en mesure d'inviter le gouverneur à dîner.

Notre logeuse, Mme Joshua, était la fière propriétaire de plusieurs ânes lâchés dans notre jardin, ainsi que d'un grand nombre de volailles. Je puis dire que Mme Joshua a été très mal avisée de garder ses poules si près de notre maison, car notre cuisinière, formée au commando, n'a pas pu résister à la tentation de s'approprier les œufs. Il ne fallut cependant pas longtemps à notre logeuse pour comprendre ce qui se passait, et on nous informa qu'il était beaucoup plus chrétien d'acheter des œufs. Nous avons compris et adopté autant que possible des méthodes chrétiennes, même s'il nous a été extrêmement difficile de souscrire à tous les principes du christianisme pratiqués par les insulaires.

Nous passons le temps en faisant des promenades quotidiennes et en faisant des excursions à la maison de Longwood occupée par Napoléon Bonaparte depuis six ans et demi, et à la tombe où sa dépouille fut enterrée pendant 19 ans. J'ai remarqué que les deux lieux étaient préservés et maintenus en ordre par le gouvernement français. Nous avions l'habitude de nous asseoir près de la petite fontaine, où le grand guerrier français s'asseyait si souvent et lisions. Nous avons eu le droit de boire un verre d'eau de cette source historique.

Au camp de Deadwood, 4 000 de mes compatriotes étaient confinés. Certains étaient là depuis plus de deux ans et je ne pouvais m'empêcher d'admirer leur discipline. Il ne m'appartient pas de critiquer les restrictions tout à fait inutiles auxquelles ces malheureux prisonniers ont été soumis, mais je soulignerai que la sévérité exercée à l'égard des prisonniers impuissants par des soldats armés a suscité un sentiment d'une grande amertume. C'était une politique stupide à poursuivre et peut-être fatidique.

Les autorités militaires ignoraient totalement le caractère et les manières des Boers et étaient conseillées à cet égard par les Afrikanders dits « du Cap » ou « Anglais », qui nourrissent une haine indéracinable envers les Boers et qui ont toujours fait de leur mieux pour les protéger. faire en sorte que les prisonniers soient traités avec humiliation et mépris. Heureusement, un certain nombre d'officiers anglais que j'ai rencontrés sur l'île ont vu que nous n'étions pas aussi noirs qu'on nous l'avait peint. La plupart des officiers qui nous servaient de gardiens ici étaient venus directement d'Angleterre et ne connaissaient rien de l'Afrique du Sud. Un de ces messieurs m'a avoué qu'en quittant Londres pour Sainte-Hélène, il avait eu comme l'idée qu'il allait être chargé d'une troupe de barbares sauvages, et qu'il avait été assez agréablement déçu. Il déclara en effet qu'il avait trouvé que les Afrikander étaient, à certains égards, supérieurs aux hommes de sa propre nation.

Ce fut sans aucun doute une triste erreur de la part de l'Angleterre d'envoyer des officiers pour s'occuper de nous, qui, n'ayant eu aucune expérience de la guerre en Afrique du Sud, ignoraient totalement nos particularités et nos manières. Le fait de placer ces hommes inexpérimentés comme nos gardes eut pour résultat que les malentendus se succédèrent et que des règlements inutilement rigoureux furent promulgués pour préserver la discipline et l'ordre. Ce traitement eut pour effet de nourrir dans nos entrailles la haine et l'amertume.

N'ayant pas envie de devoir subir une incarcération avec mes codétenus insubordonnés à High Knoll Fort, je me suis soigneusement abstenu d'être indiscipliné et j'ai adopté une attitude ordonnée et aimable.

Un jour, j'ai osé approcher le colonel Price en vue d'obtenir une certaine amélioration de notre traitement et une certaine remise des règlements rigoureux qui nous étaient imposés. Après m'avoir fait attendre une demi-heure, il sortit de son bureau pour me rencontrer, mais au lieu de me saluer, il me regarda avec un étonnement mal dissimulé, s'attendant probablement à ce que je me lève et le salue. Cependant, je me suis simplement levé, j'ai hoché la tête et j'ai demandé si j'avais l'honneur de m'adresser au colonel Price. Il répondit avec raideur : « Oui, que veux-tu ? C'était très déconcertant d'être accueilli ainsi sans ménagement et sans courtoisie, et après avoir expliqué ma mission, je me retirai et pris soin de me battre à l'avenir avec ce soldat arrogant.

Je peux dire que notre petite fête à "Myrtle Grove" s'est agrandie quelques semaines plus tard avec l'arrivée de Vaal Piet Uys et de Landdrost T. Kelly.

Nous avions entre-temps fait davantage connaissance avec le colonel Wright, qui nous traitait toujours avec cordialité et gentillesse, et nous accordait fréquemment le privilège de passer d'agréables après-midi chez lui. Mme Wright était une charmante hôtesse et faisait tout ce qui était en son pouvoir pour atténuer le sentiment d'humiliation avec lequel nous considérions notre triste situation.

Je devrais peut-être mentionner que Sainte-Hélène possède une société élégante. Quelques années avant notre incarcération, le chef zoulou, Dinizulu, fut banni dans les limites rocailleuses de cette prison insulaire. Ce fils de Caïn avait, pendant sa détention ici, été invité à toutes les fêtes et danses à la mode, et avait été honoré d'une invitation à la maison du gouverneur. Il était fêté lors des dîners et des festivités publiques – mais bien sûr, il ne faut pas oublier que Dinizulu était un cafre et que nous n'étions que des Boers. Imaginez, mes frères Afrikander, une demoiselle anglaise qui se respecte consentant à danser avec ce cafre barbare ! Imaginez, ils lui permettaient de dîner à la même table, et de conduire avec eux dans la même voiture ! Je ne sais pas comment cette information frappe mes lecteurs, mais je dois dire que lorsque le gouverneur de l'île, un homme âgé nommé Sterndale, avec 35 ans de service civil indien derrière lui, m'a informé que tel avait été le cas, j'ai resta sans voix.

Je ne voudrais cependant pas laisser entendre que nous, les prisonniers, avions une ambition particulière d'assister à des bals et à des dîners, car nous n'étions pas d'humeur à faire des festivités, et même si nous l'avions désiré, nous aurions difficilement pu apparaître avec convenance à ces élégants conseils et réunions. vêtu de nos vêtements minables.

Un certain nombre de prisonniers reçurent des autorités l'autorisation d'exercer les divers métiers et emplois qu'ils connaissaient, pour un petit salaire journalier compris entre six pence et un shilling. Ce salaire était une rémunération ridiculement petite pour la grande quantité de travail exécuté par les hommes. Une grande diversité de métiers était représentée par nous, prisonniers. L'un était maçon, un autre agriculteur, un troisième apothicaire, tandis qu'un quatrième était orfèvre, et nous sommes allés si loin qu'un homme a été nommé traiteur pour le Club de Sainte-Hélène.

Des mois s'étaient écoulés depuis que j'avais été emmené captif dans cette prison insulaire, et la mi-mai approchait. Des rapports persistants, quoique assez vagues, sur la Paix nous parvenaient continuellement, mais à cause de la sévérité des censeurs, qui avaient une idée exagérée de leurs devoirs, toutes les nouvelles du dehors parvenaient à nos oreilles anxieuses par très petits morceaux et ne nous donnaient qu'une très maigre idée. de ce qui se passait en Afrique du Sud et ailleurs. Il n'est pas nécessaire de dire que nous priions tous sincèrement pour la paix, surtout si je puis mentionner que certains de mes camarades étaient incarcérés sur l'île depuis deux ans et huit mois. Je ne peux pas vraiment dire à quel point leur long exil leur fut pénible.

Juste avant que je sois libéré de prison, nos anciens antagonistes, le 3e bataillon des « Buffs », dirigé par le colonel Brinckman, furent envoyés sur l'île. Ce régiment avait fait deux ans de service actif en Afrique du Sud et c'était donc des soldats qui ne méprisaient pas leurs ennemis.

Je ne me sens pas à l'heure actuelle, compte tenu de la tension actuelle des affaires, capable de poursuivre mon exposé plus avant ; mais si un public sympathique m'encourage à compléter cet effort par une description plus détaillée de mon emprisonnement à Sainte-Hélène, je pourrai, dans un avenir proche, solliciter à nouveau son indulgence.

En attendant, je prends ce qui, je l'espère, ne sera qu'un congé temporaire de mes lecteurs, avec les détails explicatifs et les commentaires critiques suivants sur les caractéristiques générales de la guerre.

CHAPITRE XLIX.

COMMENT NOUS AVONS explosé et capturé des trains.

En regardant la question superficiellement, il semble très barbare de faire dérailler et de détruire des trains à la dynamite, mais c'était la seule solution qui nous restait ouverte, puisque d'importants approvisionnements militaires étaient continuellement amenés de la côte par les Britanniques. Nous avons honnêtement regretté qu'à cause du déraillement et de la destruction des trains, les conducteurs, les chauffeurs et souvent des passagers innocents aient été projetés dans l'éternité. La guerre est, au mieux, une manière cruelle et illogique de régler les différends, et les mesures que les parties belligérantes sont parfois obligées de prendre sont d'un caractère tel que la sentimentalité n'entre dans aucun des calculs des parties en conflit.

Il ne devrait pas être nécessaire d'assurer à mes lecteurs que nous avons agi entièrement dans le cadre de nos droits en faisant dérailler et en détruisant des trains. C'était le seul moyen dont nous disposions pour briser les lignes de communication britanniques et interrompre le transport des troupes et des vivres britanniques.

De plus, nous étions plus que justifiés dans tout déraillement de train que nous commettions, par les instructions de Lord Wolseley telles qu'exprimées dans son manuel. Dans cette publication bien connue, cet distingué soldat prescrit en fait l'emploi de la dynamite et suggère même la manière dont elle peut être utilisée avec le meilleur avantage. Mais même si cette destruction de train était justifiable à tous égards, je peux assurer au lecteur que nous considérions cela comme un devoir très désagréable. Je me souviens que lorsque Lord Kitchener me plaignait de la destruction d'un certain train, je lui envoyai une réponse dans le sens suivant :

" Que l'explosion et la destruction de trains me répugnaient autant que j'espérais que l'incendie de nos maisons l'était pour Son Excellence ; et que lorsque nous avons fait dérailler des trains, nous nous sommes lancés dans cette tâche avec un cœur aussi lourd que ceux que je présumais alourdis. ses troupes lorsqu'elles ont déporté nos femmes et nos enfants de leurs maisons vers les camps de concentration.

Je vais maintenant décrire comment nous nous sommes mis au travail en matière de capture des trains. Que ce n'est pas une tâche aussi facile qu'on semble le supposer, je vais m'efforcer de le montrer. La meilleure façon d'illustrer notre méthode de procédure serait peut-être de décrire un cas particulier survenu en mars 1901, entre Belfast et Wonderfontein, sur le chemin de fer de Delagoa Bay. Les deux stations sont distantes d'environ 12 milles. Dans chaque gare, une garnison avait été établie, et celle-ci était dotée de deux ou trois canons et de deux trains blindés, ces derniers étant tenus prêts à se rendre en n'importe quel endroit dans leur sphère d'action immédiate si quelque chose d'irrégulière se produisait sur la ligne. Ils servaient en outre à transporter des renforts et des provisions en cas de besoin. Le train blindé était en effet un facteur très important dans la tactique militaire britannique, et nous devions en tenir pleinement compte. La voie ferrée entre ces deux gares était également gardée par des blockhaus. Chaque matin, les soldats britanniques inspectaient soigneusement leur section particulière de la voie ferrée avant que les trains ne soient expédiés dans n'importe quelle direction. Le danger de faire circuler des trains la nuit fut rapidement reconnu, et parmi ceux qui tentèrent le voyage, très peu échappèrent à la capture. A l'occasion particulière où eut lieu l'incident que je vais raconter, nous étions campés à Steenkampsbergen, jouissant d'un peu de répit du travail ardu dans lequel nous avions été engagés. Mais nous ne restâmes pas inactifs, et une équipe de campagne d'une centaine d'hommes fut dépêchée pour tenter de capturer un train. J'ai personnellement reconnu la ligne et j'ai envoyé un cornet de campagne avec instruction de poser une mine à l'endroit le plus favorable à l'opération déplaisante que nous allions accomplir.

Notre *modus operandi* consistait à prendre un fusil Martini-Henri et à scier quatre pouces avant et derrière le chargeur, puis à limer le pontet de manière à ce que la détente reste exposée. Deux des bourgeois les plus intelligents furent dépêchés dans la nuit avec ce fusil mutilé et un paquet de dynamite à l'endroit choisi pour la mine, tandis que deux autres bourgeois montaient la garde.

Des précautions particulières furent prises pour éviter que les patrouilles britanniques ne tracent des empreintes de pas, les bourgeois parcourant une distance considérable sur les rails. La mine a été préparée en retirant soigneusement les pierres du dessous des rails et en les replaçant avec précaution pour combler à nouveau le trou après que les instruments de destruction aient été ajustés. La gâchette était placée au contact de la dynamite, et juste assez au-dessus du sol pour être affectée par le poids de la locomotive, mais si peu exposée qu'elle pouvait passer inaperçue. Tous les surplus de pierres ont été emportés dans un sac et un grand soin a été pris pour dissimuler toute trace de la mine. Avec précaution et sans laisser aucune trace de leur visite, les bourgeois retournèrent à leur cornet de campagne et rapportèrent que tout était en ordre. Le champ-cornetcy prit position derrière une petite colline à environ un mille de la voie ferrée, et les hommes se cachèrent eux-mêmes et leurs chevaux si ingénieusement que leur présence ne fut même pas soupçonnée par les occupants du blockhaus voisin. D'après nos informations, le premier train qui devait passer le lendemain matin était le train postal transportant le courrier européen, et la perspective de capturer quelques journaux et d'obtenir ainsi des nouvelles du monde extérieur, dont nous étions isolés depuis plusieurs mois, nous remplissait. avec une attente agréable. J'ai spécialement chargé le cornet de campagne de se procurer des journaux et de capturer autant de nourriture et de vêtements que possible. Les garnisons britanniques ayant l'habitude d'envoyer chaque jour des éclaireurs le long de la voie ferrée pour examiner la ligne, le lendemain matin, la voie fut, comme d'habitude, inspectée au microscope, mais les éclaireurs ne parvinrent pas à découvrir le piège que nous avions tendu.

Deux bourgeois de l'avant-poste gisaient au sommet de la colline dans l'herbe et, de leur position avantageuse, ils avaient une vue dégagée sur la voie ferrée.

Dix heures du matin, arrivés sans qu'un train n'apparaisse, mes hommes se mirent à grogner. Dans l'excitation de cette aventure, ils avaient omis de préparer la moindre nourriture et ils n'étaient plus autorisés à faire du feu, car la fumée dégagée lors des opérations culinaires aurait été immédiatement remarquée par l'avant-poste ennemi. Nous devions donc rester affamés, sinon nos plans bien conçus auraient été contrecarrés. Le temps passe et à 14 heures, il n'y a toujours aucune trace du train attendu. Nos chevaux étaient sellés et sans nourriture depuis l'après-midi précédent, et les pauvres animaux aussi commençaient à manifester leur mécontentement en hennissant et en frappant le sol de leurs sabots. Les éclaireurs ennemis avaient déjà inspecté la ligne trois ou quatre fois, soit en la parcourant à pied, soit en utilisant un chariot.

L'après-midi était bien avancée et la crainte grandissait dans nos esprits que la mine ait été découverte. Je dois dire que c'était dimanche après-midi et que la mine avait été posée samedi soir. Notre plan de destruction de train était contraire aux pratiques de notre nation, qui considère tous ces actes le dimanche comme une profanation du sabbat, mais ici j'appliquerai encore une fois un précepte anglais : « Plus le jour est bon, meilleur est l'acte. "

Vers quatre heures, mes avant-postes me signalèrent l'approche de la fumée, et peu après nous aperçûmes un train qui arrivait. Chacun de nous monta à cheval et nous nous asseyâmes calmement en selle pour observer l'exécution de notre plan. Nous avons retenu notre souffle. Peut-être que les Britanniques avaient détecté la mine et l'avaient enlevée, avec pour résultat que tous nos efforts seraient vains ; ou bien ils auraient peut-être envoyé une grande force de soldats armés de canons dans le train pour nous donner une « bonne cachette » en plus. Nous regardions, essoufflés, la progression du train alors qu'il s'approchait rapidement du point fatal, et notre cœur battait à tout rompre en attendant de voir le succès ou l'échec de notre entreprise. Nous n'avons pas eu longtemps à attendre, car avec un choc terrible, la mine a explosé, renversant la machine et immobilisant le train.

Nous avons alors commencé à prendre d'assaut le train, mais j'ai vu le danger d'avancer en masse et j'ai crié à mes hommes d'y aller prudemment et de se disperser. Alors que nous étions à environ 500 pieds du train, les Britanniques ont tiré une volée sur nous, mais ce faisant, ils ont simplement montré par leurs tirs qu'il n'y avait pas beaucoup de fusiliers dans le train et que ceux qui s'y trouvaient avaient été abattus gravement et au hasard. Ainsi montrés la faiblesse de l'ennemi, nous donnâmes l'assaut avec une vigueur renouvelée et, arrivés à une centaine de mètres de distance, nous descendîmes de cheval. Les défenseurs n'ont pas fait face à nos tirs longtemps avant de déployer le drapeau blanc. J'ai immédiatement arrêté le feu et le train était à nous.

C'est le lieutenant Crossby, du département de Remount, qui a brandi le drapeau blanc, et il s'est ensuite rendu avec une vingtaine de « Tommies ».

Parmi les occupants du train se trouvait un vieux major, et comme il nous disait qu'il était très malade et qu'il se rendait à l'hôpital, nous nous excusâmes aussitôt de l'avoir dérangé et du retard que lui avait causé notre petite opération. Il y avait huit sacs de courrier européen dans le train et nous les avons saisis. Nous avons libéré les "Tommies" après les avoir désarmés. Le lieutenant responsable était le seul détenu comme prisonnier de guerre, et il s'ajoutait aux six autres officiers britanniques qui végétaient sous notre garde. Nous n'avons pu détruire qu'une partie du train, car une partie était occupée par des femmes et des enfants qui étaient transportés vers les camps de concentration.

Le lendemain matin, le cornet de campagne m'apporta les papiers et me dit en souriant : « Vous voyez, je vous ai apporté ce dont vous aviez besoin, général. J'étais ravi d'obtenir des nouvelles du monde extérieur. Les lettres étaient distribuées autour du laager et les lectures étaient abondantes. Je me sentais plutôt désolé pour les "Tommies" qui se voyaient ainsi impitoyablement dépouillés de leurs lettres, mais je me consolais en pensant que notre sort était tout aussi grave que le leur, car nous, les Boers, n'avions reçu aucune communication d'aucun membre de notre famille depuis longtemps. douze mois, et nous nous sentions justifiés de faire partager notre malheur aux "Tommies". Les Boers ne tiraient cependant pas beaucoup de satisfaction des épîtres des autres, et même ceux qui savaient lire l'anglais abandonnèrent l'opération après en avoir lu une ou deux, et jetèrent les sacs de lettres avec des visages déçus.

La capture de ce train fut notre deuxième succès. Peu de temps auparavant, nous avions saisi un train près de la gare de Pan et avions obtenu une superbe récolte. Ce train particulier transportait des cadeaux de Noël pour les soldats britanniques, et nous avons trouvé un assortiment divers de gâteaux, puddings et autres gourmandises. C'était très amusant que nous fêtions Noël avec des gâteaux et des puddings destinés à nos adversaires.

Quelques semaines après avoir capturé le train transportant le courrier européen, nous avons fait une autre tentative de destruction de train, cette fois à la gare de Wonderfontein. Tout s'est également bien passé à cette occasion jusqu'à ce que nous chargeions et que les Britanniques ouvrent le feu sur nous avec leur canon. Cette fois, nous n'étions favorisés par aucune sorte de couverture, mais nous avons dû attaquer en terrain découvert, nous exposant au feu nourri des canons et à la fusillade d'une centaine de fusiliers britanniques. Nous étions tombés cette fois par hasard sur un train blindé, et les camions qui transportaient le canon étaient restés indemnes. L'enjeu était un peu trop dur pour que nous puissions le casser, et, ne parvenant pas à prendre le train d'assaut, nous fûmes obligés de nous retirer, après avoir subi la perte de trois hommes, dont l'un était mon brave adjudant, Vivian Cogell. D'après ce que j'ai dit, je pense que mes lecteurs conviendront que la capture d'un train n'est pas toujours une opération « du gâteau et de la bière ».

CHAPITRE L.

COMMENT NOUS AVONS NOURRI ET HABILLÉ LES COMMANDOS.

Dès mars 1901, nous éprouvions la difficulté de fournir adéquatement à nos commandos les nécessités de la vie. Dès septembre 1900, nous avions dit au revoir à notre commissariat à Hector's Spruit, et de là, aucun approvisionnement organisé n'existant, on peut très bien imaginer que la tâche de nourrir les Boers était l'une des plus sérieuses, et Je dirais même inquiétantes, des questions auxquelles nous avons dû faire face. Nous étions coupés du monde et il n'y avait aucun moyen d'importer des magasins. Bien entendu, les hommes qui avaient été auparavant engagés dans des fonctions d'intendance furent enrôlés dans les rangs combattants dès qu'ils furent disponibles. A partir de cette date, nous avons dû nous nourrir d'un tout autre système. Chaque commandant s'occupait de ses propres hommes et nommait deux ou trois Boers dont la tâche spéciale était de faire le tour des provisions. Il ne faut pas croire que nous ayons réquisitionné des magasins sans signer de quittances, et que le magasinier qui nous approvisionnait reçut un accusé de réception contresigné par le cornet de campagne, le commandant et le général. En présentant ce document à notre gouvernement, le détenteur a probablement reçu un tiers du montant en espèces et le solde en billets du gouvernement, mieux connus sous le nom de « billets bleus ». À cette époque, une grande partie de la République avait été occupée par les Britanniques, toutes les denrées alimentaires avaient été emportées ou détruites et la plupart du bétail avait été capturé. En conséquence, tout ce qui concernait la nourriture devint très rare. La farine, le café, le sucre, etc., étaient désormais considérés comme des délices rappelés d'un passé lointain. Les réserves de sel étaient particulièrement faibles et nous craignions que sans sel nous ne pourrions pas vivre, ou si nous parvenions à exister, que nous puissions provoquer une épidémie de maladie. Nos craintes à cet égard étaient accrues par les opinions exprimées par nos médecins, et nous considérions notre situation avec une inquiétude considérable. Heureusement, comme l'expérience l'a prouvé, nos appréhensions n'étaient pas du tout justifiées, car pendant les dix mois qui précédèrent ma capture, mes bourgeois vivaient entièrement sans sel et étaient, au moment où je tombai entre les mains des Britanniques, aussi sains et saufs que possible. voulu.

Vivant comme nous le faisions uniquement de farines et de viande, les pommes de terre et autres légumes que nous pouvions trouver par hasard étaient en effet considérés comme un luxe. Même si cela peut paraître étrange, il n'en demeure pas moins que nous avons toujours eu la chance de disposer de suffisamment de farine et de viande. Nous broyions nos farines dans des moulins à café si aucun autre moulin n'était disponible. La bouillie de repas est préparée de manière simple et, de temps en temps, des marmites bouillantes sont tombées entre les mains des Britanniques. Les soldats britanniques n'étaient pas beaucoup mieux lotis que nous, car ils se limitaient à du bœuf et des « clinkers », bien qu'ils complétaient fréquemment leur garde-manger par des provisions provenant des fermes boers, comme des volailles, des porcs, etc., et qu'ils disposaient de sel. sucre et café en abondance. Leurs ustensiles culinaires étaient loin d'être aussi primitifs que les circonstances l'avaient réduit aux nôtres.

De nombreux Boers ne faisaient que se promener avec leur bétail, et j'avoue qu'à plusieurs reprises ils ont suscité mon admiration par la manière « élancée » avec laquelle ils échappaient à la capture. Les Boers de cette description étaient surnommés « lanciers de brousse », car ils cherchaient toujours refuge dans les buissons les plus épais. Ces « chasseurs de brousse » étaient de trois sortes : certains cherchaient à s'enfuir avec leur bétail pour échapper au devoir de commando, d'autres espéraient en conservant leur bétail en tirer un profit important après la fin de la guerre, tandis que d'autres encore étaient tellement attachés à leur bétail qu'ils auraient tout aussi bien perdu la vie que de laisser leur bétail leur être enlevé. Les trois classes de « bush-lancers » ont réussi à nous fournir des réserves de nourriture suffisantes. Cependant, il était souvent difficile d'en retirer les fournitures. Lorsque nous leur demandions de nous vendre du bétail, nous recevions fréquemment la réponse que nous avions déjà pris leur meilleur bétail, que les Britanniques en avaient pris une partie et qu'ils ne pouvaient pas se passer du peu qui leur restait. Bien entendu, une telle réponse ne nous gênait pas dans notre objectif d'obtenir de la nourriture, et nous dussions parfois recourir à la force. Nous avertissions fréquemment ces « chasseurs de brousse » lorsqu'un danger menaçait, mais dans la plupart des cas, ils étaient les premiers à découvrir le danger et nous donnaient des informations sur les mouvements des Britanniques.

Tout le monde sait que c'est une dure épreuve pour les Boers de vivre sans café, mais cette boisson nationale a entièrement disparu de notre menu, et sa perte n'a été que partiellement remplacée par le « café-repas » que nous avons commencé à préparer. Le processus était très simple. Dès que nous descendîmes de selle, une centaine de moulins à café se mirent en marche. Le repas était torréfié sur un feu et ensuite traité de la même manière que celui par lequel le grain de café est préparé. Ce « café-repas » constituait une boisson très savoureuse, d'autant plus que nous pouvions fréquemment obtenir du lait pour y mélanger.

Nous rôtissions généralement notre viande sur la braise, car nous trouvions que la viande sans sel était plus savoureuse lorsqu'elle était traitée de cette manière. Cela s'explique par le fait que les cendres du feu contiennent une certaine qualité saline. Nous avons obtenu des repas de toutes sortes de manières extraordinaires. Parfois, nous le récoltions nous-mêmes, mais le plus souvent nous en trouvions des quantités cachées dans des grottes ou des kraals. Des repas étaient également achetés auprès des indigènes. Chaque général faisait tout ce qu'il était possible de semer dans le pays où il opérait, car le sol est très fertile. Nous manquions très rarement de farine, même si les Britanniques détruisaient fréquemment nos récoltes. Il ne fait aucun doute que lorsqu'un Afrikander a faim, il trouvera quelque chose à manger.

J'ai déjà mentionné que parfois, lorsque les Britanniques fondaient sur nous, ils emportaient nos ustensiles de cuisine, et la question peut surgir dans l'esprit de mes lecteurs de savoir comment nous avons réussi à en obtenir d'autres pour les remplacer. Eh bien, nous n'étions pas particuliers à cet égard. Nous avons trouvé des boîtes de thé vides et des boîtes de conserve de bœuf vides, et en manipulant du fil de fer barbelé, nous avons rapidement transformé ces matières brutes en ustensiles culinaires utilisables. Nous avons préféré les boîtes de goudron, car les boîtes de bœuf se brisaient souvent après que la soudure avec laquelle elles sont fixées ait été soumise à la chaleur du feu. Je me souviens qu'un jour, notre curé a donné jusqu'à cinq shillings pour une canette de goudron vide.

Plusieurs convois britanniques tombèrent entre nos mains, mais la nourriture que nous y trouvâmes se composait généralement de bœuf et de « clinkers », des choses que seule une nécessité absolue nous poussait à manger, nous les Boers. Parfois, à notre grand regret, nous découvrions que tous nos combats pour capturer un convoi n'étaient récompensés que par la vue de camions vides ou chargés de foin et de fourrage. Si par hasard nous avions le bonheur de capturer un camp ou un fort, nous nous contentions d'emporter le café et le sucre que nous pouvions emporter sur nos mules de bât.

La question vestimentaire était très perplexe. Chaque fois que nous pouvions nous en procurer, nous achetions de la toile et la transformions en pantalon. Nous tannions les peaux de mouton et les utilisions soit pour confectionner des vêtements, soit pour les rapiécer. Les peaux de bétail et de chevaux morts de maladie étaient également tannées et utilisées pour la confection de bottes. Je dois souligner qu'aucun cheval n'a été spécialement abattu à cette fin ou à des fins d'alimentation. Seuls le général Baden-Powell et le général White abattaient leurs chevaux pour faire des saucisses. Toutefois, notre meilleure fourniture de vêtements provenait de l'armée britannique. Pardonnez-moi de le dire ; Je n'ai pas l'intention d'être sarcastique. Lorsque nous capturions un convoi ou un fort, nous obtenions toujours une réserve de vêtements. Au début de la guerre, nous, les Boers, avions de forts préjugés contre tout vêtement qui ressemblait même vaguement au kaki, mais par la suite nous sommes devenus indifférents et avons accepté le kaki aussi facilement que n'importe quel autre tissu. Nous obligeions généralement nos prisonniers à échanger des vêtements avec nous, et nous nous amusions souvent beaucoup du regard dégoûté du sensible Britannique alors qu'il s'éloignait dans les vêtements d'un Boer en haillons. Imaginez le spectacle ! Un élégant soldat anglais, rasé de près, avec un monocle ornant un œil, la tête couverte d'un vieux chapeau mou de guerre à larges bords, et le corps avec une veste en lambeaux et un pantalon rapiécé de peau de mouton ou de fil.

Je puis dire qu'aucun de ces pillages systématiques n'a eu lieu en ma présence. Mais de telles choses ont certainement été faites, et, après tout, qui peut reprocher à un bourgeois en haillons d'avoir recours à ce moyen, aussi déprécié soit-il, de s'habiller lui-même. Rappelons que les pauvres Boers étaient prêts à payer le double de la valeur d'un habit et étaient pour ainsi dire coupés du monde, tandis que le soldat britannique devait simplement retourner au camp pour se procurer un nouvel habit. "La nécessité ne connaît pas de loi."

En concluant ce chapitre, je dois mentionner que le manque d'allumettes s'est fait sentir très sensiblement. Et lorsque notre stock d'allumettes fut épuisé, nous dussions recourir au vieux briquet, au silex et à l'acier. Nous avons trouvé que cet expédient était un très mauvais substitut au match avec Lucifer, mais c'était certainement mieux que rien du tout. Personnellement, j'ai éprouvé les plus grandes difficultés à tirer du feu avec un silex et un acier, et cela me prenait généralement deux fois plus de temps qu'à n'importe qui d'autre, et je me suis considérablement blessé aux mains. Cette dernière, cependant, est une expérience à laquelle tout amateur est soumis, et je n'ai jamais été bien plus qu'un amateur en quoi que ce soit.

CHAPITRE LI.

NOTRE AMI L'ENNEMI.

En me hasardant à juger le soldat britannique, d'un point de vue militaire, on peut me dire que seul l'homme qui a reçu une formation militaire est compétent pour exprimer une opinion sur la capacité individuelle d'un soldat, qu'il soit Boer ou Britannique. . Cela peut être vrai, aussi longtemps que les gens ne vont travailler que théoriquement ; mais après mes deux ans et demi d'expérience pratique, mes amis militaires auront peut-être la gentillesse de me permettre d'exprimer ma simple opinion sur ce facteur important et sans aucun doute fondamental pour l'efficacité de toute armée. En même temps, je promets d'être aussi impartial dans mon jugement sur le Boer que sur le Britannique en tant que combattant, ou, du moins, aussi impartial qu'on peut l'attendre d'un Boer faillible.

En tant qu'officier de l'armée boer, j'ai rencontré le soldat britannique à de nombreux titres et dans de nombreuses circonstances. L'officier des troupes régulières britanniques était toujours prêt à faire savoir qu'il n'avait pas une haute opinion des officiers des troupes irrégulières. En même temps, l'officier volontaire était tout aussi prêt à rendre chaleureusement la pareille au compliment lorsque celui-ci lui était adressé par l'armée régulière. Pour être honnête, je dois dire que je donne spécifiquement ma préférence à l'officier régulier, que je considère comme ayant plus d'initiative, et comme étant plus pratique et moins artificiel que son collègue, l'officier impérial irrégulier. Quant au courage, je ne voyais pas vraiment de choix entre eux. Je ne peux certainement pas faire de grande distinction, puisque je n'ai jamais été en mesure de combattre dans le même camp qu'eux.

D'une manière générale, je considère l'officier britannique comme un homme très courageux, même si je pense qu'il se rend parfois coupable d'excès à cet égard, c'est-à-dire qu'il se rend au travail de manière peu pratique et, le jeune officier en particulier, est motivé par l'ambition. faire des choses désespérées et stupides. C'est à cette imprudence que l'on peut en grande partie attribuer les lourdes pertes d'officiers subies par l'armée britannique pendant la guerre.

Depuis que je suis tombé aux mains des Britanniques, j'ai constaté que les officiers auxquels j'avais été opposé sur le champ de bataille me traitaient avec la plus grande magnanimité. Après avoir été en contact personnel avec un nombre considérable d'officiers de divers régiments, je dois dire clairement que l'officier britannique ne se rencontre que sous deux espèces : il est soit un gentleman, soit... l'autre. L'officier de la première espèce est prêt à se montrer charitable envers ses antagonistes et adopte généralement une attitude de dignité et d'humanité ; tandis que ce dernier possède tous les attributs de l'idiot, et est non seulement détestable aux yeux de ses antagonistes, mais est également méprisé par son propre *entourage* .

Il y a eu des officiers britanniques malheureux dans cette guerre, et il y a eu des occasions où un désastre pour les Britanniques a été immédiatement attribué aux actes ou aux tactiques du commandant. A ce propos, je citerai l'exemple regrettable du général Gatacre à Stormberg. Je ne pense pas que ce revers soit imputable à la bêtise, à l'indiscrétion ou à la lâcheté.

Il y a beaucoup de chance attachée à toute aventure sur le terrain, et la malchance avait poursuivi le général Gatacre avec persistance. Mais sans aucun doute, lorsque la malchance poursuit un commandant à plusieurs reprises, il est non seulement opportun mais nécessaire de renvoyer un tel officier, car ses troupes perdent confiance en lui et leur moral est miné. Il est arrivé au cours de cette guerre que des officiers incapables, dotés de bons hommes et de beaucoup de chance, aient accompli des merveilles.

Le soldat britannique, ou « Tommy », qui touche une très faible solde journalière et qui lui impose un travail considérable, est, sinon le combattant le plus compétent, du moins le plus disposé, en toutes circonstances, à s'offrir en sacrifice. sur l'autel du devoir, ou de ce qu'il considère comme son devoir, envers son pays. Mais si, par accident, on demande à « Tommy » de s'écarter de la routine habituelle dans laquelle il a été formé, il devient une créature totalement impuissante. Cette impuissance, à mon avis, est causée par une discipline exagérée et par le système dans lequel "Tommy" n'est pas autorisé à penser par lui-même ou à prendre soin de lui-même, et cette impuissance individuelle a sans aucun doute été l'un des défauts des Britanniques. soldat pendant la guerre. En ce qui concerne le courage du soldat britannique ordinaire, je dois répéter ce que j'ai déjà dit : c'est un guerrier courageux, volontaire et fidèle, et que c'est à sa fidélité et à son patriotisme que l'armée britannique peut attribuer son succès. Je crois que c'est un truisme qui défie même toute critique.

Il y a bien sûr des exceptions au courageux « Tommy ». Si je devais faire une comparaison entre les nationalités, je dirais que parmi les soldats avec lesquels j'ai été mis en contact sur le champ de bataille, les Irlandais et les Écossais étaient de meilleurs combattants que les autres. En ce qui concerne les soldats britanniques en général, je ferais remarquer que s'ils pouvaient ajouter à leur courage un bon tir et une capacité à évaluer les distances, alors ils seraient peut-être des soldats parfaits et seraient certainement doublement dangereux pour leurs ennemis.

Dans l'ensemble, "Tommy" est un type très chaleureux, même si, en ce qui concerne l'humanité, une certaine distinction doit être faite entre le soldat régulier et le volontaire enrôlé, car ce dernier est moins humain que le premier. Cela a été trop clairement démontré par sa conduite dans le transport des femmes et des enfants et dans le pillage des prisonniers de guerre. Mais néanmoins « Tommy », d'une manière générale, qu'il soit régulier ou irrégulier, était sympathique à l'égard de nos blessés et montrait une grande bonté de cœur envers un adversaire mutilé.

Je considère que l'infanterie britannique a supporté le plus gros des combats de cette guerre, en particulier dans ses premiers stades. Là où le cavalier n'a pas réussi à percer nos lignes, le fantassin est intervenu et lui a ouvert la voie. Nous constatâmes que nous résistions toujours mieux à une attaque de cavalerie qu'à celle de l'infanterie, car cette dernière, avançant en formation dispersée, était beaucoup moins visible pour nos tireurs d'élite. Lorsqu'ils avançaient vers l'attaque, les fantassins britanniques avaient l'habitude de ramper sur le visage, cherchant un abri chaque fois que cela était disponible ; avançant ainsi, et surtout lorsqu'ils étaient soutenus par l'artillerie, ces hommes se révélèrent en effet très difficiles à repousser. A mon avis, un cavalier n'a aucune chance contre un bon tireur lorsque celui-ci occupe une bonne position et est capable d'attendre l'attaque. Les chevaux de cavalerie britanniques sont des créatures si prodigieuses qu'avec un bon fusil et un œil vif, il est difficile de les rater. Ils constituent certainement d'excellentes cibles. J'ai la ferme conviction que, du point de vue de l'utilité, le cavalier ne peut être comparé au fantassin à cheval. En effet, mon expérience au cours des 14 derniers mois de ma participation active à la guerre m'a appris que l'infanterie à cheval britannique était un problème très difficile à résoudre. Bien sûr, tout dépendait de la qualité de l'homme et du cheval. Un bon carabinier et cavalier, surtout s'il était capable de tirer à cheval, était un ennemi très redoutable. Quant aux chevaux, je peux dire que je ne m'étonne pas que les grands chevaux encombrants pour lesquels les cavaliers britanniques ont une telle prédilection ne puissent être comparés aux poneys Basuto avec lesquels nous allions travailler. Le poney africain s'est en effet révélé être le seul cheval utile durant la campagne. Le cavalier britannique aurait pu utiliser les éléphants avec presque autant d'avantages que leurs chevaux colossaux. En outre, à mon avis, les cavaliers pourraient tout aussi bien être supprimés en tant que branche d'une armée, car il ne fait aucun doute que l'infanterie, l'artillerie et l'infanterie à cheval seront les seuls soldats réellement utiles et, en fait, praticables. avenir.

Pendant que j'écrivais ce qui précède, j'ai reçu un livre écrit par le comte Sternberg, avec une introduction de la plume du lieutenant-colonel Henderson. Je doute fort que le colonel Henderson ait lu le manuscrit du livre du comte avant d'écrire son introduction, car je ne peux pas supposer qu'il ait des idées aussi mesquines et fantastiques sur l'Afrique du Sud que celles exprimées par le comte. Dans cette œuvre mémorable, des histoires extraordinaires sont racontées sur les exploits de galop et de trot des poneys Basuto. L'aveu que fait le comte qu'il ne se souciait pas de quel côté il combattait tant qu'il combattait est en effet extraordinaire. Qu'il ait jamais combattu, les officiers boers qui l'ont connu en doutent fortement, et aucun d'entre eux ne s'étonnera que l'expérience la plus amère du comte en Afrique du Sud ait été qu'un jour de vilains ambulanciers allemands l'aient privé d'une boîte de bière blonde. Cet amateur et d'autres ont déjà accablé le public de lecture avec tant de soi-disant critiques sur cette guerre, que je m'aventure sur un terrain délicat en donnant mon opinion. Je me bornerai à commenter ce que j'ai vu et que je sais personnellement, car je ne connais rien de la topographie de l'Europe et je ne connais ni la composition des armées européennes ni leur manière de combattre.

CHAPITRE LII.

LE BOER DE COMBAT ET SON OFFICIER.

Il y a une grande différence entre les relations d'un officier boer avec ses suivants et la relation d'un officier européen avec ses hommes, car alors que dans le premier cas aucune distinction sociale n'existe entre les deux, dans le second les officiers et les hommes sont issus de deux branches distinctes de la société. Les Boers, dans leur état normal, sont des agriculteurs indépendants qui ne diffèrent que par leur richesse. Un Boer pourrait posséder peut-être dix fermes et valoir un quart de million, tandis qu'un autre pourrait n'être qu'un pauvre « propriétaire » et ne valoir pas cent deniers, et pourtant les deux hommes occuperaient le même rang en temps de guerre.

Dès que la loi martiale est promulguée, l'ensemble de la population masculine adulte boer est prête au service militaire. Dans les rangs d'un commando, on trouve des hommes de toutes professions, depuis l'avocat et le médecin jusqu'au forgeron et au plombier. C'est dans ces grades que sont choisis les officiers, et un homme qui n'est un jour qu'un simple soldat pourrait être le prochain promu au grade de cornet de campagne ou de commandant, et pourrait peut-être en quelques jours atteindre la position de général.

L'officier et les hommes qui le suivent sont pour la plupart issus du même district et se connaissent personnellement. Si donc un Boer tombe au combat, quel que soit son rang, sa perte est profondément ressentie par ses compagnons d'armes, car ceux-ci, l'ayant connu de longue date, perdent par sa mort un ami personnel.

Les officiers boers peuvent être divisés en deux classes : les courageux et les lâches. Le courageux officier se bat dès qu'il en a l'occasion, tandis que son frère au cœur de poule attend toujours les ordres et élabore des plans élaborés pour échapper aux combats. Il est assez facile dans l'armée des Boers de réussir dans la voie adoptée par cette dernière classe, et il n'est pas rare que les Boers préféraient cette classe d'officiers à ses camarades plus téméraires, car ils affirmaient : « Nous aimons servir sous ses ordres parce que il nous gardera hors de danger. Et tout comme les officiers pouvaient être divisés, les hommes le pouvaient également.

Au cours de cette campagne, on a remarqué qu'au cours des dernières étapes de la lutte, les jeunes officiers remplaçaient les plus âgés. Beaucoup de ces derniers se lassèrent de la guerre et se rendirent aux Britanniques, d'autres furent démis de leurs commandements parce qu'ils étaient trop démodés dans leurs méthodes et incapables de s'adapter aux nouvelles circonstances. De plus, nous avons constaté que les jeunes officiers étaient plus travailleurs, plus espiègles et plus imprudents. Bien entendu, lorsque je parle des jeunes officiers boers, je n'entends pas exprimer l'idée d'enfants de dix-sept à vingt ans, comme j'en ai parfois rencontré parmi les officiers subalternes de l'armée britannique.

L'entraînement à vie des bourgeois en matière d'équitation et de mousqueterie leur a été d'une grande utilité. Je peux dire qu'un Boer, dès son plus jeune âge, est un bon cavalier et un bon tireur d'élite. Il ne tire pas sans but, car il peut généralement estimer d'un seul coup d'œil la distance à laquelle il tire, et on lui a appris à économiser dans l'usage des munitions. Le bourgeois sait parfaitement combien son cheval est précieux pour lui, et il est donc contraint d'utiliser ses connaissances pour le soigner avec soin ; de plus, une affection considérable existe, dans de nombreux cas, entre le maître et sa bête.

Partout, le Boer est un homme courageux, mais son attitude sur le champ de bataille est très largement influencée par le caractère de son officier. Et étant courageux, les Boers sont, pour l'essentiel, sympathiques envers les prisonniers de guerre, et en particulier envers ceux qui sont blessés. Possédant du courage et de l'humanité, le Boer possède, en plus de ce qui manque au "Tommy Atkins" britannique, le pouvoir d'initiative. La mort d'un officier ne jette pas le chaos dans les rangs d'un commando boer, car chacun sait comment procéder. Il ne faut cependant pas croire que la mort d'un officier n'exerce pas une certaine influence démoralisante. Ce que je souhaite souligner, c'est que les membres d'un commando peuvent agir indépendamment de l'officier et exercer leur propre jugement.

En ce qui concerne la force des Boers, je peux mieux l'illustrer en soulignant le fait qu'il arrivait fréquemment qu'après avoir été repoussés avec perte un jour, nous attaquions notre vainqueur avec plus de succès le lendemain. Nous avons souvent fait preuve d'agressivité lorsqu'une opportunité favorable s'est présentée et n'avons pas toujours attendu qu'on nous tire dessus. Souvent, nous résistions pendant des heures malgré de sévères punitions.

Je pense que même les ennemis les plus acharnés admettront que les Boers qui sont restés fidèles à leur pays jusqu'au bout étaient animés de nobles principes. Si tant de mes compatriotes ne manquaient pas de ce qui caractérise si largement le soldat britannique, à savoir la qualité du patriotisme et le désir intense de défendre les traditions de sa nationalité, je me demande quels gens dans le monde auraient pu conquérir l'Afrikander ? Je dis cela avec beaucoup de délibération et je ne crois pas qu'un compatriote impartial tentera de nier la véracité de cette déclaration.

La question se pose d'elle-même : comment les Anglais se seraient-ils comportés s'ils avaient été placés dans une situation semblable à celle à laquelle nous nous sommes retrouvés réduits ? Supposons que nous, les Boers, ayons pris Londres et d'autres grandes villes, chassé le peuple anglais devant nous et l'ayons forcé à se cacher dans les montagnes, sans rien d'autre pour subsister que de la bouillie de farine et de la viande sans sel, avec comme seule nourriture des vêtements usés et déchirés. leurs maisons incendiées et leurs femmes et enfants placés dans des camps de concentration aux mains de l'ennemi. Comment les Anglais auraient-ils agi dans de telles circonstances ? Ne se seraient-ils pas rendus au conquérant ? Quoi qu'il en soit, une chose est sûre, c'est que le patriotisme d'une nation ne s'apprend que lorsqu'il est soumis à une épreuve aussi sévère que celle-ci.

Dans son livre « La Grande Guerre des Boers », le Dr Conan Doyle a, dans l'ensemble, gagné l'admiration des Afrikanders par son langage modéré. Mais ici et là, où il s'est laissé entraîner par ses sympathies anglaises et a tenu un langage amer et diffamatoire à l'égard des Boers, cette admiration s'est transformée en mépris. Le Dr Conan Doyle tente de défendre l'armée britannique en maltraitant les Boers. L'abus n'est pas un argument. Prouver que Van der Merwe est un voleur n'exonère pas Brown du crime de vol s'il a volé.

L'auteur décrit la fusillade du lieutenant Neumeyer, pour avoir refusé de se rendre et pour avoir tenté d'échapper à ses ravisseurs, comme un meurtre, et la fusillade des espions cafres qu'il décrit également avec désinvolture comme un meurtre ; tandis que l'incident de Frederickstad, où un certain nombre de Boers furent abattus par les Britanniques parce qu'ils avaient continué à tirer après avoir hissé le drapeau blanc, est justifié par lui. Bien entendu, l'exécution de Scheepers est également justifiée par l'auteur. Je m'oppose à ce que de telles choses apparaissent dans un livre, car elles doivent tendre à semer à nouveau les graines de dissension, de haine et d'amertume, et celles-ci ont été semées suffisamment profondément sans être nourries par le Dr Conan Doyle. Ni Boer ni Briton ne peuvent parler impartialement sur cette question, et tous deux seraient mieux employés à tenter de découvrir les vertus plutôt que les vices des caractères de chacun.

Quel que soit celui qui gouvernera à l'avenir l'Afrique du Sud, les deux races devront vivre ensemble, et lorsque le jour de la paix viendra et que l'épée sera au fourreau, tendons-nous les mains comme des hommes, oubliant le passé et nous rappelant la devise :

"Les deux nations ont fait leur devoir."

ANNEXE.

Une certaine correspondance entre les responsables militaires britanniques et boers.

Lyndenburg,
20 août 1901 .

COMMANDANT GÉNÉRAL ADJOINT BJ VILJOEN.

MONSIEUR,

J'ai l'honneur de joindre ci-joint une copie d'une communication reçue de Lord Kitchener. *Commence* :—En référence à votre lettre du 10 août au sujet de l'emploi des indigènes, j'ai l'honneur de vous informer, ainsi que je l'ai déjà informé du commandant général Botha, que des indigènes sont employés par moi comme éclaireurs et comme policiers dans les districts indigènes, surtout dans les basses terres, où les hommes blancs, s'ils ne sont pas habitués au climat par une longue résidence, souffrent beaucoup de fièvre.

Je vous ferai remarquer que dans de nombreux cas, des indigènes armés ont été employés par les forces bourgeoises, notamment dans le commando du général Beyers, et que des indigènes armés ont été fréquemment trouvés dans les commandos combattant contre nous. Je ne souhaite pas entraîner la population indigène du pays dans cette querelle entre Britanniques et Boers.

J'ai toujours dit aux indigènes que, même si je ne pouvais pas leur interdire de se défendre s'ils étaient attaqués par des bourgeois, ils ne devaient en aucun cas attaquer. Je suis convaincu que, sans les ordres stricts que j'ai émis à ce sujet, la haine engendrée par le massacre massif d'indigènes désarmés par les bourgeois au cours de cette guerre aurait conduit à un soulèvement indigène, avec des résultats déplorables pour la race boer.

Vous devez également savoir que la plupart des fusils en possession des indigènes de M'pisana leur ont été vendus par des hommes de votre propre commando lors de leur déménagement d'Hector's Spruit à Pietersburg l'année dernière.

En réponse à vos questions concernant les prisonniers britanniques actuellement entre vos mains, les personnes nommées sont des soldats enrôlés dans l'armée de Sa Majesté et agissent sous mes ordres. Ils doivent être traités comme des prisonniers de guerre. — *Fin.*

J'ai l'honneur d'être, Monsieur,
Votre obéissant serviteur,
A. CURRAN,
lieutenant-colonel
commandant Lydenburg .

23 juillet 1901.

À Son Excellence Lord Kitchener ,
commandant en chef des troupes de Sa Majesté en Afrique du Sud, Pretoria.

Votre Excellence,

Je suis obligé de protester énergiquement contre les méthodes de vos officiers. En avril dernier, le frère de Votre Excellence, le général W. Kitchener, a pris notre ambulance à l'hôpital du Veldt, près de Roos Senekal, et ce n'est qu'après beaucoup de peine qu'un certain nombre de véhicules nous ont été restitués. A cette occasion, le général W. Kitchener refusa de me restituer les bœufs de boucherie appartenant à l'hôpital de campagne, disant que nous pouvions voler ces bœufs aux cafres. A la suite de ces actes, mes blessés furent privés de nourriture et privés de moyens de transport.

Maintenant, encore une fois, une colonne de vos troupes, qui avançait le 9 ou le 10. de Machadodorp à travers Witpoort, ont attaqué un hôpital de la Croix-Rouge occupé par des femmes et des enfants malades, alors que les patients étaient sous la garde d'une infirmière diplômée, nommée Mme W. Botha. Un de vos officiers, trompé par un ancien bourgeois qui lutte maintenant perfidement contre son propre peuple, a déclaré que la Croix-Rouge n'était pas authentique, a brûlé tous les bâtiments et la nourriture qui s'y trouvaient, a placé les patients dans des camions ouverts et les a évacués.

.

La première nuit de leur déportation, les malades et les infirmières ont dormi dans un camp à Steelpoortdrift, sous les chariots et dans le froid glacial, et bien que les femmes et les enfants se lamentaient et pleuraient toute la nuit, leurs plaintes n'ont pas été écoutées. J'ai des déclarations témoignant des mauvais traitements les plus inhumains, les plus cruels et les plus cruels infligés à cette occasion à des femmes et des enfants sans défense.

Probablement, Votre Excellence ne sait rien de ces incidents, et en ce qui concerne la *bonne foi* de nos ambulances, je tiens à vous faire remarquer que les officiers britanniques dépendent largement des affirmations des cafres, et surtout des allégations de traîtres, et de la la moindre provocation ignore les droits de la Croix-Rouge.

La colonne en question a également incendié, pillé et détruit de nombreuses maisons à Steenkampsberg, Witpoort et bien d'autres endroits, sans qu'un seul coup de feu ne soit tiré dans les environs par nos bourgeois. Et tout cela a pu se produire malgré les promesses de Votre Excellence lors de la réunion du commandant général Botha à Middelburg.

Dernièrement, il est souvent arrivé que des ambulances britanniques tombent entre mes mains. A Béthel, trois médecins et une ambulance attachés aux forces du général Plumer tombèrent entre mes mains. Près de Vaalkop, l'ambulance du major Morris et près de Belfast une ambulance, attachée aux forces de votre frère, étaient en mon pouvoir, mais j'ai toujours considéré et traité les ambulances de la Croix-Rouge comme des institutions neutres et humaines , et j'ai même libéré les soldats employés pour soignez vos blessés.

Et pas un seul de ces médecins ou assistants n'a reçu de certificat, et j'ai toujours cru à leur parole selon laquelle ils étaient légalement rattachés à la Croix-Rouge. Mais quelle est l'attitude des officiers britanniques à notre égard ?

J'espère que Votre Excellence me donnera une réponse satisfaisante à ces plaintes et rendra des ordonnances pour y remédier.

Je suis
le très obéissant serviteur de Votre Excellence,
BJ VILJOEN.
Commandant général adjoint.

 District de Lydenburg ,
8 septembre 1901 .

À Son Excellence, Lord Kitchener , *commandant les troupes britanniques en Afrique du Sud, Pretoria* .

Votre Excellence,

J'ai l'honneur d'accuser réception de la lettre de Votre Excellence au Général Blood, datée de Pretoria, le 31 août, d'où je comprends que Votre Excellence tente de justifier l'utilisation du drapeau blanc pour la diffusion de proclamations à travers nos lignes, en relation avec que Votre Excellence présente des arguments que je n'hésite pas à qualifier de tout à fait intenables.

Premièrement, Votre Excellence affirme que l'envoi de ces documents adressés à des particuliers est justifié sous le drapeau blanc ; deuxièmement, que Votre Excellence considère qu'il est de son devoir de nous mettre au courant du contenu de ses proclamations, afin que nous soyons informés de ce qui sera notre sort après le 15 septembre prochain, etc., etc., etc.

En ce qui concerne le premier argument présenté, je regrette de devoir contester l'affirmation de Votre Excellence selon laquelle cela est légal, et je suis assuré qu'un tribunal impartial le déclarerait illégal. Je joins ci-joint la copie d'une lettre du général W. Kitchener, datée du 1er septembre dernier, en réponse à une plainte de mon *suppléant* , le général de combat Muller, concernant la prise et l'enlèvement par ledit général W. Kitchener. troupes de nos ambulanciers et infirmiers, d'où il ressort de cette lettre que le général Kitchener considère l'envoi d'une dépêche drapeau blanc concernant des irrégularités importantes et graves comme des « communications insignifiantes ». Comment dois-je comprendre les officiers britanniques ?

Votre Excellence pense qu'il est permis d'employer le drapeau blanc pour lancer des proclamations pernicieuses et trompeuses à l'intérieur de nos lignes, alors que le général W . Kitchener nous avertit de ne pas employer le drapeau blanc lorsque nous sommes obligés de nous plaindre de l'armée britannique lorsque cette dernière nous enlève et nous vole nos ambulances, comme cela s'est produit à propos de l'ambulance du Dr Neethling, qui a été transférée à Middelburg, et après débarrassé de la nourriture, des instruments médicaux, d'un certain nombre de véhicules, de huit mulets et de 10 bœufs, a été renvoyé.

En ce qui concerne la deuxième question, Votre Excellence, devrais-je dire, semble manifester un intérêt aussi vif pour notre sort final que MM. Dillon et Labouchere, et, si je possédais une faculté prophétique, je serais probablement mieux à même d'apprécier votre L'intérêt de l'excellence pour nous-mêmes.

Dans la lettre mentionnée ci-dessus, Votre Excellence mentionne une lettre envoyée à Son Honneur le commandant général Botha, dans laquelle Votre Excellence affirme que certains meurtres commis par nous ont rempli d'horreur le public britannique et que ces meurtres ont provoqué la remarque de M. Chamberlain " que les actes des Boers justifiaient la description de voyous en maraude. Je ne peux pas croire que de tels actes aient été commis par nous ou par les nôtres à la connaissance de nos officiers, ni que de tels actes seront commis. Il m'est bien entendu impossible d'approfondir cette question, car j'ignore les circonstances.

En ce qui concerne l'affirmation de Votre Excellence selon laquelle la destruction des lignes ferroviaires de notre ennemi est injustifiable, je peux seulement dire qu'une telle action est non seulement considérée comme légale par toutes les autorités militaires, mais que dans un manuel publié par Sir Garnet Wolseley, des instructions circonstancielles sont données dans cette connexion pour interrompre les approvisionnements hostiles. Comme Votre Excellence le fait remarquer à juste titre, nous, en tant que soldats, devons prendre le meilleur avec le meilleur et ne pas nous plaindre de manière irritable lorsque, dans certains cas, un traitement moins doux est infligé. Les opérations militaires, telles que l'explosion des voies ferrées, nous sont aussi désagréables que, je l'espère, la destruction de nos maisons, l'incendie de nos vivres et la déportation de nos familles peuvent l'être pour Votre Excellence.

J'ai l'honneur d'être,
l'obéissant serviteur de Votre Excellence,
BJ VILJOEN,

commandant général adjoint
des forces bourgeoises du Transvaal.

District de Lydenburg ,
21 septembre 1901 .

À SON HONNEUR LE GÉNÉRAL SIR BINDON BLOOD ,
Middelburg .

VOTRE HONNEUR,

Je suis obligé de protester contre les méthodes d'une de vos colonnes, qui, depuis une semaine, opérait autour de Roos Senekal, et qui a brûlé et détruit les vivres d'un certain nombre de familles qu'elle n'a pas déportées. Il s'agit certainement d'un acte des plus inhumains, dans la mesure où les familles mentionnées se trouvent désormais dans une situation de dénuement. Les familles en question sont celles de M. Hans Grobler de Klip River et d'autres à Tondeldoos. Je voudrais également savoir pourquoi le Dr Manning, son ambulance et ses blessés ont été évacués de Tondeldoos, malgré les assurances antérieures selon lesquelles la Croix-Rouge devait être considérée comme neutre et laissée tranquille.

J'ai l'honneur d'être, l'
obéissant serviteur de Votre Honneur,
BJ VILJOEN.
Commandant général adjoint.

Quartier général, Pretoria ,
26 octobre 1901 .

AU GÉNÉRAL BEN VILJOEN.

MONSIEUR,

J'ai l'honneur d'accuser réception de votre lettre du 8 octobre, dans laquelle vous vous plaignez d'attaques contre vos bourgeois, et contre les familles et les biens de vos bourgeois, par des cafres. Vous précisez deux incidents particuliers dans votre lettre : –

(*a*) L'incident de Wit River, le 22 septembre 1901.

(*b*) L'incendie et le pillage de fermes à Ohrigstad.

J'ai enquêté sur les deux cas et constate que les faits sont les suivants : -

(*a*) Dans le premier cas, un petit corps de troupes à cheval dirigé par un officier a tenté de capturer un certain nombre de wagons boers près de la rivière Wit le 22 septembre. Un combat eut lieu et, pendant la bataille, une bande de cafres, dont les troupes de Sa Majesté ignoraient la proximité, s'approcha d'une autre direction et commença à tirer sur les bourgeois. Ceci étant observé, les troupes de Sa Majesté furent retirées afin d'éviter toute apparence de coopération avec les cafres, et un rapport relatif à l'incident fut immédiatement envoyé.

(*b*) Dans le second cas, le colonel Parke, commandant des troupes de Sa Majesté dans le district en question, rapporte que le rapport qui vous a été fourni n'est pas fondé. Le 3 septembre, toutes les familles du district d'Ohrigstad ont été expulsées par lui. Le commando bourgeois de Harber était présent, mais n'a pris aucune part à l'opération. A cette occasion, une femme boer rapporta qu'un certain nombre de cafres y étaient apparus la veille et avaient pillé le village d'Ohrig stad, mais que les cafres agissaient indépendamment des troupes de Sa Majesté et aucune autre information à ce sujet n'est disponible. disponible sauf le rapport comme indiqué ci-dessus.

En conclusion, je pense qu'il n'est pas improbable que des cafres aient commis des attaques dans les districts cités par vous, mais je ne peux attribuer ces attaques qu'à l'action de vos propres bourgeois, *c'est-à-dire* aux tirs et aux vols de cafres, et à l'inimitié. ainsi réveillé parmi les cafres par de tels mauvais traitements. Tandis qu'en même temps ils (les bourgeois) ont fourni aux cafres, par voie de vente, des armes et des munitions avec lesquelles ont été perpétrées les attaques dont vous vous plaignez. Je nie catégoriquement qu'ils (les cafres) aient été armés ou incités par les troupes de Sa Majesté.

J'ai l'honneur d'être,
Votre obéissant serviteur,
KITCHENER,
Commandant en chef en Afrique du Sud .

District de Lydenburg ,
6 novembre 1901.

À Son Excellence Lord Kitchener ,
commandant en chef des forces de Sa Majesté en Afrique du Sud.

Votre Excellence,-

J'ai l'honneur d'accuser réception de la lettre de Votre Excellence du 26 octobre, contenant une négation de certains actes commis par des cafres armés dans les environs de Wit River et d'Ohrigstad.

En ce qui concerne le premier incident, *c'est-à-dire* celui de Wit River, je peux seulement dire qu'il nous a paru non seulement étrange, mais même improbable, qu'une bande de cafres armés puisse attaquer simultanément et en évidente harmonie avec les troupes de Sa Majesté, et qu'aucune des parties ne devrait avoir connaissance de la présence de l'autre.

Si c'était la première fois que les troupes de Sa Majesté agissaient de concert et avec l'aide des cafres pour attaquer les bourgeois, alors l'explication de Son Excellence serait réalisable.

Mais, hélas, notre amère expérience dans cette guerre est différente. Je ne surprendrai donc pas Votre Excellence si je prétends que son explication est intenable. Quant à ce qui s'est passé à Ohrigstad, je m'en tiens à ce que j'ai dit et à ma lettre du 8 octobre, et je regrette de constater que le colonel Parke a induit votre Excellence en erreur en vous donnant un récit inexact des faits réels.

Pour aider la mémoire du colonel Parke, je peux déclarer que la nuit même où il quitta Lydenburg pour se rendre au poste de Kruger, le Boer Harber, avec sa bande de traîtres, traversa Klipkloof et Joubertshoogte, accompagné de 100 cafres armés, et passa Field. -La ferme de Cornet Zwart à Uitkomst, où commença le pillage des familles et des propriétés des Boers. Cela a été fait sur instructions explicites et en présence dudit Harber.

Le même après-midi, Harber fut accueilli par les forces du colonel Parke, à Rustplaats, d'où ils se retirèrent conjointement vers Kruger's Post Nek.

Le lendemain matin, le colonel Parke se rendit de nouveau à Ohrigstad, où nos familles furent de nouveau pillées et déportées, et les fermes pillées et incendiées.

En conséquence, seul le dernier paragraphe du rapport du colonel Parke est correct ; et si Votre Excellence prenait la peine d'interroger et d'examiner les familles actuellement entre vos mains, comme je l'avais demandé dans ma lettre précédente, Votre Excellence constaterait facilement les vrais faits.

Puisque j'interprète de la lettre de Votre Excellence que Harber et son corps sont reconnus comme attachés aux forces de Sa Majesté, les officiers de Sa Majesté doivent être tenus responsables des actes dudit Harber et de ses hordes de cafres.

Il ne faut pas supposer que Harber et son corps, tous armés et vêtus de kaki, n'accompagnaient l'armée de Sa Majesté qu'en tant que spectateurs ou attachés militaires.

En conclusion, j'observe que Votre Excellence réitère l'allégation selon laquelle les cafres sont abattus, volés et maltraités par nos bourgeois, et que des armes ont été vendues aux cafres par nos bourgeois ; et que vous attribuez à ces causes l'attitude hostile des cafres à notre égard.

En ce qui concerne l'attitude hostile des races cafres, je peux renvoyer Votre Excellence à une lettre de Son Honneur le général Louis Botha, sur le même sujet, dans laquelle il est notifié, *entre autres* , qu'avant l'arrivée des troupes britanniques dans ces districts, et au Swaziland, les races cafres, sans exception, ont maintenu une attitude pacifique, ce qui parle de lui-même.

Je dois encore une fois répéter que l'allégation selon laquelle les bourgeois auraient vendu des armes aux cafres est, autant que je sache, fausse, et qu'il ne s'agit là que d'une des nombreuses accusations sans fondement émanant de traîtres et d'individus sans scrupules, et présentées par eux comme "informations importantes" aux officiers britanniques.

Que les cafres aient été fournis en armes par les officiers de Sa Majesté peut être prouvé par des documents interceptés, et je joins ci-joint un extrait du journal du sergent Buchanan, de Steinacker's Horse, d'où Votre Excellence percevra que le lieutenant Gray, un officier de l'armée de Sa Majesté , a personnellement fourni aux cafres des armes et des munitions .

J'ai l'honneur d'être, l'
obéissant serviteur de Votre Excellence,
BJ VILJOEN.
Commandant général adjoint.

District de Lydenburg,
7 novembre 1901.

L'officier commandant Lydenburg,

CHER MONSIEUR,-

Je vous serai obligé de porter ce qui suit à l'attention de Lord Kitchener, à savoir que le 29 octobre dernier, la résidence d'un certain D. Coetzee, sur la ferme Vrischgewaard, dans ce district, a été encerclée pendant la nuit de ce jour-là, ou approximativement à cette époque, par les troupes de Sa Majesté, assistées d'un certain nombre de cafres et de traîtres, et que seul le jeune Abraham Coetzee occupait la maison, et que ce jeune, en tentant de s'échapper, reçut une balle dans le ventre. Coetzee fut en outre abandonné dans un hangar et privé de tous ses biens personnels et même de ses vêtements.

Le lendemain, je l'ai retrouvé vivant, mais il est mort peu de temps après. Il a déclaré qu'en présence des troupes britanniques blanches, il avait été volé, bousculé et frappé par des cafres armés. Je sais d'avance que l'officier responsable de cet acte noble et civilisé tentera de déformer la vérité, car je suis assuré que Son Excellence ne peut sanctionner cette méthode de guerre. Mais ce cas m'est personnellement connu et, à mon avis, la déclaration d'un mourant est digne de crédit.

J'ai l'honneur d'être,
Votre très obéissant serviteur,
BJ VILJOEN.

Sur le Veldt,
le 11 novembre 1901.

À SON EXCELLENCE LE MARQUIS DE SALISBURY ,
Premier ministre du gouvernement de Sa Majesté britannique .

VOTRE EXCELLENCE,

Attendu que Son Honneur le commandant général et d'autres commandants ont déjà plus d'une fois, sans aucun résultat, protesté auprès du commandant de vos forces en Afrique du Sud contre l'emploi d'aborigènes sauvages dans cette guerre, et malgré cela, nous avons à plusieurs reprises assuré vos autorités militaires ici que de notre côté tous les efforts sont faits pour maintenir les cafres entièrement à l'écart de cette guerre, ce gouvernement est d'avis qu'il est de son devoir de protester sincèrement et solennellement auprès de votre gouvernement , comme nous le faisons par la présente, et au en même temps de signaler et d'attirer son attention sur les conséquences horribles et cruelles de cette manière de guerre.

D'anciennes protestations envoyées à vos autorités militaires à ce propos ont reçu la réponse que ces cafres n'étaient employés que comme éclaireurs non armés, bien que nous ayons la preuve qu'ils se battent réellement contre nous et poursuivent leurs méthodes destructrices lorsqu'ils sont dans les rangs de vos forces. , et en commandos isolés dirigés par des officiers britanniques.

Ces cafres, ignorant les règles de la guerre civilisée, n'ont pas hésité en diverses occasions et même en présence de vos troupes, à tuer de façon barbare des prisonniers de guerre. Ce n'est qu'une des conséquences néfastes résultant de l'emploi des barbares dans la guerre, car il est également arrivé que des femmes et des enfants sans défense aient été faits prisonniers par ces voyous sauvages et emmenés dans des kraals cafres pour y être détenus jusqu'à ce qu'ils soient remis aux autorités. Autorités militaires britanniques.

Ce gouvernement est prêt, au cas où les allégations ci-dessus seraient niées, à envoyer à Votre Excellence un grand nombre de déclarations sous serment confirmant les faits.

Nous avons l'honneur d'être,
les plus obéissants serviteurs de Votre Excellence,
SW BURGER
(*Président de l'État par intérim*).
FW REITZ
(*secrétaire d'État par intérim*).

Quartier général de l'armée, Pretoria, Afrique du Sud.
1er décembre 1901.

MONSIEUR,

J'observe par une communication que Son Honneur Schalk Burger m'a demandé de transmettre à Lord Salisbury, et que j'ai ainsi transmise, que son gouvernement se plaint du traitement réservé aux femmes et aux enfants dans les camps que nous avons établis pour leur accueil.

Tout a été fait pour que les conditions de l'état de guerre permettent d'assurer le bien-être des femmes et des enfants ; mais comme vous vous plaignez de ce traitement et que vous devez donc être en mesure de subvenir à leurs besoins, j'ai l'honneur de vous informer que toutes les femmes et tous les enfants actuellement dans nos camps qui souhaitent partir seront confiés à vos soins, et je serai heureux de savoir où vous désirez qu'ils vous soient remis.

J'ai adressé une réponse à Son Honneur Schalk Burger dans le sens ci-dessus.

J'ai l'honneur d'être, Monsieur,
votre obéissant serviteur,
KITCHENER,
commandant général en chef de l'Afrique du Sud .

AU GÉNÉRAL C. DE WET.